公路桥梁施工质量控制及安全管理

毛喜玲　董三峡　曹华恒　主编

东北林业大学出版社
Northeast Forestry University Press
·哈尔滨·

版权所有　侵权必究
举报电话：0451-82113295

图书在版编目（CIP）数据

公路桥梁施工质量控制及安全管理 / 毛喜玲，董三峡，曹华恒主编. -- 哈尔滨：东北林业大学出版社，2023.7

ISBN 978-7-5674-3271-0

Ⅰ．①公… Ⅱ．①毛… ②董… ③曹… Ⅲ．①道路施工－质量控制②桥梁施工－质量控制③道路施工－工程施工－安全管理④桥梁施工－工程施工－安全管理 Ⅳ．①U445②U415

中国国家版本馆 CIP 数据核字（2023）第 138421 号

责任编辑：赵晓丹
封面设计：文　亮
出版发行：东北林业大学出版社
　　　　　　（哈尔滨市香坊区哈平六道街 6 号　邮编：150040）
印　　装：河北创联印刷有限公司
开　　本：710 mm×1000 mm　　1/16
印　　张：16.75
字　　数：291 千字
版　　次：2023 年 7 月第 1 版
印　　次：2023 年 7 月第 1 次印刷
书　　号：ISBN 978-7-5674-3271-0
定　　价：68.00 元

如发现印装质量问题，请与出版社联系调换。（电话：0451-82113296　82191620）

编委会

主　编
毛喜玲　河南锦路路桥建设有限公司
董三峡　河南锦路路桥建设有限公司
曹华恒　河南锦路路桥建设有限公司

副主编
王水生　三门峡市源泰市政工程有限公司
雷振博　河南锦路路桥建设有限公司
马　新　河南锦路路桥建设有限公司
师龙涛　河南锦路路桥建设有限公司

前　言

改革开放以来，建筑业蓬勃发展，现代公路工程建设的复杂性和综合性使工程建设实践中出现了很多需要解决的问题，促使管理方法不断推陈出新，逐步淘汰陈旧的管理模式。因此，必须在实践中研究和采用现代化的新理论，应用新方法和手段，以问题为导向，不断总结经验教训，提高公路工程项目的管理水平。这就要求公路工程项目管理者是有战略眼光并且懂技术和管理的复合型人才，但这既取决于公路工程项目管理人员的经验积累，也取决于项目管理人员对工程项目管理理论与方法掌握和理解的深度，所以，系统的理论学习有重要意义。

公路工程项目管理是一种具有特定目标、资源及时间限制和复杂的专业工程技术背景的一次性管理事业，是对工程项目全过程进行的高水平的、科学的、系统的管理活动。

本书针对公路和桥梁工程施工与安全管理应用问题展开分析，采取有效的针对措施、完善管理的模式，确保公路桥梁管理体系的健全和国家经济运作环境的稳定开展，并有效协调其内部各个应用环节。

本书在撰写过程中参考了很多专家、学者的著作和研究成果，同时得到了广大业内人士的热情帮助及宝贵意见，在此表示诚挚谢意。由于时间仓促，加之作者水平有限，书中内容难免存在不足之处，敬请各位读者批评指正。

编　者

2023 年 1 月

目 录

第一章 公路桥梁工程施工基础 ········ 001
- 第一节 公路工程施工技术基础 ········ 001
- 第二节 桥梁工程施工技术基础 ········ 012

第二章 公路桥梁工程质量控制 ········ 022
- 第一节 公路工程质量控制的常用方法 ········ 022
- 第二节 公路工程质量缺陷处理方法 ········ 030
- 第三节 路基工程质量检验 ········ 032
- 第四节 路面工程质量检验 ········ 033
- 第五节 桥梁工程质量检验 ········ 035
- 第六节 隧道工程质量检验 ········ 043
- 第七节 质量检验评定 ········ 044

第三章 路基工程质量控制与管理 ········ 048
- 第一节 路基工程施工质量控制概述 ········ 048
- 第二节 路基工程施工质量初步控制 ········ 054
- 第三节 填方路基施工质量实施控制 ········ 065
- 第四节 挖方路基施工质量实施控制 ········ 076
- 第五节 软土地基填方路堤施工质量控制 ········ 083
- 第六节 路基排水与防护工程质量控制 ········ 097
- 第七节 路基工程质量常见检测项目及标准 ········ 121

第四章　路面工程质量控制与管理 125

第一节　路面基层和底基层质量控制概述 125

第二节　路面基层和底基层施工质量初步控制 135

第三节　水泥稳定类基层施工质量实施控制 141

第四节　二灰稳定类基层施工质量实施控制 149

第五节　石灰稳定类底基层施工质量实施控制 157

第五章　桥面及其附属工程质量控制 169

第一节　桥面及其附属工程基本规定 169

第二节　桥面及其附属工程案例分析与防范 175

第三节　桥面及其附属工程质量检验和质量标准 179

第六章　桥梁工程施工全面安全管理保障体系 186

第一节　全面安全管理组织 186

第二节　安全生产管理制度 189

第三节　安全生产文化 194

第四节　全面安全管理信息化 197

第七章　桥梁工程项目施工全面安全管理的实施 201

第一节　施工方的全面安全管理 201

第二节　勘查、设计方在施工过程中的安全管理 214

第三节　政府主管部门的安全监督管理 215

第八章　特殊环境下的施工安全防护 219

第一节　拱桥施工安全技术与风险控制 219

第二节　斜腿刚构桥施工安全技术与风险控制 224

第三节　斜拉桥施工安全技术与风险控制 225

第四节 悬索桥施工安全技术与风险控制 230

第五节 斜拉桥施工风险控制范例 247

参考文献 258

第一章　公路桥梁工程施工基础

第一节　公路工程施工技术基础

一、公路工程施工的一般特点

新建、改造或扩建的公路工程，其施工都不同程度地呈现以下特点。

①公路工程是固定在土地上的构筑物，而施工生产是流动的，所以公路工程施工组织是复杂的，这是区别于工业生产的最根本的特点。由于公路工程的流动性，就需要把众多的劳力、施工机具、材料，在时间和空间上加以合理的组织，从而使它们在线性的施工现场按照科学的施工顺序流动，不致互相妨碍而影响施工，这是施工组织的重要内容。②公路工程施工规模大、周期长，施工组织工作十分艰巨。由于公路工程往往工程量较大，需要消耗大量的人力和物力，施工组织工作不仅要做好统筹部署，还要考虑各种不同工种之间的开、竣工的衔接，只有这样，才能保证公路工程施工生产连续且有序地进行。③公路工程施工是在室外进行的，受气候和自然条件的影响与制约，这决定了公路施工组织工作的特殊性和不能全年连续均衡地进行施工生产。因此，在施工组织中，要对雨季、冬季和高温季节采取特殊的技术措施和施工方法，在高空和地下作业时则要采取必要的防护措施，并尽可能连续而均衡地进行施工，注意避免气候、自然条件对施工生产所产生的不利影响，以确保工程质量、施工安全以及工期要求。

综上所述，公路工程施工的特点集中表现在施工条件复杂多变给施工生产活动带来很大的困难，故要求针对公路工程的不同对象、不同的施工条件，从实际出发，充分做好准备工作，包括施工管理和组织计划工作。施工中实行流水作业，严格施工管理，健全岗位责任制，加强质量保证体系工作，每道工序都要严格把关，前一道工序未经验收不得进行下道工序，稳妥而科学地做好施工组织工作。

二、公路工程施工的基本程序

公路工程施工的基本程序是指施工单位从接受施工任务到工程竣工阶段必须遵守的工作程序。

1. 施工准备工作

施工准备工作是为拟建工程的施工建立必要的技术和物质条件，统筹安排施工力量和现场的工作。施工准备工作也是施工企业搞好目标管理、推行技术经济承包的依据。

为了保证施工顺利进行，在施工准备阶段，建设主管部门应根据计划要求的建设进度指定一个企业或事业单位组织基建管理机构，办理登记及拆迁，做好施工沿线有关单位和部门的协调工作，抓紧配套工程项目的落实，组织施工范围内的技术资料、材料、设备的供应；勘测设计单位应按照技术资料供应协议，按时提供各种图纸资料，做好施工图纸的会审及发放工作；施工单位应组织机具、人员进场，进行施工测量，修筑便道及生产、生活等临时设施，组织材料、物资采购、加工、运输、供应、储备，做好施工图纸的接收工作，熟悉图纸的要求。

2. 组织施工

施工准备就绪后，施工单位向上一级单位提交开工申请，主管技术部门报监理工程师，由总监下达开工命令。施工单位要遵照施工程序和施工组织计划中所拟定的施工方法合理组织施工。施工过程中，施工单位应严格按照设计要求和施工规范施工，确保工程质量，安全施工；同时，施工单位推广应用新工艺、新技术，努力缩短工期，降低造价，同时应注意做好施工记录，建立技术档案。

组织施工应具备的文件有以下几种：①设计文件；②施工规范和技术操作规程；③各种定额；④施工图预算；⑤施工组织设计；⑥公路工程质量检验评定标准和施工验收规范。

3. 竣（交）工验收、交付使用

竣（交）工验收阶段的主要工作是检查施工合同的执行情况，评价工程质量，对各参建单位工作进行初步评价。各合同段的设计、施工、监理等单位参加竣（交）工验收工作，由项目法人负责组织。公路工程竣（交）工验收工作一般按合同段进行，并应具备以下条件：合同约定的各项内容已全部完成；施工单位按《公路工程质量检验评定标准》及相关规定对工程质量自检合格；监理单位对工程质量评定合格；质量监督机构按《公路工程质量鉴定办法》对工程质量进行检测；竣工文件按要求完成，施工单位、监理单位完成本合同段的工作总结报告。

竣（交）工验收阶段的主要工作是对工程质量、参建单位和建设项目进行综合评价，并对工程建设项目做出整体性综合评价。竣（交）工验收时成立竣工验收委员会，由交通运输主管部门、公路管理机构、质量监督机构、造价管理机构等单位代表组成。公路工程竣（交）工验收应具备以下条件：通车试运营 2 年以上；竣（交）工验收提出的工程质量缺陷等遗留问题已全部处理完毕，并经项目法人验收合格；工程决算编制完成，并经交通运输主管部门或其授权单位认定；档案、环保等单项验收合格；各参建单位完成工作总结报告；质量监督机构对工程质量检测鉴定合格，并形成工程质量鉴定报告。

三、公路工程施工准备工作

公路工程施工前施工单位的准备工作，是为了保证施工正常进行而必须做好的一项重要工作。它之所以重要，是因为公路施工是一项非常复杂的生产活动，需要处理一系列复杂的技术问题，耗用大量的物资，使用众多人力和动用机械设备资源，所遇到的问题也是多种多样的，因而，施工前准备工作考虑的影响因素越多，准备工作做得越充分，则施工越顺利。

施工企业在投标时应成立工程项目部，施工单位在获得工程任务并与建设单位签订工程施工承包合同后，应按照合同的要求着手进行施工准备工作。施工准备工作分为组织准备、技术准备、物资准备和施工现场准备等几个方面。

（一）组织准备工作

组织准备工作主要是建立和健全施工组织管理机构，制定施工管理制度，明确施工任务，确立施工应达到的目标。施工组织管理机构是为完成公路工程施工而设置的负责现场指挥、管理工作的组织机构，一般由项目经理部及下设各职能部门组成。建立严格的责任制，按计划将责任预先落实到有关部门甚至个人，同时明确各级技术负责人在施工准备工作中所负的责任，从而充分调动各部门和技术人员的积极性，使他们责任、权利相统一。建立完善的施工管理制度是公路施工管理的核心。施工管理制度包括施工计划管理制度、工程技术管理制度、工程成本管理制度、施工质量安全管理制度等。

（二）技术准备工作

技术准备工作，即通常所说的"内业"工作，它是工程顺利实施的基础和保证。技术准备工作的好坏，直接影响到工程的进度、质量和经济效益，因此必须给予高度重视。技术准备工作的内容主要包括熟悉设计文件、现场调查核对、设计交桩和技术交底及建立工地试验室。

1. 熟悉和审核图纸，深化施工组织设计

项目负责人组织有关人员对施工图纸和资料进行学习和自审，如有疑问，应做好统计，在业主召开的设计交底和图纸会审中提出，请上级部门给予解答。

施工组织设计是全面安排施工生产的技术经济文件，是指导施工的主要依据。施工组织设计是以一个建设施工项目为编制对象，用以规划整个拟建工程施工活动的技术经济文件。它是整个项目施工任务总的战略性部署安排，主要内容包括工程概况、施工布置与施工方案、施工总进度计划、施工准备工作及各项资源需要量计划、施工总平面图、主要技术组织措施及主要技术指标。

2. 设计交桩和技术交底

建设单位负责人召集设计、施工、监理、科研人员参加图纸会审会议。设计人员向施工方做图纸交底，讲清设计意图和对施工的主要要求，并对设计桩点进行复测交接。施工人员应对图纸和有关问题提出质询。最终由设计单位对图纸会审中提出的合理化建议，按程序进行变更设计或做补充设计。

3. 建立工地试验室

工地试验室是为施工现场提供直接服务的试验室，主要任务是配合路基、路面、桥涵等工程施工，对工地使用的各种原材料、加工材料及结构性材料的物理力学性能，以及施工结构体的几何尺寸等进行检测。工地试验室的作用是通过各种材料试验，选用合适的材料及其性能参数，以保证工程结构物的强度和耐久性，并有利于掌握各种材料的施工质量指标，保证结构物的施工质量。工地试验室的试验检测人员必须是具有试验检测资质的检测机构的正式持证注册人员。

施工前的准备工作带有全局性，它是组织施工的第一步，没有这项工作，工程就不能顺利开工，更不能连续施工。没有准备的施工或准备不充分的施工，均会使以后施工难以顺利进行。

（三）物资准备工作

物资准备工作是指施工中必需的劳动手段和施工对象的准备。它根据各种物资需要量计划，分别落实货源、组织运输和安排储备，以保证连续施工的需要。物资准备是各种材料与机具设备购置、采集、调配、运输和储存，临时便道及工程房屋的修建，供水、供电、必需生活设施等的安装及建设等工作。

在公路施工前，各种生产、生活需用的临时设施，如各种仓库、搅拌站、预制构件厂（站、场）、各种生产作业棚、办公用房、宿舍、食堂、文化设施等均应按施工组织需要的数量、标准、面积、位置等在施工前修建完毕。修建完毕各种生产、生活需用的临时设施后，应及时根据施工组织设计确定的材料、半成品、预制构件的数量、品种、规格以及施工机具设备，编制好物资供应计划，按计划订货和组织进货，按照施工平面图要求在指定地点堆存或入库；对砂子、碎石、钢材等材料应提前做各种试验，确定其是否满足设计要求；对各种标号混凝土提前做好配比；对施工将用的施工机械和机具需用量进行计划，按计划进场安装、检修和试运转。

施工队应提早调整，健全和充实施工组织机构，进行特殊工种、稀缺工种的技术培训和持证上岗，提前预招临时工和合同工，落实具有相应资质的专业施工队伍和外包施工队伍。同时，根据地理位置、气候条件，夏、冬、雨期施工也应做些适当准备。

（四）施工现场准备工作

1. 恢复定线测量

恢复定线测量的主要程序如下。①检查工程原测设的所有永久性标桩。②复测。③将施工中所有的标桩进行加固保护，并对水准点、三角网点等设立易于识别的标志。④向监理工程师提供全部的测量标记资料。⑤完成全部恢复定线、施工测量设计和施工放样。⑥各合同段衔接处的测量应在监理工程师的统一协调下由相邻两合同段的承包人共同进行，将测量结果协调统一在允许的误差范围内。

2. 建造临时设施

①工地临时房屋设施包括行政办公用房、宿舍、文化福利用房及作业棚等。其需要量根据职工与家属的总人数和房屋指标来确定。②仓库用来存放施工所需要的各种物资器材，按物资的性质和存放量要求其形式可以是露天、敞棚、房屋或库房。仓库物资贮存量应根据施工条件通过计算确定。

3. 临时交通便道

在工地布设临时交通便道时应遵循下列原则。

①临时交通公路以最短距离通往主体工程施工场所，并连接主干公路，使内

外交通便利。②充分利用原有公路，对不满足使用要求的原有公路，应在充分利用的基础上对其进行改建，节约投资和施工准备时间。③在本工程的施工与现有的公路、桥涵发生冲突和干扰之处，承包人都要在本工程施工之前完成改道施工或修建临时公路。④利用现有的乡村公路作为临时公路，应将该乡村公路进行修整、加宽、加固及设置必要的交通标志，并经监理工程师验收合格后方可通行。⑤工程施工期间，应配备人员对临时公路进行养护，以保证临时公路的正常通行。⑥尽量避开洼地和河流，不建或少建临时桥梁。

4. 工地临时用电

施工现场用电包括生产用电和生活用电。其中，生活用电主要是照明用电；生产用电包括各种生产设施用电、主体工程施工用电、其他临时设施用电。

5. 工地临时用水

根据施工现场平面布置图中的临时用水、临时用电设计方案，做好施工现场的正常施工、生活和消防的临时用水管线铺设工作。

四、公路工程施工常用机械

（一）土石方机械

1. 推土机

推土机是一种多用途的自行式土方工程建设机械，它能铲挖并移运土壤。例如，在公路建设施工中，推土机可完成以下工作：路基基底的处理；路侧取土横向填筑高度不大于 2m 的路堤；沿公路中心线铲挖移运土壤的路基挖填工程；傍山取土修筑半堤半堑的路基。推土机还可用于平整场地、局部碾压、给铲运机助铲和预松土、堆集松散材料、清除作业地段内障碍物，以及牵引各种拖式土方机械等作业。

推土机按行走装置不同分为履带式和轮胎式，按工作装置不同分为固定式铲刀（直铲）和回转式铲刀（斜铲），按操纵方式不同分为钢丝绳机械操纵和液压操纵等类型。对工程量较为集中的土石方工程一般采用液压操纵的履带式推土机。推土机适用的经济运距为 50 ~ 100 m，不宜超过 100 m。

2. 铲运机

铲运机是一种利用铲头在随机械一起行进的过程中依次完成铲削、装载、运输和铺筑的铲土运输机械。它被广泛应用于公路、铁路、水利、港口及大规模的建筑等施工中的土方作业。铲运机按行走方式不同分为牵引式（拖式）和自行式，按操纵方式不同分为机械传动、液压传动、电力传动和静压传动等类型。在施工作业时，铲运机作业的卸土方式有强制式、半强制式、自行式卸土三种。铲运机的特点是能独立完成铲土、运土、卸土、填筑、压实等工作。铲运机对行驶的公路要求较低，常用于平整坡角在20°以内的大面积场地，开挖大型基坑、沟槽，以及填筑路基等土方工程。

铲运机的经济运距和行驶公路坡度是铲运机选型的重要依据。如果运距短、坡度大、路面松软，以选择拖式铲运机为宜；如果运距较长、坡度大，宜采用双发动机驱动的自行式铲运机；如果路面较平坦，则选用单发动机驱动的自行式铲运机较为经济。铲运机适用于中等运距（100～200 m）和公路坡度不大条件下的大量土方转移工程。如果运距太短（100 m以内），采用铲运机是不经济的。这时采用推土机或轮胎式自装自运较为适宜，运距特长（200 m及200 m以上）则采用自卸汽车较为经济。

3. 单斗挖掘机

单斗挖掘机是一个刚性或挠性连续铲斗以间歇重复式循环进行工作的机械，是一种周期作业自行式土方机械。当场地起伏高差较大、土方运输距离超过1 000 m，且工程量大而集中时，可采用单斗挖掘机挖土，配合自卸汽车运土，并在卸土区配备推土机平整土堆。

单斗挖掘机有内燃驱动、电力驱动、复合驱动几种，挖斗有正铲挖掘机、反铲挖掘机、拉铲挖掘机、抓铲挖掘机等形式。

4. 装载机

装载机有轮胎式及履带式的全回转式、半回转式和正回转式三种形式。它的优点是兼有推土机和挖掘机两者的工作能力，适应性强，作业效率高，操纵简便。

装载机常用于公路建设中的土石方铲运，以及推土、起重等多种作业，在运距不大或运距和公路坡度经常变化的情况下，如采用装载机与自卸车配合使用装运作业，会使工效下降、费用增高。在这种情况下，可单独采用装载机作为自铲运设备使用。

5. 平地机

平地机是用装在机械中央的铲土刮刀进行土壤的切削、刮送和整平连续作业，并配有其他多种辅助作业装置的轮式土方施工机械。当配置推土铲、土耙、松土器、除雪犁、压路机等附属装置和作业机具时，平地机可进一步扩大使用范围、提高工作能力或完成特殊要求的作业。

平地机主要用于修筑路基路面横断面、路基边坡整理工程的刷坡作业，开挖边沟及路槽，平整场地等；还可用来在路基上拌和路面材料、摊铺材料，修整和养护路基路面，推土，疏松土壤，清除杂物、石块和积雪等。

（二）压实机械

压路机一般分为光轮压路机、轮胎压路机和振动压路机三种。光轮压路机的自重可以在一定范围内调整以改变单位线压力，一般用于整理性压实工作，对于容重要求较低的黏性土、沙砾料、风化料、冲击砾质土较为适合。轮胎压路机具有弹性，在碾压时与土体同时变形，其碾压作用力主要取决于轮胎的内压力。接触面积与压实深度有着密切的关系，为了得到较大的接触面积，增加压实深度，在轮胎允许范围内应尽可能增加轮胎碾的负荷。一般来说，刚性碾轮由于受到土壤极限强度的限制，机重不能太大，而轮胎碾则没有这个缺点，所以轮胎碾适合于压实黏性土及非黏性土，如壤土、沙壤土、砂土、沙砾料等土质，同时也常被采用路面施工。振动压路机俗称振动碾，其主要优点如下：一是单位面积压力大，可适当增加压实厚度，碾压遍数也可适当减少；二是结构重力小，外形尺寸小。其最大缺点就是振动及噪声大，易使机械手过度疲劳。

五、公路工程现场施工安排

公路施工是一项非常复杂的生产活动，它不仅需要有诸如进度计划、质量和成本等实际管理和劳动力、建设物资、工程机械、工程技术及财务资金等诸要素管理，而且要为完成施工目标和实现组织施工要素的生产事务服务。否则，就难以充分地利用施工条件，发挥施工要素的作用，甚至无法进行正常的施工活动，实现施工目标。

1. 现场施工管理的基本任务

现场施工管理的基本任务是根据生产管理的普遍规律和施工的特殊规律，以每一个具体工程和相应的施工现场为对象，正确地处理好施工过程中的劳动力、劳动对象和劳动手段的相互关系及其在空间布置上和时间安排上的各种矛盾，做到人尽其才、物尽其用，安全地完成施工任务。

2. 现场施工管理的基本内容

现场施工管理包括以下基本内容。

①编制施工作业计划并组织实施，全面完成计划指标。②做好施工现场的平

面布置，合理利用空间，创造良好的施工条件。③做好施工中的调度工作，及时协调施工工种和专业工种之间、总包与分包之间的关系，组织交叉施工。④做好施工过程中的作业准备，为连续施工创造条件。⑤保护施工环境，节约社会资源，建设优良工程。⑥科学合理地设置管理机构，保证现场管理全面协调运作。⑦认真填写施工日志、施工记录及施工影像资料，为交工验收和技术档案积累资料。

3. 公路施工组织管理内容

公路工程施工要多、快、好、省地完成施工生产任务，必须有科学的施工组织，并合理地解决好一系列问题，其具体任务如下。

①确定开工前必须完成的各项准备工作。②计算工程数量，合理部署施工力量，确定劳动力、机械台班、各种材料、构件等的需要量和供应方案。③确定施工方案，选择施工器具。④安排施工顺序，编制施工进度计划。⑤确定工地上的设备停放场、料场、仓库、办公室、预制场地等的平面布置。

此外，公路工程的施工总方案可以是多种多样的，应该依据公路工程具体特点，工期需求，劳动力数量及技术水平，机械设备能力，材料供应以及构件生产、运输能力，地质、气候等自然条件及技术经济条件进行综合分析、方案比选，选择最理想的施工方案。

综合考虑上述各项问题并做出合理的决定，形成指导施工生产的技术经济文件——施工组织设计。施工组织设计本身是施工技术准备工作，是指导施工的准备工作，是全面布置施工生产活动、控制施工进度、进行劳动力和机械调配的基本依据，对是否能多、快、好、省地完成公路工程的施工生产任务起着决定性作用。

六、公路工程安全文明施工和环境保护

（一）安全施工措施

在建筑安装施工生产中，有近80%的生产安全事故都是由于职工自身的不安全行为造成的。从构成事故的三因素（人、机械、环境）的关系分析，"机械设备""环境"相对比较稳定，唯有"人"是最活跃的因素，而"人"又是操作机械设备、改变环境的主体，因而，紧紧抓住"人"这个活跃因素，通过科学的管理、有效的培训和教育、正确的引导和宣传，以及合理、及时的班组安全活动，不断提高员工的安全素质，是做好安全生产管理工作的关键。

具体的安全保证措施有以下几点。

①建立健全项目安全生产保证体系，实施安全生产责任制，确保各专业项目负责人及技术负责人对劳动保护和安全生产的工作负责。工程项目经理部必须建立安全生产领导小组，各班组设安全员，各作业点应有安全监督岗，并将安全生产责任制层层落实。②组织工程项目施工的安全教育和技术培训考核，对管理人员和施工操作人员，按其各自的安全职责范围进行教育，并建立安全生产奖惩制度，认真落实。③确保必需的安全投入。购置必备的劳动保护用品、安全设备及设施，确保完全满足安全生产的需要。另外，积极做好安全生产检查，发现事故隐患要及时整改。④所有工程在开工前必须编制有安全技术的施工组织设计（包括施工用电组织设计），对技术复杂的专项方案必须经过严格审核方可批准有关手续、程序。必须逐级进行安全技术交底，技术交底应有书面资料或有作业指导书（或操作细则）。技术交底针对性要强，并履行签字手续，保存资料。项目经理部安全员负责监督检查，严格按照安全技术交底的规定要求进行作业。⑤施工现场应实施机械安全管理及安装验收制度。使用的施工机械、机具和电气设备，在安装前应当按照规定的安全技术标准进行检测，经检测合格后方可安装，机械安装要按平面布置进行。在投入使用前，应按规定进行验收，并办好验收登记手续。经验收，确认机械状况良好、能安全运行的，才准投入使用。所有机械操作人员都必须经过培训合格后持证上岗。机械操作人员要进行登记存档，按期复验。使用期间，应当指定专人负责维护、保养，保证机械设备的完好率和使用率以及安全运作。⑥安全检查由项目经理或主管施工生产负责人主持，项目经理部有关人员参加。对查出的隐患，要建立登记、整改、验证、消项制度，要定人、定措施、定经费、定完成日期，在隐患没有消除前，必须采取可靠的防护措施，如有危及人身安全的紧急险情，应立即停止作业。⑦临时用电还要有安全技术交底及验收表，要有变更记录，健全安全用电管理制度和安全技术档案。临时用电应落实四项技术措施：防误触带电体的措施；防止漏电措施；实行安全电压措施；采用三相五线制。所有接地和重复接地电阻值，经检验应符合规范要求。

此外，在做好工地内安全工作的同时，应对沿线居民做好安全宣传工作，提高广大行人的安全意识，确保在整个施工过程中无安全事故发生。

（二）文明施工措施

文明施工能够展示施工单位的形象，体现施工队伍的素质。施工的文明性主要包括场容场貌、料具管理及综合治理。

1. 场容场貌

施工现场进出口大门外应悬挂"六牌二图",即工程概况牌、管理人员名单及监督电话牌、现场出入制度牌、安全生产牌、消防保卫牌、文明施工牌和现场平面布置图、建筑物效果图。工地设有施工总平面图及安全生产、消防保卫、环境保护、文明施工等制度牌,施工危险区域或夜间施工均有醒目的安全警示标志,各类标牌整齐、规范。施工现场应将工程项目名称,建设、监理及施工单位名称,工程开、竣工时间等内容标注在醒目位置。

2. 料具管理

施工现场外临时存放的施工材料须经有关部门批准,并应按规定办理临时占地手续。材料要码放整齐、符合要求,不得妨碍交通和影响市容,堆放散料时应进行围挡。料具和构配件应按施工平面布置图指定位置分类码放整齐。存放预制圆管、预制板等大型构件和大模板时,场地应平整夯实,有排水措施,码放应符合规定。施工现场的材料保管应依据材料性能采取必要的防雨、防潮、防晒、防冻、防火、防爆、防损坏等措施。贵重物品、易燃、易爆和有毒物品应及时入库,专库专管,加设明显标志,并建立严格的领、退料手续。

3. 综合治理

首先,要加强对职工的教育,应经常对参与施工过程的职工(包括新入场的工人)进行文明施工的教育。除对全体职工进行文明施工教育外,还应分工种进行文明施工教育以及根据施工进度部位对职工进行有针对性的文明施工教育。其次,要加强对职工宿舍卫生的管理,生活污水要及时处理,做到卫生区内无污水、无污物,不得出现废水乱流等现象。

(三)环境保护措施

依照国家、地方环境及相关法规,确定施工过程中要做的环境保护工作及具体的工作安排,使施工期的环境保护工作有序、有效进行,减少施工过程对周围环境造成的不利影响。环境保护的目标:在工程施工期间,对废水、废气和固体废弃物进行全面控制,尽量减少这些污染排放所造成的影响,文明施工,保护农田和农作物。

施工中的环境污染问题主要包括水污染、大气污染、噪声污染及固体废弃物污染等。针对这几种问题,有以下几种处理方法。

①在开工前完成工地排水和废水处理设施的建设,保证工地排水和废水处理设施在整个施工过程的有效性,做到现场无积水、排水不外溢、不堵塞、水质达标。

②对易产生粉尘、扬尘的作业面和装卸、运输过程,制定操作规程和洒水降尘制度,在旱季和大风天气适当洒水,保持湿度。合理组织施工,优化工地布局,使产生扬尘的作业、运输尽量避开敏感点和敏感时段(人群活动的时段),运输车辆应设有效的封闭措施。易飞扬细颗粒散体物料尽量安排库内存放,堆土场、散装物料露天堆放场要压实、覆盖。此外,尽量使用清洁能源。③施工过程中各种临时设施和场地,如堆料场、加工厂、轧石厂、沥青厂等,距居民区不宜小于300 m,而且应设于居民区主要风向的下风处。使用机械设备的工艺操作要尽量减少噪声、废气等污染,施工场地的噪声应遵守当地有关部门对施工场地的具体规定。④回填土方时,减少回填土方的堆放时间和堆放量,堆土场周围加护墙或护板,保证回填土的质量,不将有毒、有害物质和其他工地废料、垃圾用于回填。制订泥浆和废渣的处理方案,选择有资质的运输队伍,及时清运施工弃土和渣土,建立登记制度,防止中途倾倒事件的发生并做到运输途中不撒落。剩余料具、包装即时回收、清退。对可利用的废弃物尽量回收利用,各类垃圾及时清扫、清运,不随意倾倒,一般要求每班清扫、每日清运。施工现场无废弃砂浆和混凝土,运输公路和操作面落地料及时清用,砂浆、混凝土倒运采取防撒落措施。

第二节 桥梁工程施工技术基础

桥梁工程的建设一般需经过规划、勘察、设计和施工等阶段。施工阶段的主要任务是具体实现桥梁设计思想和设计的意图,将图纸上的内容变为实际的能够满足功能要求的工程结构物。

桥梁工程的施工主要包括桥梁的施工技术和施工组织。施工技术水平对桥梁的建设起着十分重要的作用,尤其是对于结构复杂、施工环境恶劣的桥梁,建设者的建设意图在实际的工程结构物中的体现,很大程度上依赖于所采用的施工技术。桥梁工程施工技术的发展,为实现桥梁设计的意图提供了丰富多样的手段,也为增大桥梁跨度、改进结构形式以及采用新材料提供了必要的条件。因此,先进的施工技术能够影响和促进桥梁设计水平的提高和发展。此外,采用先进、合理的施工技术,对于降低工程造价、保证工程质量、加快施工进度和实现安全生产都是十分重要的。

桥梁施工包括桥梁下部结构施工和桥梁上部结构施工。下部结构主要包括桥墩、桥台和基础。桥墩可分为实体墩、柱式墩和排架墩等。桥台可分为重力式桥台、轻型桥台、框架式桥台、组合式桥台、承拉桥台等。桥梁基础按构造和施工方法不同可分为明挖基础、桩基础、沉井基础、沉箱基础和管柱基础等。

一、桥梁工程施工的一般特点

1. 流动性与地域性

桥梁工程施工生产不同于一般的工业生产，由于建造地点的不同，其施工是在不同的地区，或同一地区的不同场地进行的，因此其生产在地区与地区之间、场地之间流动。桥梁工程施工受地区条件的影响，其结构、造型、材料和施工方案等方面均有所不同，具有一定的地域性。

2. 固定性与单一性

具体到某一座桥梁工程施工，经过统一规划后，根据其使用功能，在选定的地点单独设计、单独施工，不可更改，建设地点具有固定性。即使是提倡使用标准设计和通用构件，但受桥梁工程所在地区的自然、经济和技术条件的约束，其结构、建筑材料、施工方法和施工组织等也可因地制宜地加以修改，以适应不同地区和不同桥型的需要，从而使桥梁工程的施工具有单一性。

3. 周期性与重复性

桥梁工程施工受混凝土龄期、同部位分节施工等影响，需按部就班地开展，如梁板预制、钢筋绑扎、模板安装固定、混凝土浇筑、顶推循环施工等，从而使桥梁工程施工具有周期性和重复性。

4. 露天性与高空性

桥梁工程地点的固定性和体形庞大的特征决定了其施工具有露天作业和高空作业多的特点。随着社会经济发展和现代化交通运输的需要，各种大型桥梁的施工任务越来越多，使得桥梁工程高空作业的特点日益明显。

5. 施工周期长与占用流动资金多

桥梁体形庞大，其建造必然要消耗大量的人力、物力和财力，同时施工过程还要受到工艺流程和生产程序的制约，使各专业和各工种间必须按照合理的施工顺序进行配合与衔接。建造地点的固定性，使得施工活动的空间具有一定的局限性，从而导致桥梁施工具有生产周期长、占用流动资金大的特点。

6. 施工生产组织协作的复杂性

桥梁工程施工涉及工程力学、地基基础、工程地质、水文水力学、土力学、工程材料、工程机械设备、施工组织管理等学科的专业知识，施工涉及面较广，需要在不同时期、不同地点组织多专业、多工种综合作业。此外，它还涉及不同种类的专业施工队伍，以及规划与征用土地、勘察设计、"五通一平"、科研试验、质量监督、交通运输、电水热供应、劳务等社会各领域的外部协作配合，这使得桥梁工程施工生产的组织协作关系错综复杂。

二、桥梁工程施工的基本程序

桥梁工程主体施工大致可分为桥梁下部结构和桥梁上部结构两部分。桥梁下部结构工程（基础、墩台）大多采用就地浇筑施工；桥梁上部结构根据桥位的地形地貌特点、墩台高低、梁孔多少等选择桥位现浇法或预制梁场集中预制的运架方案。桥梁工程施工对精细度的要求高，施工组织应科学合理，管理应精细严格。

三、桥梁工程施工准备工作

施工单位在编制施工组织设计前，应组织有关人员对设计文件、图纸、资料进行研究和现场核对，必要时进行补充调查。研究设计文件、图纸、资料时，应首先查明是否齐全、清楚，图纸本身及相互之间有无矛盾和错误。如发现图纸和资料欠缺、错误、矛盾等情况，应向建设单位提出，待建设单位将图纸及资料补全、更正。较复杂的中桥、大桥和特大桥，可要求建设单位进行设计交底，施工单位可提出修改意见供建设单位考虑。

在勘查现场及审阅图纸后，应请建设单位主持，请建设主管部门、监理单位、设计单位设计人员进行设计交底。交底后施工单位将发现的问题提出，请设计单位解答，会议纪要由建设单位于会后以正式文件分发给设计、施工及其他单位。在施工单位内部应贯彻层层交底制度，施工技术部分应由技术负责人进行书面交底。交底内容应包括结构特点、施工季节特点、施工步骤、操作方法、质量要求、安全要求和各项有关的规程、技术措施，并结合设计意图，向各级人员及操作人员交代清楚。

根据工程规模，编制施工组织设计或施工方案，施工组织设计具体应该包括下列内容。

工程特点：应叙述工程结构情况与特点及工程地点的水文、地质、气候、地形等特殊情况，以及与工程有关的其他情况。

主要施工方法：根据工程特点，简要叙述本工程主要部位的施工方法和保证工程质量、施工安全、节约以及推广新工艺、新技术、新结构、新材料等的施工方法。

施工现场总平面布置图及施工图纸：包括水、电源、交通道路和各加工厂与存料场的布置、面积，以及与场外的交通联系。

施工进度计划：主要项目施工网络计划、施工物资供应计划及半成品供应计划、施工机具与劳动力计划。

此外，对施工中的障碍应做详细调查，并提出处理方法与时间。对旧建筑物的处理方法，如需爆破时，则应提前做准备，并报请有关单位批准，按计划施行。

在河道中施工时，应划定足够的施工水域和拟定过往船只通行的措施，报请航道部门批准。对河床情况，除去探测外，还应向附近人员了解河道内有无特殊障碍，以便制订施工计划。在陆地施工时应充分考虑交通组织问题，应与铁道、公路及交通管理部门联系，并办理有关手续。

四、桥梁工程施工常备式结构与主要机具设备

（一）桥梁施工常备式结构

1. 钢管脚手架（支架）

根据钢管的连接、组合方式不同而产生了多种不同类型的脚手架，主要有扣件式、碗扣式、门式脚手架等。扣件式钢管脚手架的特点是装拆方便、搭设灵活，能适应结构平面、立面的变化。

2. 拼装式常备模板

拼装式钢模、木模和钢木结合模板的构造都基本相同，均由底模、侧模和端模三部分组成。整体式模板是预制工厂的常备结构，常用于桥梁预制工厂的一些标准定型构件的生产。目前，组合式钢制定型模板在桥梁工程施工中也有使用。

组合式定型钢模板具有通用性强、可灵活组装、装拆方便、强度高、刚度大、尺寸精度高、接缝严密、表面光洁、适于组合拼装成大块、实现机械化施工、周转次数多（50次以上）、节约木材、降低成本等优点。

3. 万能杆件

万能杆件是用角钢制成的可拼成节间距为 2 m×2 m 的桁架杆件。万能杆件通用性强，各杆件均为标准件，装拆、运输方便，利用率高，可拼装成多种形式，

也可作为墩台、索塔施工脚手架。万能杆件的构件一般有杆件、连接板、缀板三大部分。

4. 贝雷（贝雷梁）

贝雷是一种由桁架拼装而成的钢桁架结构。贝雷梁拼成导梁作为承载移动支架，再配置部分起重设备与移动机具来实现架梁。贝雷主要构件有桁架、加强弦杆、横梁、桁架销、螺栓、支撑构件等。

（二）桥梁施工常用的起重机具设备

1. 扒杆

扒杆是一种简单的起重吊装工具，一般都是由施工单位根据工程的需要自行设计和加工制作的。扒杆可以用来升降重物、移动和架设桥梁等。常用的扒杆种类有独脚扒杆、人字扒杆、摇臂扒杆和悬臂扒杆。

2. 龙门架

龙门架是一种常用的垂直起吊设备，在龙门架顶横梁上设行车时，可横向运输重物、构件；在龙门架两腿下设有缘滚轮并置于铁轨上时，可在轨道上纵向运输；在两脚下设能转向的滚轮时，则可进行任何方向的水平运输。

3. 浮吊

浮吊船是在通航河流上建桥的重要工作船，常用的浮吊有铁驳轮船浮吊和用木船、型钢及人字扒杆等拼成的简易浮吊。通常简易浮吊可以利用两只民用木船组拼成门船，用木料加固底舱，舱面上安装型钢组成的底板构架，上铺木板，其上安装人字扒杆制成。起重动力可使用双筒电动卷扬机一台，安装在门船后部中线上。制作人字扒杆的材料可用钢管或圆木，并用两根钢丝绳分别固定在门船尾端两舷旁钢构件上。吊物平面位置的变动由门船移动来调节，另外还需配备电动卷扬机、绞车、钢丝绳、锚链、铁锚作为移动及固定船位用。

4. 缆索起重机

缆索起重机是利用承载缆索上行走的起重小车进行吊运作业的起重机具。缆索起重机以柔性钢索作为大跨距架空承载构件，具有垂直运输和水平运输功能，用于较大空间范围内。

5. 架桥机

目前在我国使用的架桥机类型很多，其构造和性能也各不相同，常用的有单梁式架桥机和双梁式架桥机两种类型。

单梁式架桥机的特点：机械化程度较高，本身设有自动行驶的动力装置，能架桥、铺轨两用，轴重小，能自动行驶上桥对位，使用操作较安全、方便；机臂能做水平摆动，并可在隧道口架梁；能吊铺桥上 25m 长的轨排及上渣工作；除端门架和支柱需拆卸外，其余基本上不需要解体运输，因此，整机组装和拆卸均较简单，而且不需要其他超重机械帮助。

双梁式架桥机的特点：架桥机吊梁桁车可直接由运梁平车上起吊梁，不需换装；架梁时，因吊梁桁车可横向移动，因此，每片梁均能一次就位，而不需要人工在墩台上移梁；机臂能做水平转动；可在隧道口和隧道内架桥；机臂前后两端均能架梁，架桥机不需转向。此外，双梁式架桥机还自带发电设备，结构简单，操作方便，便于养护维修，适用于山区和地形复杂的公路铺设和架桥工作。

6. 汽车起重机

汽车起重机是装在普通汽车底盘或特制汽车底盘上的一种起重机，其行驶驾驶室与起重操纵室分开设置。这种起重机的优点是机动性好，转移迅速。缺点是工作时必须支腿，不能负荷行驶，也不适合在松软或泥泞的场地上工作。汽车起重机的底盘性能等同于同样整车总重的载重汽车，符合公路车辆的技术要求，因而可在各类公路上通行无阻。此种起重机一般备有上、下车两个操纵室，作业时必须伸出支腿保持稳定。

五、桥梁工程施工现场安排

施工现场的施工安排工作，主要是为工程的施工创造有利的施工条件和物资保证。其具体内容如下。

1. 施工测量控制网的复测和加密

按照设计单位提供的桥位总平面图及测量控制网中给定的基线桩、水准基桩和保护桩等资料，在施工现场进行三角控制网的复测，并根据桥梁的精度要求和施工方案，补充加密施工所需要的各种标桩，建立满足施工要求的工程测量控制网。

2. "五通一平"

"五通一平"是指工程中为了合理有序施工进行的前期准备工作，一般包括通水、通电、通路、通信、通排水及平整土地。基本要求是"三通一平"（通水、通电、通路、平整土地）。为满足采用蒸汽养生和寒冷冰冻地区取暖的需要，还要考虑做好供热工作。

3. 建造临时设施

按照施工总平面图的布置，建造各种生产、办公、生活居住和储存等临时房屋，以及施工便道、便桥、码头、混凝土搅拌站和构件预制场等大型临时设施。由于临时设施的项目繁多、内容庞杂，因此建造时应精打细算，做好规划，合理地确定项目、数量和进度等。要因地制宜，降低造价，使之尽量标准化和通用化，以便于拆迁和重复利用。

4. 安装调试施工机具

按照施工机具需要量计划，组织施工机具的进场，并根据施工总平面图的布置将施工机具安置在规定的地点。对所有施工机具都必须在施工之前进行检查和试运转。

5. 原材料进场及验收

为了确保进入施工现场的材料符合规范要求，确保工程质量，应从原材料的采购进行控制，选择合格的供应商，保证所有同工程质量有关的物资在采购时能满足规定的要求，做到比质比价，质量第一。进场材料由项目物资部、质保部联合按批次验收，原材料进场时必须资料齐全，钢筋、水泥等必须经复验合格。

项目部组织验收合格后，必须报监理和甲方验收，通过后方可使用。未经检验和试验的材料，未经批准紧急放行的材料，经检验和试验不合格的材料，无标识或标识不清楚的材料，过期失效、变质受潮、破损和对质量有怀疑的材料等不得使用。当材料需要代用时，应先办理代用手续，经设计单位或监理单位同意后才能使用。

6. 原材料的试验和储存堆放

按照材料的需要量计划，应及时提供材料试验（如钢材的机械性能试验，预应力材料的力学性能试验，水泥、砂石等原材料的试验，以及混凝土的配合比试验）申请计划。材料的进场要及时组织，进场后应按规定的地点和指定的方式进行储存和堆放。

7. 做好夏、冬、雨季施工安排

按照施工组织设计的要求，落实夏、冬、雨季的临时设施和技术措施，做好施工安排。

8. 落实消防和保安措施

建立消防和保安等组织机构，制定有关的规章制度，安排好消防和保安措施。

六、桥梁工程安全文明施工和环境保护

（一）安全施工措施

桥梁工程施工常采用高处作业，由于高处作业危险性大，易发生坠落事故，因此必须认真采取防护措施，做好防护工作和应急措施。

桥梁工程施工中的安全基本规定。

①高桥、大跨、深水、结构复杂的大型桥梁施工，应对施工安全做专项调查研究，并制定相应的安全技术措施。单项工程（包括辅助结构、临时工程）开工前，应根据规定的安全操作细则向施工人员进行安全技术交底。②桥梁施工前，应对施工现场、机具设备及安全防护措施等进行全面检查，确认符合安全要求后方可施工。③手持式电动工具，应按《手持式电动工具的管理、使用、检查和维修安全技术规程》的规定，根据手持式电动工具的类别和作业场所的安全要求，加设漏电保护器。④桥梁施工中，采用多层作业或桥下通车、行人等立体施工时，应得到交通管理和市政部门的同意，并布设安全网。⑤对于通航江河上的桥涵工程，施工前应与当地港航监督部门联系，安排有关通航、作业安全事宜。⑥桥梁施工受气候环境因素影响很大，因此，应注意天气预报风力级别，高处露天作业及缆索吊装、大型构建等在起重吊装时，应根据作业高度和现场风力大小对作业的影响程度，制定适于施工的风力标准。遇有六级（含六级）以上大风时，上述施工应停止作业。

（二）文明施工措施

同公路工程施工相同，文明施工能够展示施工单位的形象，体现施工队伍素质。文明施工不仅可以体现当代建设者及建设单位的责任感，还能够提高施工质量，保证工程建设有序进行，具体规定同公路文明施工规定。

（三）环境保护措施

1. 水土保持措施

（1）桥梁施工水土保持措施

基础施工，特别是钻孔过程中会有大量的泥浆水排放，为防止污染水源、破坏环境，钻孔过程中的泥浆水先集中在泥浆池沉淀，符合要求后排放到工地的排水系统，严禁乱流乱淌。

（2）弃渣（土）场水土保持措施

弃渣场选址应依据设计文件规划或与地方有关部门协商，并结合当地土地利用规划来确定。一般选择在坡度较缓、避开大面积汇水地带的滞留谷地。弃渣前先将地表熟土集中存放，砌筑片石挡渣墙，墙身设泄水孔，渣底预埋透水管道。必须先挡后弃，工程结束后对弃渣场进行平整，对地面做必要的防护，将存放的熟土回填弃渣场顶部，植草复垦。

（3）防止水污染措施

施工及生活废水的排放遵循清污分流、雨污分流的原则，各种施工废油、废液集中储积，集中处理，严禁乱流乱淌，防止污染水源，破坏环境。

（4）地表植被的保护

合理规划施工便道、施工场地，固定行车路线、便道宽度，限制施工人员的活动范围，尽量少扰动地表、少破坏地表植被。

（5）维护生态平衡，避免人为恶化环境措施

加强生态环境保护的宣传工作，使全体参建员工充分认识环境保护的重要性和必要性，加强环保意识，制定详细的环境保护措施，建立严格的检查制度，避免人为恶化环境。保护好桥址沿线的植被、水环境、大气环境、自然生态环境、土壤结构、自然保护区、野生动植物，维护生态平衡系统。

2. 生态环境保护措施

（1）临时工程环境保护

便道、混凝土搅拌站及办公生活区的设置要合理、紧凑，严禁随意搭建，尽量减少对植被的损坏，不占用乡村公路。搅拌站等高噪声生产设施尽可能远离居民区或采取限时作业措施。施工场地周围预先开挖排水沟，做到排水畅通，场内不得积水、积污，应充分考虑其对原地面排水的影响，以免阻挡地表径流的排泄，影响当地居民的生产、生活。

（2）植被保护

施工期间加强对施工人员保护自然资源及野生动植物的教育，限制施工人员和车辆的活动范围。施工便道选线和办公生活区、大型临时设施场地选址尽量少占或绕避林地、耕地，保护原有植被。对合同规定的施工界限外的植物尽力维护，工程完工后及时进行现场清理、复垦或绿化。

（3）施工中的环保措施

注意夜间施工的噪声影响，尽量采用低噪声施工设备。不能使用不符合尾气排放标准的机械设备。做好当地水系、植被的保护工作，在施工时对路基边坡及

时进行防护与植被绿化，施工车辆不得越界行驶，以免碾坏植被、庄稼、乡村公路等。布置施工便道、工棚及作业场地时，尽量维护自然面貌，少占荒地，少开挖，以保护自然植被。

（4）竣工后环境恢复措施

工程完工后，将临时设施全部拆除，当地可以利用的，经过当地政府或环保部门的同意，进行协议转让。认真清理施工场地，收集施工垃圾并运至指定位置处理或就地掩埋。工程完工后，立即复耕归还临时租用的土地。工程竣工的同时，严格按照环保及生态环境保护的要求，对临时设施、施工工点、取弃土场及其他施工区域范围做好环保及生态环境的恢复工作。

第二章　公路桥梁工程质量控制

第一节　公路工程质量控制的常用方法

一、进行工程质量管理策划

在对设计文件审核与分析后，项目经理应负总责，协调相关部门进行项目质量管理策划，包括以下方面：

第一，质量目标和要求；

第二，质量管理组织和职责；

第三，施工管理依据的文件；

第四，人员、技术、施工机具等资源的需求和配置；

第五，场地、道路、水电、消防、临时设施规划；

第六，质量控制关键点分析及设置；

第七，进度控制措施；

第八，施工质量检查、验收及相关标准；

第九，突发事件的应急措施；

第十，对违规事件的报告和处理；

第十一，应收集的信息及其传递要求；

第十二，与工程建设有关方的沟通方式；

第十三，施工管理应形成的记录；

第十四，质量管理和技术措施；

第十五，施工企业质量管理的其他要求。

二、现场工程质量检查控制

现场工程质量检查分开工前检查、施工过程中检查和分项工程完成后的检查。现场质量检查控制的方法主要有测量、试验、观察、分析、记录、监督、总结改进。

1. 开工前检查

目的是检查是否具备开工条件,施工工艺与施工组织设计对照是否正确无误,开工后能否连续正常施工,能否保证工程质量。

2. 工序交接检查与工序检查

工序交接检查应建立制度化控制,坚持实施。对于关键工序或对工程质量有重大影响的工序,在自检、互检的基础上,还要组织专职人员进行工序交接检查,以确保工序合格,使下道工序能顺利展开。

3. 隐蔽工程检查

凡是隐蔽工程均应经检查认证后方可覆盖。

4. 停工后复工前的检查

因处理质量问题或某种原因停工后再复工时,均应经检查认可后方可复工。

5. 分项、分部工程完工后的检查

应按规定的程序和要求,经检查认可并签署验收记录后,才允许进行下一工程项目施工。

6. 成品、材料、机械设备等的检查

主要检查成品、材料等有无可靠的保护措施及其落实而且有效,以控制不发生损坏、变质等问题;检查机械设备的技术状态,以确保其处于完好的可控制状态。

7. 巡视检查

对施工操作质量应进行巡视检查,必要时还应进行跟踪检查。

三、工程质量控制关键点

(一)质量控制关键点的设置

应根据不同管理层次和职能,按以下原则分级设置质量控制关键点。
第一,施工过程中的重要项目、薄弱环节和关键部位。
第二,影响工期、质量、成本、安全、材料消耗等重要因素的环节。
第三,新材料、新技术、新工艺的施工环节。

第四，质量信息反馈中缺陷频数较多的项目。

关键点应随着施工进度和影响因素的变化而调整。

（二）质量控制关键点的控制

第一，制定质量控制关键点的管理办法。

第二，落实质量控制关键点的质量责任。

第三，开展质量控制关键点 QC 小组活动。

第四，在质量控制关键点上开展一次抽检合格的活动。

第五，认真填写质量控制关键点的质量记录。

第六，落实与经济责任相结合的检查考核制度。

（三）质量控制关键点的文件

第一，质量控制关键点作业流程图。

第二，质量控制关键点明细表。

第三，质量控制关键点（岗位）质量因素分析表。

第四，质量控制关键点作业指导书。

第五，自检、交接检、专业检查记录以及控制图表。

第六，工序质量统计与分析。

第七，质量保证与质量改进的措施与实施记录。

第八，工序质量信息。

（四）质量控制关键点实际效果的考查

质量控制关键点实际效果表现在施工质量管理水平和各项指标的实现情况上。要运用数理统计方法绘制工程项目总体质量情况分析图表，该图表要反映动态控制过程与施工项目实际质量情况。各阶段质量分析要纳入施工项目方针目标管理。

（五）公路工程质量控制关键点

1. 土方路基工程施工中常见的质量控制关键点

第一，施工放样与断面测量。

第二，按施工技术合同或规范规定要求处理路基原地面，并认真整平压实。

第三，必须采用设计和规范规定的适用材料，保证原材料合格，正确确定土的最大干密度和最佳含水量。

第四，压实设备及压实方案。

第五，路基纵、横向排水系统设置。

第六，每层的松铺厚度，横坡及填筑速率。

第七，分层压实，控制填土的含水量，确保压实度达到设计要求。

土的最佳含水量是土基施工的一个重要控制参数，是土基达到最大干密度所对应的含水量。根据不同的土的性质，测定最佳含水量的试验方法通常有以下几种：①轻型、重型击实试验；②振动台法；③表面振动击实仪法。

压实度是路基质量控制的重要指标之一，是现场干密度和室内最大干密度的比值。压实度越高、路基密实度越大，材料整体性能越好。其现场密度的测定方法有灌砂法、环刀法、核子密度湿度仪法。

2. 路面基层（底基层）施工中常见的质量控制关键点

第一，基层施工所采用设备组合及拌和设备计量装置校验。

第二，路面基层（底基层）所用结合料（如水泥、石灰）的剂量。

第三，路面基层（底基层）材料的含水量、拌和均匀性及配合比。

第四，路面基层（底基层）的压实度、弯沉值、平整度及横坡等。

第五，如采用级配碎（砾）石还需要注意集料的级配和石料的压碎值。

3. 水泥混凝土路面施工中常见质量控制关键点

第一，基层强度、平整度、高程的检查与控制。

第二，混凝土材料的检查与试验，水泥品种及用量的确定。

第三，混凝土拌和、摊铺设备及计量装置校验。

第四，混凝土配合比设计和试件的试验。混凝土的水灰比、外加剂掺加量及坍落度控制。

第五，混凝土的摊铺、振捣、成型及避免离析。

第六，切缝时间和养护技术的采用。

水泥混凝土抗折强度与抗压强度的测定是混凝土材料质量检验的两个重要试验。

水泥混凝土抗折（抗弯拉）强度试验是以 150 mm × 150 mm × 550 mm 的梁形试件在标准养护条件下达到规定龄期后，在净跨径 450 mm 的双支点荷载作用下进行弯拉破坏，并按规定的计算方法得到强度值。水泥混凝土抗折强度是混凝土主要力学指标之一，通过试验取得的检测结果是路面混凝土组成设计的重要参数。

水泥混凝土抗压强度试验是以边长为 150 mm 的正立方体标准试件，标准养护到 28 天，再在万能试验机上按规定方法进行破坏试验测得抗压强度。当混凝土抗压强度采用非标准试件时应进行换算得到抗压强度值。通过水泥混凝土抗压强度试验，确定混凝土强度等级，可以作为评定混凝土品质的重要指标。

4. 沥青混凝土路面施工中常见质量控制关键点

第一，基层强度、平整度、高程的检查与控制。

第二，沥青材料的检查与试验。沥青混凝土配合比设计和试验。

第三，沥青混凝土拌和设备及计量装置校验。

第四，路面施工机械设备配置与压实方案。

第五，沥青混凝土的拌和、运输及摊铺温度控制。

第六，沥青混凝土摊铺厚度的控制和摊铺中的离析控制。

第七，沥青混凝土的碾压与接缝施工。

沥青混凝土配合比设计采用马歇尔试验配合比设计法。该法首先按配合比设计拌制沥青混合料，然后制成规定尺寸试件，12h 之后测定其物理指标（包括表观密度、空隙率、沥青饱和度、矿料间隙率等），然后测定稳定度和流值。

热拌沥青混合料配合比设计应通过目标配合比设计、生产配合比设计及生产配合比验证三个阶段，确定沥青混合料的材料品种及配合比、矿料级配、最佳沥青用量。

5. 桥梁基础工程施工中常见质量控制关键点

（1）扩大基础

第一，检测确认基底地基承载力是否满足设计要求。

第二，清理基底表面松散层。

第三，及时浇筑垫层混凝土，缩短基底暴露时间。

第四，大体积混凝土施工裂缝控制。

（2）钻孔桩

第一，桩位坐标与垂直度控制。

第二，护筒埋深。

第三，泥浆指标控制。

第四，护筒内水头高度。

第五，孔径的控制，防止缩径。

第六，桩顶、桩底标高的控制。

第七，清孔质量（嵌岩桩与摩擦桩要求不同）。

第八，钢筋笼接头质量。

第九，导管接头质量检查与水下混凝土的灌注质量。

（3）沉井

第一，初始平面位置的控制。

第二，刃脚质量。

第三，下沉过程中沉井倾斜度与偏位的动态控制。

第四，封底混凝土的浇筑工艺，确保封底混凝土的质量。

6. 水中承台施工常见质量控制关键点

水中承台施工一般可采用筑岛围堰、钢板桩围堰、钢吊箱围堰、钢套箱围堰等方式。

（1）钢围堰施工常见质量控制关键点

第一，钢围堰的设计与加工制造质量控制。

第二，钢围堰入水、落床及入土下沉过程中平面位置、高程等的控制。

第三，钢围堰下沉到位后的清底及整平。

第四，封底混凝土浇筑时的导管布设与封底混凝土厚度控制。

第五，承台混凝土配合比设计。

第六，抽水后封底混凝土基底的调平。

第七，承台混凝土浇筑导管布设及混凝土振捣。

第八，大体积混凝土温控设施的设计、施工及大体积混凝土养护。

第九，各类预埋件的施工质量控制。

（2）钢套箱施工质量控制关键点

第一，钢套箱的设计与加工制造质量控制。

第二，钢套箱水平及竖向限位装置的施工质量控制。

第三，封底混凝土浇筑时的导管布设与封底混凝土厚度控制。

第四，承台混凝土的配合比设计。

第五，抽水后封底混凝土的调平。

第六，承台混凝土浇筑导管布设及混凝土振捣。

第七，大体积混凝土温控设施的设计、施工及大体积混凝土养护。

第八，各类预埋件的施工质量控制。

7. 桥梁下部结构施工中常见质量控制关键点

（1）实心墩

第一，墩身锚固钢筋预埋质量控制。

第二，墩身平面位置控制。

第三，墩身垂直度控制。

第四，模板接缝错台控制。

第五，墩顶支座预埋件位置、数量控制。

（2）薄壁墩

第一，墩身锚固钢筋预埋质量控制。

第二，墩身平面位置控制。

第三，墩身垂直度控制。

第四，模板接缝错台控制。

第五，墩顶支座预埋件位置、数量控制。

第六，墩身与承台联结处混凝土裂缝控制。

第七，墩顶实心段混凝土裂缝控制。

8. 桥梁上部结构施工中常见质量控制关键点

（1）简支梁桥

第一，简支梁混凝土的强度控制。

第二，预拱度的控制。

第三，支座预埋件的位置控制。

第四，大梁安装时梁与梁之间的高差控制。

第五，支座安装型号、方向的控制。

第六，梁板之间现浇带混凝土质量控制。

第七，伸缩缝安装质量控制。

（2）连续梁桥

第一，支架施工时，支架沉降量的控制。

第二，采用先简支后连续施工工艺时，后浇段工艺控制、体系转换工艺控制、后浇段收缩控制、临时支座安装与拆除控制。

第三，挂篮悬臂施工时，浇筑过程中的线形控制、边跨及跨中合龙段混凝土的裂缝控制。

第四，预应力梁的张拉力及预应力钢筋伸长量控制。

（3）拱桥

第一，拱肋拱轴线的控制。

第二，支架基础承载力控制、支架沉降控制、拱架加载控制、卸架工艺控制。

第三，钢管混凝土压注质量控制。

（4）斜拉桥（斜拉索为专业制索厂制造）

第一，主塔空间位置的控制。

第二，斜拉索锚固管或锚箱空间定位控制。

第三，斜拉桥线形控制。

第四，斜拉索索力控制、索力调整。

第五，梁段外形尺寸控制、斜拉索索力控制、索力调整。

第六，合龙段的控制。

（5）悬索桥

第一，锚道线形控制。

第二，主缆架设线形控制。

第三，基准索股的定位控制、索股锚固力的控制。

第四，索股架设中塔顶位移及索鞍位置的调整。

第五，紧缆空隙率的控制。

第六，索夹定位控制。

第七，缠丝拉力控制。

第八，吊索长度的确定。

第九，加劲梁的焊接质量控制。

9.公路隧道施工中常见质量控制关键点

第一，正确判断围岩级别，及时调整施工方案。

第二，认真测量、检查和修正开挖断面，减少超挖。

第三，制订切实可行的开挖方案，包括新奥法、矿山法的选择，以及炮孔布置、装药量、每一循环的掘进深度。

第四，喷锚支护，控制在开挖后围岩自稳定时间的1/2以内完成。

第五，认真观测，收集资料，做好施工质量的信息反馈。

第二节　公路工程质量缺陷处理方法

一、质量缺陷性质的确定

质量缺陷性质的确定,是最终确定缺陷问题处理办法的首要工作和根本依据。一般通过下列方法来确定缺陷的性质。

1. 观察现场情况和查阅记录资料

对有缺陷的工程进行现场情况、施工过程、施工设备和施工操作情况等进行现场观察和检查,主要包括查阅试验检测报告、施工技术资料、施工过程记录、施工日志、施工工艺流程、施工方案、施工机械运转记录等,同时在特殊季节关注天气情况等。

2. 检验与试验

通过检查和了解可以发现一些表面的问题,得出初步结论,但往往需要进一步的检验与试验来加以验证。

检验与试验,主要是通过检查、测量与该缺陷工程的有关技术指标,以便准确找出产生缺陷的原因。例如,若发现石灰土的强度不足,则在检验强度指标的同时,还应检验石灰剂量、石灰与土的物理化学性质,以便发现石灰土强度不足是因为材料不合格、配比不合格、养护不好,还是其他如气候之类的原因造成的。检测和试验的结果将作为确定缺陷性质和制定随后的处理措施的主要依据。

3. 专题调研

有些质量问题,仅仅通过以上两种方法仍不能确定。如某大桥在交工后不到一年的时间出现了超过规范要求的裂缝,仅通过简单的观察和查阅现有资料很难确定产生裂缝的根本原因,找不到原因也就无从确定进一步的处理措施。在这种情况下就需要采用专项调研,通过对勘测、设计、施工各个环节的调查、分析研究,辅之以辅助的检测手段,确定质量问题的性质,为随后采取措施提供依据。这种专题研究,对缺陷问题的妥善解决作用重大,因此经常被采用。

二、质量缺陷处理方法

1. 整修与返工

缺陷的整修，主要是针对局部性的、轻微的且不会给整体工程质量带来严重影响的缺陷。如水泥混凝土结构的局部蜂窝、麻面，道路结构层的局部压实度不足等。这类缺陷一般可以比较简单地通过修整得到处理，不会影响工程总体的关键性技术指标。由于这类缺陷很容易出现，因而修补处理方法最为常用。

返工的决定应建立在认真调查研究的基础上。是否返工，应视缺陷经过补救后能否达到规范标准而定，对于补救后不能满足标准的工程必须返工。如某承包人为赶工期，曾在雨中铺筑沥青混凝土，监理工程师只得责令承包人将已经铺完的沥青面层全部清除重铺；一些无法补救的低质涵洞也被炸掉重建；温度过低或过高的沥青混合料在现场被监理工程师责令报废等。

2. 综合处理办法

综合处理办法主要针对较大的质量事故而言。这种处理办法不像返工和整修那样简单具体，它是一种综合的缺陷（事故）补救措施，能够使得工程缺陷（事故）以最小的经济代价和工期损失重新满足规范要求。处理的办法因工程缺陷（事故）的性质而异，性质的确定则以大量的调查及丰富的施工经验和技术理论为基础。具体做法可采用组织联合调查组、召开专家论证会等方式。实践证明，这是一条合理解决这类问题的有效途径。例如，某桥梁上部为 4 孔 20 m 预制空心板结构，下部为桩基础形式。0 号桥台施工放样时发生错误，导致第一孔跨径增加了 50 cm，发现时桩基础、承台、台身已全部完成，空心板预制了 1/2。经综合论证，采用下部不变、改变上部的方式，第一孔空心板跨径增加了 50cm，增加费用约 2 万元。而采用返工方式，需要大约 8 万元和 2 个月工期。

第三节　路基工程质量检验

一、土方路基工程质量检验

1. 基本要求

第一，在路基用地和取土坑范围内，应清除地表植被、杂物、积水、淤泥和表土，处理坑塘，并按规范和设计要求对基底进行压实。

第二，路基填料应符合规范和设计的规定，经认真调查、试验后合理选用。

第三，填方路基须分层填筑压实，每层表面平整，路拱合适，排水良好。

第四，施工临时排水系统应与设计排水系统结合，避免冲刷边坡，勿使路基附近积水。

第五，在设定取土区内合理取土，不得滥挖。完工后应按要求对取土坑和弃土场进行修整，保持合理的几何外形。

2. 实测项目

土方路基实测项目有：压实度、弯沉值、纵断高程、中线偏位、宽度、平整度、横坡、边坡。

二、石方路基工程质量检验

1. 基本要求

第一，石方路堑的开挖宜采用光面爆破法。爆破后应及时清理险石、松石，确保边坡安全、稳定。

第二，修筑填石路堤时应进行地表清理，逐层水平填筑石块，摆放平稳，码砌边部。填筑层厚度及石块尺寸应符合设计和施工规范规定，填石空隙用石渣、石屑嵌压稳定。上、下路床填料和石料最大尺寸应符合规范规定。采用振动压路机分层碾压，压至填筑层顶面石块稳定，18t以上压路机振压两遍无明显标高差异。

第三，路基表面应整修平整。

2. 实测项目

石方路基实测项目：压实、纵断高程、中线偏位、宽度、平整度、横坡、边坡坡度和平顺度。

三、砌体挡土墙质量检验

1. 基本要求

第一，石料或混凝土预制块的强度、规格和质量应符合有关规范和设计要求。

第二，砂浆所用的水泥、砂、水的质量应符合有关规范的要求，按规定的配合比施工。

第三，地基承载力必须满足设计要求，基础埋置深度应满足施工规范要求。

第四，砌筑应分层错缝。浆砌时坐浆挤紧，嵌填饱满密实，不得有空洞；干砌时不得松动、叠砌和浮塞。

第五，沉降缝、泄水孔、反滤层的设置位置、质量和数量应符合设计要求。

2. 实测项目

砌体挡土墙实测项目：砂浆强度、平面位置、顶面高程、竖直度或坡度、断面尺寸、底面高程、表面平整度。

干砌挡土墙实测项目：平面位置、顶面高程、竖直度或坡度、断面尺寸、底面高程、表面平整度。

第四节　路面工程质量检验

一、水泥稳定粒料（碎石、沙砾或矿渣等）路面基层、底基层的检验

1. 基本要求

第一，粒料应符合设计和施工规范要求，并应根据当地料源选择质坚、干净的粒料，矿渣应分解稳定，未分解渣块应予剔除。

第二，水泥用量和矿料级配按设计控制准确。

第三，路拌深度要达到层底。

第四，摊铺时要注意消除离析现象。

第五，混合料处于最佳含水量状况下，用重型压路机碾压至要求的压实度。从加水拌和到碾压终了的时间不应超过 3 h，并应短于水泥的终凝时间。

第六，碾压检查合格后立即覆盖或洒水养护，养护期要符合规范要求。

2. 实测项目

第一，水泥稳定粒料（碎石、沙砾或矿渣等）基层和底基层主要检验内容包括：压实度、平整度、纵断高程、宽度、厚度、横坡、强度。

第二，级配碎（砾）石或填隙碎石（矿渣）基层和底基层实测项目有：压实度、弯沉值、平整度、纵断高程、宽度、厚度、横坡。

二、水泥混凝土面层的检验

1. 基本要求

第一，基层质量必须符合规定要求，并应进行弯沉测定，验算的基层整体模量应满足设计要求。

第二，水泥强度、物理性能和化学成分应符合国家标准及有关规范的规定。

第三，粗细集料、水、外加剂及接缝填缝料应符合设计和施工规范要求。

第四，施工配合比应根据现场测定水泥的实际强度进行计算，并经试验，选择采用最佳配合比。

第五，接缝的位置、规格、尺寸及传力杆、拉力杆的设置应符合设计要求。

第六，路面拉毛或机具压槽等抗滑措施，其构造深度应符合施工规范要求。

第七，面层与其他构造物相接应平顺，检查井井盖顶面高程应高于周边路面 1～3 mm。雨水口标高按设计比路面低 5～8 mm，路面边缘无积水现象。

第八，混凝土路面铺筑后按施工规范要求养护。

2. 实测项目

水泥混凝土面层实测项目有：水泥混凝土面板的弯拉强度、平整度、板厚度、水泥混凝土路面的抗滑构造深度、相邻板间的高差、纵横缝顺直度、水泥混凝土路面中线平面偏位、路面宽度、纵断高程和路面横坡。

三、沥青混凝土面层和沥青碎（砾）石面层的检验

1. 基本要求

第一，沥青混合料的矿料质量及矿料级配应符合设计要求和施工规范的规定。

第二，严格控制各种矿料和沥青用量及各种材料和沥青混合料的加热温度，沥青材料及混合料的各项指标应符合设计和施工规范要求。

第三，拌和后的沥青混合料应均匀一致，无花白，无粗细料分离和结团成块现象。

第四，基层必须碾压密实，表面干燥、清洁、无浮土，其平整度和路拱度应符合要求。

第五，摊铺时应严格控制摊铺厚度和平整度，避免离析，注意控制摊铺和碾压温度，碾压至要求的密实度。

2. 实测项目

沥青混凝土面层和沥青碎（砾）石面层的实测项目：厚度、平整度、压实度、弯沉值、渗水系数、抗滑（含摩擦系数和构造深度）、中线平面偏位、纵断高程、路面宽度及路面横坡。

第五节　桥梁工程质量检验

一、桥梁总体质量检验

1. 基本要求

第一，桥梁施工应严格按照设计图纸、施工技术规范和有关技术操作规程要求进行。

第二，桥下净空不得小于设计要求。

第三，特大跨径桥梁或结构复杂的桥梁，必要时应进行荷载试验。

2. 实测项目

桥梁总体质量实测项目：桥面中线偏位、桥宽（含车行道和人行道）、桥长、引道中心线与桥梁中心线的衔接以及桥头高程衔接。

二、钻孔灌注桩施工质量检验

1. 基本要求

第一，桩身混凝土所用的水泥、砂、石、水、外加剂及混合材料的质量和规格必须符合有关规范的要求，按规定的配合比施工。

第二，成孔后必须清孔，测量孔径、孔深、孔位和沉淀层厚度，确认满足设计或施工技术规范要求后，方可灌注水下混凝土。

第三，水下混凝土应连续灌注，严禁有夹层和断桩。

第四，嵌入承台的锚固钢筋长度不得低于设计规范规定的最小锚固长度要求。

第五，应选择有代表性的桩用无破损法进行检测，重要工程或重要部位的桩宜逐根进行检测。设计有规定或对桩的质量有怀疑时，应采取钻取芯样法对桩进行检测。

第六，凿除桩头预留混凝土后，桩顶应无残余的松散混凝土。

2. 实测项目

钻孔灌注桩施工质量实测项目：混凝土强度、桩位、孔深、孔径、钻孔倾斜度、沉淀厚度、钢筋骨架底面高程。

三、沉井施工质量检验

1. 基本要求

第一，混凝土桩所用的水泥、砂、石、水、外加剂及混合材料的质量和规格必须符合有关规范的要求，按规定的配合比施工。

第二，沉井下沉应在井壁混凝土达到规定强度后进行。浮式沉井在下水、浮运前，应进行水密性试验。

第三，沉井接高时，各节的竖向中轴线应与第一节竖向中轴线相重合。接高前应纠正沉井的倾斜。

第四，沉井下沉到设计高程时，应检查基底，确认符合设计要求后方可封底。

第五，沉井下沉中出现开裂，必须查明原因，进行处理后才可继续下沉。

第六，下沉应有完整、准确的施工记录。

2. 实测项目

沉井施工质量实测项目：各节沉井混凝土强度、沉井平面尺寸、井壁厚度、沉井刃脚高程、中心偏位（纵、横方向）、沉井最大倾斜度（纵、横方向）、平面扭转角。

四、扩大基础质量检验

1. 基本要求

第一，所用的水泥、砂、石、水、外加剂及混合材料的质量和规格必须符合有关规范的要求，按规定的配合比施工。

第二，不得出现露筋和空洞现象。

第三，基础的地基承载力必须满足设计要求。

第四，严禁超挖回填虚土。

2. 实测项目

扩大基础质量实测项目：混凝土强度、平面尺寸、基础底面高程、基础顶面高程、轴线偏位。

五、钢筋加工及安装施工质量检验

1. 基本要求

第一，钢筋、机械连接器、焊条等的品种、规格和技术性能应符合国家现行标准规定和设计要求。

第二，冷拉钢筋的机械性能必须符合规范要求，钢筋平直，表面不应有裂皮和油污。

第三，受力钢筋同一截面的接头数量、搭接长度、焊接和机械接头质量应符合施工技术规范要求。

第四，钢筋安装时，必须保证设计要求的钢筋根数。

第五，受力钢筋应平直，表面不得有裂纹及其他损伤。

2. 实测项目

钢筋加工及安装施工质量的实测项目：受力钢筋间距，箍筋、横向水平钢筋、螺旋筋间距，钢筋骨架尺寸、弯起钢筋位置、保护层厚度。

六、预应力筋的加工和张拉质量检验

1. 基本要求

第一，预应力筋的各项技术性能必须符合国家现行标准规定和设计要求。

第二，预应力束中的钢丝、钢绞线应梳理顺直，不得有缠绞、扭麻花现象，表面不应有损伤。

第三，单根钢绞线不允许断丝。单根钢筋不允许断筋或滑移。

第四，同一截面预应力筋接头面积不超过预应力筋总面积的25%，接头质量应满足施工技术规范的要求。

第五，预应力筋张拉或放张时混凝土强度和龄期必须符合设计要求，严格按照设计规定的张拉顺序进行操作。

第六，预应力钢丝采用镦头锚时，镦头应头形圆整，不得有斜歪或破裂现象。

第七，制孔管道应安装牢固，接头密合，弯曲圆顺。锚垫板平面应与孔道轴线垂直。

第八，千斤顶、油表、钢尺等器具应经检验校正。

第九，锚具、夹具和连接器应符合设计要求，按施工技术规范的要求经检验合格后方可使用。

第十，压浆工作在5℃以下进行时，应采取防冻或保温措施。

第十一，孔道压浆的水泥浆性能和强度应符合施工技术规范要求，压浆时排气、排水孔应有水泥原浆溢出。

第十二，按设计要求浇筑封锚混凝土。

2. 实测项目

预应力筋的加工和张力质量实测项目：管道坐标（包含梁长方向和梁高方向）、管道间距（包含同排和上下层）、张拉应力值、张拉伸长率、断丝滑丝数。

七、承台质量检验

1. 基本要求

第一，所用的水泥、砂、石、水、外加剂及混合材料的质量和规格必须符合有关规范的要求，按规定的配合比施工。

第二，必须采取措施将水化热引起的混凝土内最高温度及内外温差控制在允许范围内，防止出现温度裂缝。

第三，不得出现露筋和空洞现象。

2. 实测项目

承台质量实测项目：混凝土强度、尺寸、顶面高程和轴线偏位。

八、混凝土墩、台身浇筑质量检验

1. 基本要求

第一，混凝土所用的水泥、砂、石、水、外加剂及混合材料的质量和规格必须符合有关技术规范的要求，按规定的配合比施工。

第二，不得出现空洞和露筋现象。

2. 实测项目

混凝土墩、台身浇筑质量实测项目：土强度、断面尺寸、竖直度或斜度、顶面高程、轴线偏位、节段间错台、大面积平整度、预埋件位置。

九、墩、台帽或盖梁混凝土浇筑质量检验

1. 基本要求

第一，混凝土所用的水泥、砂、石、水、外加剂及混合材料的质量和规格必须符合有关技术规范的要求，按规定的配合比施工。

第二，不得出现露筋和空洞现象。

2. 实测项目

墩、台帽或盖梁混凝土浇筑质量实测项目：混凝土强度、断面尺寸、轴线偏位、顶面高程、支座垫石预留位置。

十、预制和安装梁（板）质量检验

1. 基本要求

第一，所用的水泥、砂、石、水、外加剂及混合材料的质量和规格必须符合有关规范的要求，按规定的配合比施工。

第二，梁（板）不得出现露筋和空洞现象。

第三，空心板采用胶囊施工时，应采取有效措施防止胶囊上浮。

第四，梁（板）在吊移出预制底座时，混凝土的强度不得低于设计所要求的吊装强度；梁（板）在安装时，支承结构（墩台、盖梁、垫石）的强度应符合设计要求。

第五，梁（板）安装前，墩、台支座垫板必须稳固。

第六，梁（板）就位后，梁两端支座应对位，梁（板）底与支座以及支座底与垫石顶须密贴，否则应重新安装。

第七，两梁（板）之间接缝填充材料的规格和强度应符合设计要求。

2. 实测项目

梁（板）预制实测项目：混凝土强度、梁（板）长度、宽度、高度、断面尺寸、平整度和横系梁及预埋件位置。

梁（板）安装实测项目：支座中心偏位、倾斜度、梁（板）顶面纵向高程、相邻梁（板）顶面高差。

十一、就地浇筑梁（板）质量检验

1. 基本要求

第一，所用的水泥、砂、石、水、外加剂及混合材料的质量和规格必须符合有关规范的要求，按规定的配合比施工。

第二，支架和模板的强度、刚度、稳定性应满足施工技术规范的要求。

第三，预计的支架变形及地基的下沉量应满足施工后梁体设计标高的要求，必要时应采取对支架预压的措施。

第四，梁（板）不得出现露筋和空洞现象。

第五，预埋件的设置和固定应满足设计和施工技术规范的规定。

2. 实测项目

就地浇筑梁（板）质量实测项目：混凝土强度、轴线偏位、梁（板）顶面高程、断面尺寸、长度、横坡、平整度。

十二、悬臂梁施工质量检验

1. 基本要求

第一，悬臂梁浇筑或合龙段浇筑所用的水泥、砂、石、水、外加剂及混合材料的质量和规格必须符合有关规范的要求，按规定的配合比施工。

第二，悬拼或悬浇块件前，必须对桥墩根部（0号块件）的高程、桥轴线做详细复核，符合设计要求后，方可进行悬拼或悬浇。

第三，悬臂梁施工必须对称进行，应对轴线和高程进行施工控制。

第四，在施工过程中，梁体不得出现宽度超过设计和规范规定的受力裂缝。一旦出现，必须查明原因，经过处理后方可继续施工。

第五，必须确保悬浇或悬拼的梁接头质量，梁段间胶结材料的性能、质量必须符合设计要求，接缝填充密实。

第六，悬臂梁合龙时，两侧梁体的高差应在设计允许范围内。

2. 实测项目

悬臂梁浇筑的实测项目：混凝土强度、轴线偏位、顶面高程、断面尺寸、合龙后同跨对称点高程差、横坡、平整度。

悬臂梁拼装的实测项目：合龙段混凝土强度、轴线偏位、顶面高程、合龙后同跨对称点高程差。

十三、拱的安装施工质量检验

1. 基本要求

第一，拱桥安装必须严格按设计规定的程序进行施工。

第二，拱段接头采用现浇混凝土时，必须确保其强度和质量，在达到设计规定强度时，方可进行拱上建筑的施工。

第三，安装过程中，如杆件或节点出现开裂，应查明原因，采取措施后，方可继续进行。

第四，合龙段两侧高差必须在设计规定的允许范围内。

2. 实测项目

拱的安装施工质量实测项目：轴线偏位、拱圈高程、对称接头点相对高差、同跨各拱肋相对高差、同跨各拱肋间距。

十四、斜拉桥混凝土索塔质量检验

1. 基本要求

第一，混凝土所用的水泥、砂、石、水、外加剂及混合材料的质量和规格必须符合有关规范的要求，按规定的配合比施工。

第二，索塔的索道孔、锚箱位置及锚箱锚固面与水平面的交角均应控制准确，锚垫板与孔道必须互相垂直。

第三，分段浇筑时，段与段间不得有错台。

第四，不得出现露筋和空洞现象。

第五，横梁施工中，不得因支架变形、温度或预应力而出现裂缝，横梁与塔柱紧密连成整体。

2. 实测项目

斜拉桥混凝土索塔质量实测项目：混凝土强度、塔柱底偏位、倾斜度、外轮廓尺寸、壁厚、锚固点高程、孔道位置、预埋件位置。

十五、悬索桥索鞍安装质量检验

1. 基本要求

第一，索鞍成品必须按设计和有关技术规范要求验收合格，并有产品合格证，方可安装。

第二，必须按要求放置底板或格栅，并与底座混凝土连成整体。底座混凝土应振捣密实，强度符合设计要求。

第三，安装前应进行全面检查，如有损伤，须做处理。索槽内部应清洁，不应沾上减少缆索和索鞍之间摩擦的油或油漆等材料。

第四，索鞍就位后应锁定牢靠。

2. 实测项目

主索鞍安装的实测项目：最终偏位、高程、四角高差。

散索鞍安装的实测项目：底板轴线纵、横向偏位、底板中心高程、底板扭转、安装基线扭转、散索鞍竖向倾斜角。

十六、悬索桥主缆架设质量检验

1. 基本要求

第一，索股成品应有合格证，必须按设计和有关技术规范要求验收合格方可架设。

第二，索股入鞍、入锚位置必须符合设计要求，架设时严禁索股弯折、扭转和散开。

第三，索股锚固应与锚板正交，锚头锁定装置应牢固。

2. 实测项目

主缆架设的实测项目：索股高程、锚跨索股力偏差、主缆空隙率、主缆直径不圆度。

十七、桥面铺装施工质量检验

1. 基本要求

第一，水泥混凝土桥面的基本要求同水泥混凝土路面，沥青混凝土桥面的基本要求同沥青混凝土路面。

第二，桥面泄水孔进水口的布置应有利于桥面和渗入水的排除，其数量不得少于设计要求，出水口不得使水直接冲刷桥体。

2. 实测项目

桥面铺装施工质量实测项目：强度或压实度、厚度、平整度、横坡及抗滑构造深度。

第六节　隧道工程质量检验

一、隧道总体质量检验

1. 基本要求

第一，洞口设置应符合设计要求。

第二，必须按设计设置洞内外的排水系统，不淤积、不堵塞。

第三，隧道防排水施工质量须符合相关规定。

2. 实测项目

隧道总体质量实测项目：车行道、净总宽、隧道净高、隧道偏位、路线中心线与隧道中心线的衔接、边坡、仰坡。

二、（钢纤维）喷射混凝土支护质量检验

1. 基本要求

第一，材料必须满足规范或设计要求。

第二，喷射前要检查开挖断面的质量，处理好超欠挖。

第三，喷射前，岩面必须清洁。

第四，喷射混凝土与围岩紧密粘结合牢固，喷层厚度应符合要求，不能有空洞，喷层内不容许添加片石和木板等杂物，必要时应进行黏结力测试。喷射混凝土严禁挂模喷射。受喷面必须是原岩面。

第五，支护前应做好排水措施，对渗漏水孔洞、缝隙应采取引排、堵水措施，保证喷射混凝土质量。

第六，采用钢纤维喷射混凝土时，钢纤维抗拉强度不得低于380 MPa，且不得有油渍及明显的锈蚀。钢纤维直径宜为0.3～0.5 mm，长度为20～25 mm，且不得大于25 mm。钢纤维含量宜为混合料质量的1%～3%。

2. 实测项目

（钢纤维）喷射混凝土支护质量实测项目：喷射混凝土强度、喷层厚度、空洞检测。

第七节　质量检验评定

一、公路工程质量检验和评定的标准

公路工程质量检验和评定的标准是中华人民共和国交通运输部颁布的《公路养护工程质量检验评定标准 第一册 土建工程》及项目专用技术规范。

二、单位工程、分部工程和分项工程的划分

1. 单位工程

单位工程是指在建设项目中，根据签订的合同，具有独立施工条件的工程。

2. 分部工程

在单位工程中，应按结构部位、路段长度及施工特点或施工任务划分为若干个分部工程。

3. 分项工程

在分部工程中，应按不同的施工方法、材料、工序及路段长度等划分为若干个分项工程。

三、工程质量评分方法

第一，工程质量检验评分以分项工程为单元，采用百分制进行。在分项工程评分的基础上，逐级计算各相应分部工程、单位工程、合同段和建设项目评分值。

第二，工程质量评定等级分为合格与不合格，应按分项、分部、单位工程、合同段和建设项目逐级评定。

第三，施工单位应对各分项工程按《公路养护工程质量检验评定标准 第一册 土建工程》所列基本要求、实测项目和外观鉴定进行自检，按附录J中"工程质量检验评定用表"及相关施工技术规范提交真实、完整的自检资料，对工程质量进行自我评定。

第四，工程监理单位应按规定要求对工程质量进行独立抽检，对施工单位检评资料进行签认，对工程质量进行评定。

第五，建设单位根据对工程质量的检查及平时掌握的情况，对工程监理单位所做的工程质量评分及等级进行审定。

第六，质量监督部门、质量检测机构依据《公路养护工程质量检验评定标准 第一册 土建工程》对公路工程质量进行检测评定。

四、工程质量评分方法

（一）分项工程质量评分

分项工程质量检验内容包括基本要求、实测项目、外观鉴定和质量保证资料四个部分。只有在其使用的原材料、半成品、成品及施工工艺符合基本要求的规定，且无严重外观缺陷，质量保证资料真实并基本齐全时，才能对分项工程质量进行检验评定。

涉及结构安全和使用功能的重要实测项目为关键项目，其合格率不得低于90%（属于工厂加工制造的交通工程安全设施及桥梁金属构件不低于95%，机电工程为100%），且检测值不得超过规定极值，否则必须进行返工处理。

实测项目的规定极值是指任一单个检测值都不能突破的极限值，不符合要求时该实测项目为不合格。

分项工程的评分值满分为 100 分，按实测项目采用加权平均法计算。存在外观缺陷或资料不全时，须减分。

$$分项工程得分 = \frac{\sum[检查项目得分 \times 权值]}{\sum 检查项目权值}$$

分项工程评分值 = 分项工程得分 — 外观缺陷减分 — 资料不全减分

1. 基本要求检查

分项工程所列基本要求对施工质量优劣具有关键作用，应按基本要求对工程进行认真检查。经检查不符合基本要求规定时，不得进行工程质量的检验和评定。

2. 实测项目计分

对规定检查项目采用现场抽样方法，按照规定频率和下列计分方法对分项工程的施工质量直接进行检测计分。

检查项目除按数理统计方法评定的项目以外，均应按单点（组）测定值是否符合标准要求进行评定，并按合格率计分。

$$检查项目合格率（\%）= \frac{检查合格的点(组)数}{该检查项目的全部检查点(组)数} \times 100\%$$

$$检查项目得分 = 检查项目合格率 \times 100$$

3. 外观缺陷减分

对工程外表状况应逐项进行全面检查，如发现外观缺陷，应进行减分。对于较严重的外观缺陷，施工单位须采取措施进行整修处理。

4. 资料不全减分

分项工程的施工资料和图表残缺，缺乏最基本的数据，或有伪造涂改者，不予检验和评定。资料不全者应予减分，减分幅度可按《公路养护工程质量检验评定标准 第一册 土建工程》所列各款逐款检查，视资料不全情况，每款减 1 ~ 3 分。

（二）分部工程和单位工程质量评分

分项工程和分部工程区分为一般工程和主要（主体）工程，分别给予 1 和 2 的权值。进行分部工程和单位工程评分时，采用加权平均值计算法确定相应的评分值。

$$分部(单位)工程评分值 = \frac{\sum 分项（分部）工程分值 \times 相应权值}{\sum 分项（分部）工程权值}$$

五、质量保证资料

施工单位应有完整的施工原始记录、试验数据、分项工程自查数据等质量保证资料，并进行整理分析，负责提交齐全、真实和系统的施工资料和图表。工程监理单位负责提交齐全、真实和系统的监理资料。质量保证资料包括以下六个方面：

第一，所用原材料、半成品和成品质量检验结果；

第二，材料配比、拌和加工控制检验和试验数据；

第三，地基处理、隐蔽工程施工记录和大桥、隧道施工监控资料；

第四，各项质量控制指标的试验记录和质量检验汇总图表；

第五，施工过程中遇到的非正常情况记录及其对工程质量影响的分析；

第六，施工过程中如发生质量事故，经处理补救后，达到设计要求的认可证明文件等。

六、工程质量等级评定

1. 分项工程质量等级评定

分项工程评分值不小于 75 分者为合格，小于 75 分者为不合格；机电工程属于工厂加工制造的桥梁金属构件，不小于 90 分者为合格，小于 90 分者为不合格。

评定为不合格的分项工程，经加固、补强或返工、调测，满足设计要求后，可以重新评定其质量等级，但计算分部工程评分值时按其复评分值的 90% 计算。

2. 分部工程质量等级评定

所属各分项工程全部合格，则该分部工程评定为合格；所属任一分项工程不合格，则该分部工程为不合格。

3. 单位工程质量等级评定

所属各分部工程全部合格，则该单位工程评定为合格；所属任一分部工程不合格，则该单位工程为不合格。

4. 合同段和建设项目质量等级评定

合同段和建设项目所含单位工程全部合格，其工程质量等级评定为合格；所属任一单位工程不合格，则合同段和建设项目为不合格。

第三章　路基工程质量控制与管理

第一节　路基工程施工质量控制概述

所谓路基施工，就是以批准的设计文件和施工技术规范、标准为依据，以确保工程质量为中心，有组织、有计划地将设计图纸转化为工程实体的建筑活动。在公路工程建设中，路基工程不仅工程量巨大，而且投资较多，路基施工质量的好坏直接影响到路面的使用年限和效果。因此，保证路基工程的施工质量是公路工程施工的关键。对于公路的路基工程应严格按照现行的有关施工技术规范和技术标准进行精心施工，严格监控把关，以保证路基工程具有足够的强度、稳定性、耐久性及经济合理性。

一、路基工程的基本特点

公路工程建设的基本特点是线长面广、工程量大、投资较多、影响因素复杂、技术要求较高。随着公路等级、几何线形、工程质量要求标准的提高，公路工程建设的整体难度加大，在公路工程的建设中，诸多不利因素的影响都必须加以克服，才能保证公路工程质量。

工程实践充分证明，路基工程的施工质量会受到多种不利因素的影响。虽然路基施工主要是开挖、运输、填筑和压实等比较简单的工序，但由于路基施工存在条件变化大、工程数量大、施工难度大、施工方法多样等特点，保证路基工程的施工质量有很大难度。特别是地质不良的特殊路段及隐蔽工程较多的路基，在施工时常常会遇到复杂的技术问题和各种突发性事故需要进行处理，可以说路基工程施工技术是简单中蕴含着复杂。

（一）路基设计和施工方面的特点

相对于一般公路来说，高等级公路在路基设计和施工方面的不同之处就在于它的高标准、高质量和严要求。归纳起来，高等级公路的路基工程的设计和施工具有以下特点。

1. 高填与深挖的路基增多

为了减少横向交通的干扰，必须在高等级公路上设置供横穿公路的行人和车辆通行的设施。对于山丘地区，可以利用地形布置天桥式横穿道；对于平原地区，则只能以提高路基填土高度来满足设置下穿式通道的要求。因此，在平原地区修筑高等级公路，其路基填土高度一般应在 4～5 m 以上。填土高度的增加，既增加了填土路堤的工程量，又要求填土材料具有良好的均匀性，施工时含水量和压实度也应尽量均匀一致，以免引起路基发生过大或不均匀的沉降变形。

由于高等级公路线形要求纵坡平缓，曲线的半径较大，当路线通过山区或丘陵区时，会出现较多的深挖或高填的问题。对于深挖路堑，有可能因地质、土质和水文情况的变化，使路堑的路床出现软弱土层及受地下水的侵袭，而使得路基强度降低。对于高填方路堤，应特别注重填筑质量。无论是深挖路堑还是高填路堤，均有高边坡的稳定问题，需要在设计和施工中考虑好支护、护坡及施工工艺的合理性。

2. 特殊地质条件的路基增多

由于高等级线形的重要性，路线通过不良地质地段的机会较多。尤其在丘陵地区，往往由于深挖和高填，路基在软土或强风化岩层上的机会比较多。在冲积平原和三角洲地区修筑高等级公路，通常会遇到大面积的和深层的软土地基。对于路基工程而言，如遇以上各种情况，则需要考虑换土或改良和加固路基的问题，这就要求采取特殊的施工工艺。

3. 路基中的桥涵和通道增多

高等级公路一般采取全封闭或半封闭的方式，以保证车辆的快速通行和安全行驶。由于公路还要通过广大的农村地区，为方便农村人口的生产与生活，需要增设较多的小桥和过水的涵洞、灌溉虹吸管和人行或农用机械通道。对于这些情况，则要求路基施工时对桥涵和通道的台背填土要碾压密实。由于台背填土压实施工比较麻烦，施工时常被放松和疏忽，在使用中会发生显著的下沉，致使路基路面与桥涵、通道衔接不平顺，影响车辆的高速运行和行驶安全。

4. 取土和弃土的矛盾增大

当公路的线路通过山区和丘陵区时，由于线形标准的提高，在路基设计时很难考虑到土方的填挖平衡，有可能增大借土的数量和带来公路用地范围的扩大。应当在设计中充分考虑到这些问题。当路线通过平原地区时，由于路基两侧大多数都为良田，征地的费用必然很高，且我国目前的人均耕地极少，为了减少取土占地的矛盾，有时不得不将路基设计成高架桥的形式，而这样又会增加施工的难度。

（二）填方路堤的主要特点

（1）由于填方路堤存在沉降和稳定问题，特别是高路堤更可能会发生稳定性问题，对路堤的施工质量要求较高，因此对基底处理、填料选择、排水措施、压实质量控制等方面均要求较高，这样才能保证路基的稳定性和耐久性。

（2）工程实践证明，高等级公路的路基一般都比较高，所需的土方量很大，为确保施工质量和工程进度，必须采取机械化作业，从基础的处理到填料的开挖、运送、摊铺、压实，均应采用一系列的机械进行施工。

（3）为适应高等级公路车辆高速行驶的要求，路面必须具有很高的平整度，验收时采用连续式平整度仪测量平整度，其最大标准差值不大于 1.2 mm。要保证路面达到这么高标准的平整度，必须从路基填土抓起，尤其对路床填土更应当严格要求，使每层填土都大致平整，没有大的起伏和凹凸，并基本符合路基顶面高程的要求，其允许偏差不超过 10 mm，否则是无法满足路面各结构层厚度和整个路面的平整度要求的。

（4）填方路堤高速公路一般采用封闭形式，这样桥涵、通道必然就多。结构增多势必带来结构物两端路堤的填筑与压实困难问题，因此必须采用各种技术措施保证结构物两端路堤的填筑与压实质量，减少和避免桥头跳车现象。

（5）填方路堤的沉降是施工中应引起特别注意的问题。为了尽量减少路堤的沉降，提高路堤的稳定性，在设计和施工中必须广泛采用新材料、新设备和新检测手段。

（6）高等级公路一旦开通运行，交通量会迅速增长，在较长的一段时间内，很难再中断车辆的行驶，路基和路面的维修将十分困难。

（7）在高等级公路施工中必须做好环境保护和绿化工作，而这方面在填方路堤施工中是相当重要的。水土、植被、地貌等不应因填方施工而遭到破坏。填料中不能含有有害物质，以防止产生环境污染。

（8）高等级公路不仅对所在地区的经济建设具有很重要的意义，而且技术标准高、工程造价大。如果通车后不久即出现病害，就不得不中断交通返工重修。这样不仅会造成重大的经济损失，而且也将在社会上造成不良影响。因此，高等级公路必须做到"百年大计、质量第一"，保持公路畅通无阻。

（三）挖方路基的主要特点

高等级公路交通量很大，行车速度也很快，对运行质量要求比较高，建成后如果发生病害，将危及行车安全，影响高等级公路运营，养护维修也非常困难。高等级公路挖方路基与一般公路路基的不同之处主要表现在以下方面。

（1）高等级公路挖方路基应保证边坡具有长期稳定性。对于边坡的变形应以预防为主，边坡稳定应结合边坡防护处理、边坡排水设施及施工方法等进行综合考虑。进行挖方边坡设计时，还应预测高等级公路运营期间的边坡应力与变形的变化情况，对边坡稳定设计方案进行可靠性分析或敏感性分析。

（2）强调挖方边坡设计与施工方案的有机结合。根据分析预测各施工过程中边坡的应力和应变情况，做好挖方路基施工工艺、施工方法和施工程序的组织设计。

（3）要特别重视行车安全性。选择挖方路基的断面形式不仅要考虑边坡的稳定性，还要考虑其对行车安全的影响。对于深路堑，应与修建隧道的方案进行技术经济比较论证。

（4）重视挖方路基的美化和环境保护。挖方路基应与周围自然景观相协调，力求避免深挖高填、破坏生态平衡。在保证边坡稳定的同时，应注重边坡的美化，满足行车安全、视觉舒畅、景观优美的要求，并做好挖方路段的废方处理，防止水土流失和生态环境的恶化。

二、路基工程的基本要求

路基工程是组成道路的基本结构物。它一方面要保证车辆行驶的通畅与安全，另一方面要支持路面承受行车荷载的要求，因此应满足以下要求。

1. 具有足够的抗压强度

路基是道路路面下的建筑，除了与路面共同承受交通荷载外，同时也是路面结构物的基础。道路上的交通荷载通过路面传递给路基，并对其产生一定的压力，路基路面的自重又给地基一定的压力。因此，要求路基应当具有足够的抗压强度。试验结果也表明，路基的强度直接影响到路面的强度。

在我国的路基设计方法中，路基的强度指标以回弹模量或路床的 CBR 值表示。CBR 值为用检测材料标准击实成型试件，饱水 96 h 后用贯入阻力仪测试贯入量与阻力关系。当贯入量为 2.5 mm 时的阻力与标准阻力 0.7 MPa 的比值就是该材料的 CBR 值。要求路基在不利季节气候条件下的强度要达到规定的标准值，以保证路面的强度与稳定。

2. 具有足够的水稳定性

路基暴露于大气之中，受水文、气候条件的影响。在我国南方非冰冻地区，路基主要受大气降水、地表水和地下水的作用，这些因素不仅影响路基的强度，还会引发季节性变化，使路基强度降低，产生过量的变形。特别是高填方的路堤，受水侵蚀后，路基的抗剪强度显著降低，在交通荷载及路基路面自重的综合作用下，路基易产生失稳，容易在路基体内产生滑动破裂面和过大的位移，从而引起路面的变形与损坏。因此，要求路基应具有足够的水稳定性。

3. 具有足够的冰冻稳定性

在我国北方季节性冰冻地区，路基受季节性的冰冻作用，会出现周期性的冻融状态并发生冻胀病害。路面不均匀冻胀会破坏路面平整度，使路面产生裂缝，且春融时路基强度会急剧降低。因此，对季节性冰冻地区的路基，除了应具有足够的强度外，还要求具有足够的冰冻稳定性。

路床是指路面底面以下 80 cm 范围内的路基部分，是路面的基础，承受由路面传来的荷载。路床在结构上分为上路床（0～30 cm）及下路床（30～80 cm）两层。路堤是高于原地面的填方路基，其作用是支撑路床和路面。路床以下的路堤分上、下两层，上路堤是指路面底面以下 80～150 cm 范围内的填方部分，下路堤是指上路堤以下的填方部分。这些部位均应具有足够的冰冻稳定性。

4. 具有足够的整体稳定性和耐久性

工程实践证明，虽然填方路基的施工工艺比较简单，但其工程数量相当庞大，施工费工费时，在公路工程的总造价中占有很大比重。加之这类路基长期暴露在自然环境中，受气候条件的影响很大，所以路基抵御各种自然条件侵蚀的能力，即路基的整体稳定性和耐久性，是一个非常重要的问题。

随着公路技术等级的不断提高，路基质量问题就显得尤为突出，因此，不论是设计还是施工都应当十分重视路基的整体稳定性和耐久性问题，特别是高速公路更应特别注意。在路基工程施工中，压实是形成路基整体稳定性和耐久性的有效技术措施。压实可以充分发挥路基土的强度，减少路基、路面在行车荷载下的变形，可以满足路基整体稳定性和耐久性要求。

三、路基工程施工质量控制

（一）建立施工质量控制体系

采取系统严密的质量管理方法。在每个施工段配备一名质检试验员负责把关，实验室人员应针对不同的土质提供相应的最大干容重、土的颗粒分析及液塑限试验数据。每填筑1层后恢复1次中线，避免中线偏位和控制路基各部位的要求标高。

为了有条不紊地实现优质高产，可建立实行合格通知单制度。通知单由工地质检试验员签发，当工段长接到合格通知单后才准许安排下道工序的施工。下层施工先进行包边，包边土碾压后，先将内缘浮土清理干净再进行正常填筑（碾压后的厚度不大于23 cm）。没有培槽的路段不允许进行填筑。

（二）强化施工现场监督与管理

（1）路基施工工艺控制。工程质量不是检验出来的，路基施工完毕后，它的质量即客观地存在。质量到底如何，一方面可以通过试验检验，另一方面可以通过使用来检验。控制路基的施工质量，首先应从控制路基的施工工艺着手，严格控制施工工艺是生产高质量路基的关键。

（2）路基填筑之前的质量控制。路基填筑之前的质量控制包括两个方面：一方面是对原地面的质量检验，如检查是否已经清淤、清场，清淤是否彻底，有无软土地基，是否已排水干燥，是否已经碾压，压实质量是否合格，是否平整等；另一方面是对下层路基的质量检查，如下层路基是否已经验收合格。

（3）碾压质量控制。碾压质量控制包括选取合适的压路机吨位、型号、压实遍数、压实方法及压实的均匀性等。高速公路采用重型击实标准和要求较高的压实度，这就要求大吨位的压路机与之相配套。不同种类的压路机对不同土质的压实效果不同。振动碾压沙砾土能得到良好的压实效果，而振动碾压黏性土能得到最佳压实效果。同一种型号的压路机对不同土质的压实效果也不一样，因此对不同土质，同一压路机碾压应采用不同的压实遍数。压实方法对压实效果也有影响，压实均匀性要求控制被碾压路段的压实度一致，不至于出现一部分超密、而另一部分欠密的不均匀现象。填土表面平整性也是影响压实均匀性的因素之一，常出现凸部超密而凹部欠密的不均匀现象。因此，严格控制路基碾压前的填土表面平整性也是很有必要的。

（4）路基排水控制。路基排水包括两个方面：一方面是路基与周围排水系统的相关联系，不能因汛期的到来而使路基长时间受水侵蚀，应形成排水流畅的完整的排水系统，且与周围水系相协调；另一方面是公路本身的排水体系，如边沟、截水、急流槽、分散排水、集中排水、纵坡、横坡、中央分隔带纵向及横向排水管等较为完善，能使公路本身的雨水得到及时排出，保持路基干燥。路基施工时应特别注意临时排水设施的设置，也应注意每层填筑时路拱的形成，以便雨水能及时排出，避免施工路基被长时间浸泡，这样也有利于加快路基施工的进度。

（5）构造物衔接处回填土施工控制。有人把构造物衔接处的回填土压实称为特殊夯实区，它包括桥台台背、通道墙身两侧、拱涵或圆涵两边及挡土墙壁背面的填土或填砂。这些区域若不采取特殊措施使其密实，常无法达到规定的压实度，工程竣工后就会造成桥头跳车的通病。这一通病产生的主要原因是桥头填土差异沉降。治理这一通病的关键在于配备好压实机具、选择合适的填筑材料及填筑时的施工质量控制。

（6）重视路基施工过程的测量放样工作。路基施工测量放样是个很重要的工作，有时会被施工单位忽视。在路基质量检查中，往往发现路基的中线偏位、路基宽度不足、填挖方边坡与设计不符等现象，这些都会形成路基的施工质量通病。公路工程应注意路基施工过程的测量放样工作，每层填土都要恢复边桩，监理工程师在任何时候抽查都要检查桩位。其实，施工单位做到这点并不难，可在放样准确的基础上做好护桩的工作，则随时可以恢复中桩和边桩了。这是一项保证路基施工质量必不可少的工作。

第二节　路基工程施工质量初步控制

路基工程施工需要消耗大量的人工、物资、机械和时间等资源，是一项历时时间长、技术要求高的工作。在路基工程施工前，必须根据工程的实际情况做好组织准备、物资准备和技术准备工作，即做好路基工程施工质量的初步控制，才能使各项施工活动正常进行。在路基施工过程中，所有的施工活动都必须严格按有关规范进行,以确保工程质量,最后得到质量优良的路基实体。在路基施工准备阶段,质量控制的重点是对承包单位开工前的准备工作进行检查和审批。

一、施工单位质量自检系统的审查

(1)审查施工单位质量保证体系是否落实,重点检查项目负责人、技术负责人、工地试验室负责人的资格,质量自检人员配备的数量、素质及履约情况。

(2)检查施工单位工地试验室功能与试验设备配备的规格、品种、数量与质量能否满足正常施工期和施工高峰期进行质量自检的需要。

(3)检查施工单位工地试验室及拌和站自检计量系统是否准确、可靠,是否通过上级质量主管部门或有关计量部门的认证。

(4)检查路基施工中所需的便道、便桥是否修好,施工中所用的设备、材料、生活用品是否能确保供应。

(5)为确保路基工程安全施工,应对施工人员进行安全教育,并设置必要的安全标志。

二、路基工程施工测量

在路基工程开工前,施工单位应做好施工测量工作,其内容包括导线复测、中线复测、水准基点复测、横断面检查与补测、水准点增设等。施工测量的精度应符合现行行业标准《公路勘测规范》(JTG C10—2007)中的要求。

1. 导线复测

(1)当原测的中线主要控制桩由导线进行控制时,施工单位必须根据设计文件认真做好导线复测工作,以便正确确定路基的具体位置。

(2)导线复测应采用测量精度满足要求的仪器,测量仪器使用前必须进行校正与检验。

(3)当原设置的导线点不能满足施工要求时,应进行适当加密,保证在施工全过程中,相邻导线点能互相通视,以满足施工测量控制的要求。

(4)导线的起讫点应与设计文件提供的结果相比较,测量精度应满足设计要求。当设计中未规定时,应满足角度闭合差为 $\pm 16n^{1/2}(")$ (n 是测点数),坐标相对闭合差为 $\pm 1/10\ 000$ 的要求。

(5)进行某施工段的导线复测时,必须和相邻施工段导线闭合,实现统一的控制标准。

（6）对于有碍施工的导线点，复测后和施工前应对其加以固定。固定桩应牢固可靠，桩位应便于架设测量仪器，并设置在施工范围以外。

（二）中线复测

（1）在路基正式开工前，施工单位应全面恢复中线，并固定路线上的主要控制桩，如交点、转点、圆曲线和缓和曲线的起讫点，以及起控制作用的百米桩及加桩。对于高速公路应采用坐标法恢复主要控制桩。

（2）在恢复中线时，应注意与结构物中心、相邻施工段的中线闭合。在中线复测中发现问题应及时查明原因，并报现场监理工程师。

（3）在进行路线的复核丈量时，如发现原设计中线的长度与实际复核丈量的长度出入较大或业主需进行局部改线时，应进行断链处理，在纵断面图上相应调整纵坡，并在设计图表上的相应部位注明断链的距离和桩号，并报现场监理工程师。

（三）水准基点复测

（1）施工单位在复测路线沿线敷设水准基点时，应与附近国家级水准点进行闭合。如果水准基点复测结果超出允许误差范围，应及时查明原因并报业主和监理工程师。水准基点的闭合差应满足相关标准的技术要求：①大型桥涵附近的水准点闭合差应满足《公路桥涵施工技术规范》中的规定；②高速公路和一级公路的水准点闭合差为 ±20 $L^{1/2}$（L 为水准路线长度，以 km 计），二级公路的水准点闭合差为 ±30 $L^{1/2}$。

（2）沿线设置水准基点的间距一般应不大于 1 km，平坦地区不大于 2 km。

（3）遇到如人工构造物附近、高填深挖地段、工程量集中及地形复杂地段等情况，应增设临时水准基点。临时水准基点必须符合精度要求才可用于测量控制。

（4）如果发现个别水准基点受施工影响，应将其移到影响范围之外，其高程应与原水准点进行闭合。

（5）进行纵断面高程复测时，观测距离不得超过仪器的有效距离。观测数据必须闭合，复测点应与中桩吻合，纵断面高程复测误差应满足精度要求。

（四）横断面检查与补测

（1）在路基工程施工前，应详细检查、校对横断面；加桩处应当补测横断面。

（2）检查和补测横断面的方向，做到直线段与路的中线垂直，曲线段为垂直于所测点的切线方向。

（3）通过高程测量计算出填挖的高度，并列表计算出填挖土石方的数量。

三、路基工程施工放样

路基工程施工放样重点是对其边桩放样和边坡放样，这是路基工程施工的依据和标准，施工中必须认真对待。

（一）路基工程边桩放样

边桩放样首先要确定横断面的方向（直线段与路的中线垂直，曲线段为垂直于所测点的切线方向），然后确定填方断面的坡脚点、挖方断面的坡顶点、半挖半填断面的坡脚点和坡顶点。路基边桩放样就是在地面上将每一个横断面的路基边坡线与地面的交点用木桩或其他材料标定出来，边桩的位置由两侧边桩至中心桩的距离来确定。横断面边桩放样的方法大致有三种：图解法、计算法和渐近法。

1. 边桩放样的图解法

图解法就是直接在横断面图上量取中心桩至边桩的距离，然后在实地用皮尺沿着横断面方向将边桩丈量并标定出来，在填挖方不大且地面平整时，使用此法较多。路基横断面图是路基施工的主要依据，其坡脚点（或坡顶点）与中心桩的水平距离可以从横断面图上按比例量出，然后在地面上用皮尺沿着横断面方向量出坡脚点（或坡顶点）距中心桩的水平距离，即可定出边桩的位置。

利用图解法进行边桩放样时，应当特别注意皮尺一定要拉水平，如果横坡较大，应分段丈量，在量得的点处钉上坡脚桩（或坡顶桩）。每个横断面都放出边桩后，再分别将中线两侧的路基坡脚或路堑的坡顶用灰线连接起来，即为路基填挖的边界。这种放样方法一般用于较低等级的道路路基横断面边桩的放样。在应用此法时，应掌握以下要点：①方向要准确，应使测量时的横断面垂直于中线方向；②丈量距离时皮尺必须要拉水平。

2. 边桩放样的计算法

计算法就是根据路基填挖的高度、边坡率、路基宽度和横断面地形情况，先计算出路基中心桩至边桩的水平距离，然后在实地沿着横断面方向按计算的距离将边桩放出来。如果施工现场没有横断面设计图，只有施工填挖高度，可用计算法放样路基横断面边桩。这种方法比图解法精度高，主要用于道路地形平坦或地面横坡比较均匀一致的地段的路基横断面边桩的放样。

3. 边桩放样的渐近法

渐近法是在分段丈量水平距离的同时，用水准仪、全站仪（高等级公路放样时使用）、经纬仪或其他方法（如抬杆法、钓鱼法）测出该段地面的高程差，最后累计得出边桩点与中心桩点的高程差，即可验证其水平距离是否正确。如有不符就逐渐移动边桩，直到正确位置为止。这种放样方法的精度较高，既可用于高等级公路，也可适用于中、低等级公路。

（二）路基工程边坡放样

在公路路基施工过程中，只有边桩不足以具体控制施工质量。为了使填挖的边坡达到设计的坡度，还应把边坡坡度在实地标定出来，以方便施工。边坡放样方法大致有以下两种。

1. 麻绳竹竿挂线法

如图 3-1 所示，O 为中心桩，A、B 为边桩，$CD = b$ 为路基宽度，放样时在 C、D 处竖立竹竿，在高度等于中心桩填上高度 H 之处的 C'、D' 用绳索进行连接，同时 C'、D' 用绳索连接到边桩 A、B 上，则设计的边坡就展现于施工现场。

当路堤的填土高度不大时，可以按照图 3-1（a）所示的方法，一次把线挂好。当路堤的填土高度较高时，可采用分层填土、逐层挂线的方法，如图 3-1（b）所示。

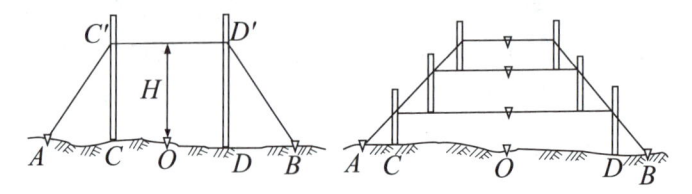

图3-1　麻绳竹竿挂线法

2. 路基坡度样板法

施工前首先按照边坡坡度做好边坡样板，施工时可以比照边坡样板进行放样。样板的式样有活动边坡样板（也称坡度尺）。当水准器的气泡居中时，边坡尺的斜边所指示的坡度正好为设计边坡坡度，这样可按边坡尺指示进行路堤的填筑和检测。同理，边坡尺也可指示和检测路堑的开挖。固定边坡样板、开挖路堑时，在坡顶的外侧立固定样板，施工时可瞄准样板进行开挖。

四、路基工程填料选择与控制

（一）公路路基填料的技术要求

用于公路路基的填料要求挖取方便、压实容易、强度较高、水稳定性好。其中强度要求是按 CBR 值确定的，应通过取土试验确定填料最小强度和最大粒径。

在我国现行行业标准《公路路基施工技术规范》（JTG F10—2019）中对于路基填料有明确的规定。

（1）路堤填料不得使用淤泥、沼泽土、有机土、冻土、含草皮土、生活垃圾、树根和含有腐朽物质的土。采用盐渍土、黄土、膨胀土填筑路堤时，应遵照有关规定执行。

（2）液限大于 50%、塑性指数大于 26MPa 的土及含水量超过规定的土，不宜直接作为路堤填料。确实需要应用时，必须采取满足设计要求的技术措施，经检查合格后方可使用。

（3）钢渣、粉煤灰等材料可以用作路堤填料；其他工业废渣在使用前应进行有害物质的含量试验，避免有害物质超标造成环境污染。

（4）捣碎后的种植土可以用于路堤边坡的表层，也可作为路堤的绿化用土。

（二）各种填料工程性质和适用性

填筑路堤的填料应当采用强度较高、水稳定性好、压缩性小、便于压实和运距较近的土石材料为宜。在选择填料时，一方面要考虑料源和经济性，另一方面要顾及填料的技术性质是否合适。工程实践证明，填料的工程性质和适用性对路堤的施工质量影响很大。各种填料的工程性质和适用性分述如下。

（1）不易风化的石块透水性大、强度高、水稳定性好、使用场合和施工季节均不受限制，是填筑路堤最好的材料。但石块之间要嵌锁密实，以免在自重和行车荷载的作用下，石块发生松动位移，从而产生较大的沉陷变形。

（2）碎（砾）石土的透水性大、内摩擦系数高、水稳定性好、施工压实方便，是一种很好的填料。如果细粒含量增多，则透水性和水稳定性就会下降。

（3）砂土无塑性，其透水性和水稳定性均良好，毛细管上升高度很小，具有较大的内摩擦系数。但由于其黏性小、易松散，对流水冲刷和风蚀的抵抗能力很弱。为了克服这些缺点，可适当掺加一些黏性大的土，或将边坡表面予以加固，以提高路基的稳固性。

（4）沙壤土内摩擦系数较大，同时具有一定的黏结性，易于施工压实，可获得足够的强度和稳定性，是填筑路堤的良好材料。

（5）粉性土因含有较多的粉粒，毛细现象比较严重，干时易被风蚀，浸水后很快被湿透，在季节性冰冻地区常引起冻胀和翻浆，水饱和时存在振动液化问题。粉性土，特别是粉土是稳定性差的填料，不得已使用时，应掺配其他材料，并加强排水和隔离等措施。

（6）黏性土透水性较小，干燥时坚硬而不易挖掘，浸水后强度将严重下降，干湿循环因胀缩引起的体积变化也大，过干或过湿时均不便于施工。在给予充分压实和良好排水的条件下，黏性土也可以用于路堤的填筑。

（7）膨胀性重黏土几乎不透水，黏结力特别强，干时很难挖掘，湿时膨胀性和塑性都很大。膨胀性重黏土工程性质受黏土矿物成分影响较大，不宜用来填筑路堤。

（8）易风化的软质岩石浸水后易崩解，强度显著降低，变形量大，不宜做路堤填料。

（三）路基所用填料的选择要点

由于公路线路较长、地质条件不同，沿线土石的性质和状态不同，所以路基的稳定性也有很大的差异。为了保证堤的强度、稳定性和经济性，需尽可能选择当地稳定性良好的并具有一定强度的土石做路基的填料。

（1）工程实践和试验证明：最稳定的填料主要有石质土和工业矿渣两大类。石质土常用的有漂石土、卵石土、砾石土、中砂和粗砂等；工业矿渣常用的有钢渣、建筑废料等。这两类材料具有摩擦系数大、不易压缩、透水性好、强度受水的影响很小等特点，是填筑路堤的最佳材料。

（2）密实后可以稳定的填料也分为一般填土和工业废料两大类。一般填土通常是指粉土质砂以及砂和黏土所组成的混合土，工业废料主要有粉煤灰、电石灰等。这些材料经压实后能获得足够的强度和稳定性，是较好的常用填筑材料。

当采用以上填料时应注意如下事项：①土中的有机质不得超过5%；②土中易溶盐含量不应超出规定的数量；③填土施工要在最佳含水量状态下进行；④必须按一定厚度铺设和分层压实；⑤砂性土应掺加适量的黏性土；⑥粉煤灰的质量应符合有关规定要求；⑦其他工业废渣应进行有害物质含量的试验。

（3）稳定性差的填料主要有高液限黏土、粉质土等。

①高液限黏土的黏性高、塑性指数大、透水性极差，干燥时很坚硬，但浸湿

后强度急剧下降，不易干燥；过干时成块状，不易打碎和压实，过湿时又易压成弹簧土，属于不理想的填料。

②粉质土含有较多的粉土粒，虽然有一定的黏性和塑性，但不易稳定，水浸后易成流体状态，干旱时则尘土飞扬。毛细管水上升高度在 0.8～1.5 m，在季节性冰冻地区会造成很大水分累积，导致严重的冻胀和翻浆，属于最差的路堤填土，如黄土、黑黏土等就属于这类土。

（4）改良后的填料。稳定性较差的土一般是液限大于50%、塑性指数大于26MPa的土，不宜作为公路路基的填土。在特殊情况下，受工程作业现场条件的限制必须采用上述土料时，通常应进行如下改良处理方能使用。

①含水量的调节。进行含水量控制和调节的目的是保证土料在最佳含水量下达到最好的压实度。如果土料含水量过高，应予以翻晒，最好利用松土机或圆盘耙搂翻，以增大土料暴露面，加速水分的蒸发；另外也可在取土场工作面下面挖沟，降低地下水位，改变土料中的含水量，这也是含水量调节的一种有效方法。

如果土料含水量过低时，可在土料上进行人工洒水，最好在料场进行，以利于控制洒水均匀。洒水量可由自然含水量和最佳含水量之差计算求出，也可采用洒水车直接在路堤上喷洒，但应配用圆盘耙等机具对土料进行翻拌，使其润湿均匀，同时还须注意预计润湿时间，绝不可洒水后立即进行碾压。

②掺外加剂改良，即利用石灰、水泥、工业废料或其他材料做稳定剂，对土料的性质进行改良，从而达到路基填料的要求。这种方法对含水量大、塑性高的土料或强度不足的材料都有较好的效果。采用外加剂改良土料的施工方法，是将土料和外加材料按一定比例混合、拌和均匀后铺筑压实，一般采用路拌式稳定土拌和机和平地机等进行作业，也可由设于专门场地的厂拌设备制备。

五、路基工程施工方案的审批

（一）路基施工方案选择基本要求

各种路基类型由于填挖、地形、运距、等级和土料不同，所用的施工方法和施工组织也就完全不同。在进行施工时，可以根据各自的特点，对填挖作业沿路基宽度、高度和深度的推进顺序，采用不同的施工方案。在选择施工方案时，应考虑当地的自然条件、具体的填挖情况、采用的施工机械和施工工期等因素，使施工方案尽可能达到下列要求。

（1）在确保施工质量的前提下，努力创造良好的施工条件，使施工机具的生产效率得以充分发挥，使路基工程实现优质高效施工。

（2）施工现场要有足够的工作面，便于布置施工所需要的机具，并使施工队伍和施工机械能正常工作。

（3）施工方案应有利于提高工程质量，保证安全施工，各个施工阶段都设有排水出口。

（二）路基试验路段的选择与实施

路基试验路段的选择目的是验证填方路基施工工艺，检验所采用的机械设备是否能满足路基填方施工的取料、运输、摊铺、碾压的工艺和效率，以确保施工组织设计的科学性、可靠性及施工工艺的合理性和适应性。

1. 试验路段的主要作用

通过试验路段的铺筑、压实和各种试验，可以取得路基工程施工的松铺系数、松铺厚度、土料的最佳含水量、压实机械的选择、碾压遍数与压实度的关系和压实方法、合理的作业段长度和人员组合等各种指导性的技术数据。从而可以优化取料、运输、摊铺、碾压等施工机械设备的合理组合及工序衔接，明确人员岗位职责，提出最佳施工方案，报监理工程师审批认可以后，用以指导今后大面积的路基填方施工。

2. 试验路段选择注意事项

（1）为了使路基工程尽快开工及便于管理，试验路段应选在距驻地较近、地形较平坦、交通方便、施工条件较好的地段。

（2）试验路段应选在填方工程数量集中、施工时间较长或需尽早开工填筑完成的地段。

（3）当沿线填筑的土质变化较大时，试验路段应选在土质较好而且对今后施工有广泛指导作用的地段。

（4）当填方的原地面地基水文地质变化较大时，试验路段应避开地下水位较高及软地基，宜选在不需要进行加固且地基承载力较高的地段。

3. 路基试验路段的实施

（1）填土前的准备工作。当开工报告被批准后，按照放样位置标出清理表层的范围，测量原地面高程及横断面，以核对设计横断面及填挖数量。清理表层应按设计及合同文件的规定进行，草皮一定要清理彻底，树根要挖除干净，填筑范围内的洞穴和基坑应按要求回填夯实。清理表层后报监理工程师检查验收，并办理签认手续。清理后的地面高程应测量报验，然后进行填前压实。

在填筑压实之前或同时，应检查原地面的承载力，以验证是否满足要求。如果不符合要求，应提出加固措施报批。填前压实的顺序应自低向高、由边到中，碾压机械行驶速度不应超过 4 km/h，碾压前轮迹应重叠，碾压遍数可根据压路机性能及施工经验确定；一般情况碾压 5～6 遍后检查密实度，若不符合要求则继续碾压，直到符合设计要求后方可停止碾压。测量碾压后的地面高程报监理工程师检查签认，以作为填方数量的计量支付凭证。如果原地面碾压 10 遍还达不到密实度的要求，应停止作业查找原因。如果地基土的含水量对压实度的影响不大，应检查压实标准。如果压实标准无问题，应检查压实机械存在的问题。

（2）上第一层填土。当以上准备工作按要求完成后，可准备上第一层填土。无论用自卸汽车上土还是用铲运机上土，施工单位都要事先与监理工程师协商，确定压实厚度，估计松铺系数，从而计算出松铺厚度，即每层填土厚度；按松铺厚度计算运土机械卸土的间距，指挥运土车辆按计算的间距卸土。

（3）土料摊铺。堆放土料可先用推土机粗摊，然后用平地机摊铺。如果采用铲运机上土，铲运机可完成铲土、运土、卸土和粗摊工序，然后用平地机摊铺。摊铺完成后应挖孔测量铺土厚度，核对实际铺筑与计划摊铺厚度的误差，以便在上第二层土料时进行调整，同时为计算压实系数提供数据。上土后应取土样测定含水量，如果含水量偏高，超过最佳含水量范围，应将土翻拌晾晒；如果含水量低于最佳含水量，应洒水进行翻拌。待接近最佳含水量且不超过 2%～3% 时再进行摊铺碾压。

（4）进行碾压。路基填土的压实应根据填土的种类、含水量、摊铺厚度及所使用的压路机吨位事先确定，并按所约定的碾压遍数进行碾压。当达到规定的碾压遍数后，测定土料的密实度。当密实度达不到规定值时，应适当增加碾压遍数。当碾压 10 遍仍不能满足要求时，除应继续碾压达到规定值外，还应考虑适当减薄填土的摊铺厚度。这说明约定的摊铺厚度不适合所用压路机的型号和吨位，应进行调整。

工程实践表明，一般情况碾压 6～8 遍即可达到压实标准。碾压时可先用轮式压路机碾压两遍，然后采用其他压路机碾压。如采用振动压路机时，第一遍应不振动，然后先慢后快，由弱振到强振。碾压机械行驶速度开始宜用慢速，最大行驶速度不得超过 4 km/h。碾压时，直线段由两边向中间，曲线段由内侧向外侧，纵向进退式进行。横向接头对振动压路机一般重叠 0.4～0.5 m，对三轮压路机一般重叠后轮的 1/2。

（5）第一层填土的施工记录与整理。试验路段进行施工时，项目经理、技术负责人及监理工程师等均要参加，试验人员要认真做好第一层填土的施工记录与整理。施工的原始记录应在现场填写并办理签认手续，各项指标的检测应详细记录，及时、准确地提供数据。完成第一层填土后，应及时检验土的密实度及测量高度、填筑宽度、横坡度等，并及时组织有关人员进行验收。

以上施工原始记录完成后，还应进行总结分析，对不合理的地方提出修改意见，以确定第二层填筑的各项指标。一般情况下，进行两次调整后就可满足设计要求。当填土的摊铺厚度、含水量及碾压遍数这几项指标稳定后，试验路段的目的就已达到，即可写出试验报告。当发现路基设计有缺陷时，应根据监理工程师的要求修改设计程序，提出修改设计的报告。

六、路基工程开工报告的审批

（一）路基工程施工前的准备工作

要保证路基工程的正常施工，施工前的准备工作是极为重要的。它是组织施工的第一步。没有准备的施工或准备不充分的施工，均将使路基施工难以顺利进行，因此施工前的准备工作是确保路基工程施工质量的重要基础工作。根据国内外的工程实践经验，路基工程施工前的准备工作主要包括以下几个方面。

（1）在路基工程正式施工前，应在全面熟悉设计文件交底的基础上，进行现场核对和施工调查，发现问题应及时根据有关程序提出修改意见并报请变更设计。

（2）施工前进行调查的内容主要包括：①工程范围内的地形、地质、水文和地面排水情况等；②工程范围内的交通和地上、地下构筑物及公用管线情况；③施工现场的供水、供电、电信设备及场内外运输线路等情况；④沿线附近可供取土的地点和有关情况；⑤沿线附近可供排水的沟渠和涵管等情况；⑥施工现场附近测量标志及需要保护的植物和构造物情况。

（3）根据现场收集的情况和核实的工程数，按照合同工期要求，施工难易程度和人员、设备、材料准备情况，编制实施性的施工组织设计，并报监理工程师审批。

（4）征地拆迁、场地清理工作是施工前必须完成的一项主要工作。对于路基附近的危险建筑物应予以适当加固，对于文物古迹应妥善保护。路基用地范围内的树木、灌木丛等均应在施工前砍伐或移植清理,并将树根全部挖除,将坑穴填土夯实。

(5)根据施工图纸的要求进行放样,编制施工预算,对准备用作填料的土进行试验等。

(6)在路基工程正式施工前,应事先做好截水沟、排水沟等排水及防渗设施,特别是多雨地区和雨季施工更需要加强这方面的工作。

(二)路基工程开工报告的内容

路基填方施工之前应先向监理工程师上报试验路段的开工报告。开工报告一般包括如下内容:施工路段的起止桩号、路段长度、施工组织、施工计划、机械设备表、取土坑或挖方地段、填土的击实试验资料、施工方法和施工工艺、施工测量放样资料、工程质量控制指标、检验频率及方法等。

(三)路基工程开工报告的审批

一切施工准备工作完成、报检手续齐全后,由工程承包人填写开工申请报检单,经监理工程师审核、总监理工程师代表或高级驻地监理工程师审批,待下达开工指令后方可开工。

第三节 填方路堤施工质量实施控制

填方路堤是由外来材料填筑而成的,填筑前的地基状况、填料选择、填筑方式、压实标准、压实机械、气温气象等因素均影响路堤的质量。因此,在路基设计和施工中必须对这些问题予以足够的重视。

填方路堤的施工是公路工程施工中非常重要的环节,不仅关系到路堤的施工质量和使用功能,而且关系到公路工程的使用寿命和行车安全,因此需要精心设计、精心组织、精心施工,确保工程质量。根据我国高等级公路建设的实践经验,路堤填筑施工必须从基底处理、填料选择、压实、排水、防护等各方面予以重视,依靠科技进步,不断采用新技术、新材料、新工艺和新检测手段,才能确保填方路堤具有足够的稳定性和耐久性。

一、路堤基底及填料的处理

路堤基底是指路堤填料与原地面的接触部分。为使两者结合紧密，避免路堤沿基底发生滑动，防止因草皮、垃圾、树根腐烂而引起路堤的沉陷，需要根据基底的土质、水文、坡度、植被情况、填筑高度采取相应的处理措施。对于一些特殊地基的处理，如软土、冻土、盐渍土、膨胀土等，情况和技术均比较复杂，在"特殊路基的施工"中专门介绍。

（一）路堤基底的处理

路堤基底的处理是保证路堤稳定、坚固极为重要的措施。在路堤填筑前应进行基底处理，这样才能使填土与原来的表土密切结合，使初期填土作业顺利进行，使地基保持稳定，增加地基的承载能力，也能防止因草皮、树根腐烂而引起的路堤沉陷。对于一般的路堤基底处理，除了按有关规定进行场地清理外，还应按下列规定执行。

（1）伐树除根及表土处理。在路堤填筑时，如果不清除结合面上的草木树根等有害于路堤稳定的杂物，在路堤修筑成型后，一旦杂物发生腐烂变质，地基将发生松软和不均匀沉陷等质量问题。为了预防这种情况的出现，就必须在填土之前做好伐树、除根和表层土壤处理工作。特别是当路基填筑高度小于 1.0 m 时，应注意将路基范围内的树根、草丛全部挖除，可采用人工方法或机械方法作业。

如果基底的表层土系腐殖土，应将其表层土清除换填，厚度可根据实际情况而定，一般应不小于 30 cm，并予以分层充分压实，压实度应符合规定要求。如发现草碳层、鼠洞、裂缝、溶洞等，必须采取一定措施将其处理好，以防止路堤填筑后发生塌陷。

（2）耕地和水田的处理。当修筑的路堤通过耕地时，在正式填筑之前，必须先对耕地填平压实，如其中有机质含量和其他杂质较多，碾压时因弹性过大不容易被压实，应当换填干土。对于稻田，其表面往往有一层松软薄层，如果直接在其上面填土，不但机械通行性很差，填土也不能充分压实。

如果路堤填土厚度较大，第一层要填层 0.5 ~ 1.0 m 厚，施工机械才能通过，以后可以按规定厚度铺填，能够充分压实时可不必进行其他处理。如果填土厚度较小，第一层则不能填得太厚，否则填土无法得以碾压密实，这需要在基底挖沟排水，使填土保持干燥，再进行填方压实作业。如果水田的水位过高，不能再采取开挖排水沟解决排水问题，而应在原表土和填土之间加砂垫层式其他水稳材料，以利于水的排出。

如果填土基底有小池塘或泉眼，就应设置暗排水设施，或者用耐水性的材料或碎石充填压实到原水位的高度以上，在填土后进行有效的排水，防止侵入填土之中。

（3）坡面基底的处理。填方路堤的基底若为坡面地，在填料自重荷载作用下，粒料极易失稳而沿坡面产生滑移。因此，在路堤正式填筑前，必须注意对基底坡面处理后才可进行填筑。施工经验表明：当坡度较小，在1:10～1:15之间时，只需清除坡面上的树根、杂草等杂物后，将翻松的表层压实即可保证坡面的稳定；但当坡度较大，在1:15～1:12.5之间时，应将坡面做成台阶形，一般宽度不宜小于2.0 m，高度最小为1.0 m，而且台阶顶面应做成向堤向倾斜3%～5%的坡度；如果基底坡面超过1:12.5，则应采用修护墙、护脚等措施进行特殊处理。

（4）路堤修筑范围内，原地面的坑、洞、基穴等，应用原地的土或砂性土进行回填，并按设计要求进行压实。

（二）路堤填料的选择和处理

用于路堤填筑的土料，原则上应当就地取材或利用路堑挖方的土壤，但对填筑材料总的要求是，具有良好的级配和一定的黏结能力，在一定的压实功能下易于压实稳定，基本上不受水浸软化和冻害影响等。淤泥、腐殖质含量高等稳定性较差的土，一般不宜作为路堤填土，必须采用时，应根据现行公路技术规范有限制地选用。

透水性良好的石块、碎（砾）石土、粗砂、中砂和湿度未超过所设计规定极限值的亚砂土、轻黏土和黏土等，均可用于填筑路堤。

在特殊情况下，受工程作业现场条件的限制，在路堤填筑工地附近可能没有合适的填土材料，而从远处运输又不经济，这时通常对附近不符合施工规范要求的土料进行适当处理后，再将其作为填土使用。其处理的方法有进行含水量调节和化学稳定处理。

1. 进行含水量调节

在一般情况下，如料场土料的自然含水量接近其最佳含水量时，只要对挖出的土料及时装卸上堤、及时摊平碾压即可。如果土料中含水量过高，应加以翻晒，最好利用松土机或圆盘耙搂翻，以增大暴晒面积，加快水分的蒸发。另外，也可在取土场工作面下挖沟，使地下水位降低，从而改变土料含水量，这也是一种有效调节含水量的方法。

如果土料中的含水量过低，可在材料上进行人工洒水，洒水量可根据自然含水量和最佳含水量之差求得。在实际工作中，土料的人工湿润可在取土场上进行。由于取土场的场地宽阔、工作方便、易于控制，即使洒水过度也不会影响堤上的土体。

在路堤施工时，也常采用洒水车直接在表面喷洒的方法，但应配备圆盘耙等机具对土料进行翻拌，使其润湿均匀。在进行洒水前，应根据土料的种类预计其润湿时间，但不能洒水后立即进行碾压。

2. 化学稳定处理

化学稳定处理即利用石灰或水泥作为稳定剂，对土壤的性质进行改良，以达到填土要求。这种方法对含水量大、塑性高的材料或强度不足的其他材料都有较好的效果。化学稳定性处理的施工方法，是将土和石灰、水泥等材料按一定比例混合、拌和均匀后铺平压实。

一般采用路拌式稳定土拌和机（灰土拌和机）和平地机等进行作业，也可由设于专门场地的厂拌设备制备。

二、路堤填料的填筑方法

路堤填筑是把填料用一定的方式运送上堤进行铺平、碾压密实的过程。路堤填筑必须考虑不同的土质，从原地面逐层填起，并分层进行压实，每层的厚度随压实方法而定。路堤填筑方法一般有水平分层填筑、纵坡分层填筑、横向全高填筑和联合填筑施工法四种。

（一）水平分层填筑

水平分层填筑，即填筑时按照横断面全宽分成水平层次，逐层向上填筑。如果原地面不平，应从最低处分层填起，每填筑一层，经压实合格后再填筑上一层。水平分层填筑法施工操作方便、安全，压实质量容易保证。

（二）纵坡分层填筑

纵坡分层填筑宜于用推土机从路堑取土填筑距离较短的路堤，填方侧应按要求开挖土质台阶后，依纵坡方向分层，逐层向上填筑碾压密实，原地面纵坡小于20°的地段可采用这种方法施工。

（三）横向全高填筑

横向全高填筑即从路基一端或两端按横断面的全部高度，逐步推进填筑。这种填筑方法仅用于无法自下而上填土的深谷、陡坡、断岩或泥沼地区运土机械无法进场的路堤。但此法对所填筑土料不仅不易压实，并且有沉陷不均匀的缺点。为此，应采用必要的技术措施，如选用高效能的压实机械，采用沉陷量较小的砂性土或废石方作为填料。

（四）联合填筑

采用联合填筑法，即路堤下部全高填筑，路堤上部水平分层填筑，使上部填料经分层压实获得需要的压实度。混合填筑法适应于因地形限制或填筑堤身较高的情况，以及不宜采用水平分层法和横向填筑法自始至终进行填筑的情况。

（五）路堤填筑应遵循的原则

当需要加宽路堤时，所用填土应与原路堤用土尽量接近或为透水性好的土，并将原边坡挖成向内倾斜的台阶状，分层进行填筑，并碾压到规定的密实度。严禁将薄层新填土贴在原边坡的表面。

高速公路、一级公路以及横坡陡峻地段的半填半挖路基，必须在山坡上从填方坡脚向上挖成内倾斜的台阶，台阶的宽度不应小于 1 m。其中挖方一侧，在行车范围之内的宽度不足一个行车宽度时，应挖够一个行车道的宽度，其上路床深度范围之内的原地面土应予以挖除换填，并按上路床填方的要求施工。

对于不同性质的土进行混合填筑时，应视土的透水能力的高低，进行分层填筑压实，并采取有利于排水和路基稳定的方式。一般应遵守以下几个原则。

（1）以透水性较小的土填筑路堤下层时，其顶面应做成坡度为 4% 的双向横坡；如用以填筑上层，除干旱地区外，不应覆盖在透水性较大的土所填的下层边坡上。

（2）不同性质的土料，应当分别进行填筑，不得混填。每种填料层累计总厚度不宜小于 0.5 m。

（3）凡不因潮湿及冻融而变更其体积的优良土料，应当填筑在上层，强度（变形模量）较小的土料应填筑在下层。

填石路堤的填筑，其基底处理与填筑土料的路堤相同。石料的强度应不小于 15 mPa，用于护坡的石料强度应不小于 20 mPa。石料的最大粒径不宜超过层厚的 2/3。每层松铺的厚度，高等级公路不宜大于 0.5 m，其他公路不宜大于 1.0 m。

高等级公路和铺设高级路面的其他等级公路的填石路堤，均应分层填筑、分层压实。铺设低级路面的一般公路在陡峻山坡段施工特别困难或大量爆破以挖作填时，可采用倾填方式将石料填筑于路堤下部。倾填前，路堤边坡坡脚应用粒径大于 30 cm 的硬质石料码砌。码砌的厚度：填石路堤高度小于或等于 6 m 时，应不小于 1.0 m；路堤高度大于 6 m 时，应不小于 2 m 或按设计要求码砌。

高等级公路填石路堤路床顶面以下 50 cm 范围内，应填筑符合路床要求的土并分层压实，填料最大粒径不得大于 10 cm。其他公路填石路堤路床顶面以下 30 cm 范围内，宜填筑符合路床要求的土并压实，填料最大粒径不应大于 15 cm。

土石路堤的填筑，其基底的处理也与填筑土料的路堤相同。土石混合料中石料强度大于 20 mPa 时，石块最大尺寸不得超过压实层厚度的 2/3，否则应当将其剔除；当石料强度小于 15 mPa 时，石块最大尺寸不得超过压实厚度，超过者应将其打碎。土石路堤必须分层填筑、分层压实。每层铺填厚度应根据压实机械规格和类型确定，但最大不宜超过 40 cm。

混合料中石料的含量多少将严重影响压实效果。因此，当石料含量大于 70% 时，应先铺大块石料，且大面向下安放平稳，然后铺小块石料、石屑等进行嵌缝找平，最后碾压密实。当石料含量小于 70% 时，土石可以混合铺填，但应消除硬质石块过于集中的现象。

土石混合料填筑高等级公路时，其路床顶面以下 30 ~ 50 cm 范围内，仍应填筑符合路床要求的土并压实，填料最大粒径不得大于 10 cm。其他公路在路床顶面以下填筑 30 cm 的砂类土，填料最大粒径不得大于 15 cm。

三、填方路基施工质量控制

（一）填方路基施工的一般规定

（1）填方路堤施工前的原地面，应当按设计要求进行认真清理。对于填方路基的基底，还应按下列规定办理。

①应当切实做好原地面临时排水设施，并与永久排水设施相结合。排走的雨水，不得流入农田、耕地，也不得引起水沟的淤积和路基冲刷。

②在路堤的修筑范围内，原地面的坑、洞、墓穴等，应用原地的土或砂性土回填，并按规定进行分层压实。

③路堤基底为耕地或松土时，应先清除其上面的有机土和种植土，平整后按

规定要求进行压实。在深耕地段，必要时应将松土翻挖、土块打碎，然后回填、整平、压实。

④路堤基底原状土的强度不符合设计要求时，应选择优良填料进行换填，换填的深度一般应不小于 30 cm，并予以分层压实。

⑤为防止路基因振动产生破坏，石质挖方路基的施工不宜采用大爆破的方法。必须采用时，应进行专门的爆破设计，并严格按大爆破的有关规定执行。

（2）当加宽旧路堤时，应遵守下列规定。

①为使加宽路堤与旧路堤各项性能接近，所选用的填料宜与旧路堤相同，或选用透水性较好的土。

②在加宽旧路堤施工前，应清除地基上的杂草和松散泥土，并沿旧路边坡挖成向内倾斜的台阶，台阶宽度应不小于 1 m。

（3）当路堤稳定受到地下水位影响时，应在路堤底部填以水稳性优良、不易风化的砂、砂砾和碎石等材料，或采用无机结合料（如生石灰粉、水泥等）进行加固处理，使基底形成水稳性良好、厚度约 30 cm 的稳定层，或设置隔离层。

（4）填筑路堤的填料，应符合下列规定。

①用于路堤的填料，不得使用淤泥、沼泽土、冻土、有机土、含草皮土、生活垃圾、树根和含有腐朽物质的土。当采用盐渍土、黄土、膨胀土填筑路堤时，应按照特殊地基处理的规定进行处理。

②液限大于 50%、塑性指数大于 26 的土，以及含水量超过规定的土，不得直接作为路堤填料。需要应用时，必须采取满足设计要求的技术措施，经检查合格后方可使用。

③钢渣、粉煤灰等材料可以用作路堤填料，其他工业废渣在使用前应进行有害物质的含量试验，避免有害物质超过国家有关标准，造成对环境的污染。

④捣碎后的种植土也可以用于路堤边坡的表面，作为种植护坡草皮的用土。

（5）用于路堤填方的材料应有一定的强度。高速公路、一级公路及其他等级的路基填方材料，应经野外取土试验，其最小强度应符合规定。

（二）土方路堤的填筑施工质量控制

（1）土方路堤应分层进行填筑压实，用透水性不良的土料填筑路堤时，应控制其含水量在最佳压实含水量 ±2% 的范围内。

（2）土方路堤必须根据设计断面，分层填筑、分层压实。为保证达到设计的压实度，当采用机械压实时，分层的最大松铺厚度，高速公路和一级公路不应超过 30 cm；其他等级的公路，按土质类别、压实机具功能、碾压遍数等，经过试验后确定，但最大松铺厚度不宜超过 50 cm。填筑至路床顶面最后一层的最小压实厚度不应小于 8 cm。

（3）路堤填土的宽度，每侧均应宽于填筑层的设计宽度，压实后的宽度不得小于设计宽度，以便最后进行削坡整形。

（4）填筑路堤宜采用水平分层填筑法施工，即按照横断面全宽分成水平层次逐层向上进行填筑。如果原地面不平，应当由最低处分层进行填筑，每填一层经过压实符合规定要求之后，再填筑上一层。

（5）对于原地面纵坡大于 12% 的地段，可采用纵向分层法施工，沿纵坡方向进行分层，逐层填压密实。

（6）对于山坡路堤，当地面横坡不陡于 1:5 且基底符合设计要求时，路堤可直接修筑在天然的土基上。当地面横坡陡于 1:5 时，原地面应挖成台阶状，台阶宽度不小于 1 m，并用小型夯实机进行夯实。填筑应由最低一层台阶填起，逐台阶向上填筑并分层夯实。所有台阶填完之后，即可按一般填土进行。

（7）对于高速公路、一级公路以及横坡陡峭地段的半填半挖路基，必须在山坡上从填方坡脚向上挖成向内倾斜的台阶，台阶宽度不应小于 1 m。其中挖方一侧，在行车范围之内的宽度不足一个行车宽度时，则应挖成一个行车道的宽度。其中路床深度范围之内的原地面上应予以挖除换填，并按上路床填方的要求进行施工。

（8）如果填方分为几个作业段施工，两段交接处不在同一时间填筑，则对先填地段应按坡度分层留台阶。如果两个地段同时填筑，则应分层相互交叠衔接，其搭接长度不得小于 2 m。

（9）对于陡峭山坡半挖半填的路基，设计边坡外面的松散弃土应当在路基竣工后将其全部清除干净。

（10）不同土质的填料混合填筑路堤时应符合下列规定。

①以透水性较小的土填筑于路堤的下层时，应当做成坡度为 4% 的双向横坡；用于填筑上层时，除干旱地区外，不应覆盖在由透水性较好的土质填筑的路堤边坡上。

②不同性质的土应分别进行填筑，不得出现混填。每种填料层累计总厚度不宜小于 0.5 m。

③凡不因潮湿或冻融影响而变更其体积的优良土应填在上层，强度较小的土应填在下层。

（11）河滩路堤的填土，应连同护道在内一起进行分层填筑。对于可能受水浸淹部分的填料，应当选择水稳定性良好的土料。对于河槽加宽、加深工程，应在修筑路堤前完成，构造物也应提前修建。

（12）当采用机械作业时，应根据工地现场的地形、路基横断面形状和土方调配图等，合理地规定施工机械的运行路线。土方集中的施工点应有全面、详细的施工机械运行作业图，并按照运行作业图施工。

（13）对于两侧取土、填高在 3 m 以内的路堤，可用推土机从两侧分层推填，并配合平地机分层整平。土的含水量不足时，可用洒水车进行分层洒水，并用压路机分层碾压。

（14）对于填方集中地区路堤的施工，可按以下方法进行。

①取土场运距在 1 km 内时，可用铲运机运送，辅以推土机开道，以进行翻松硬土、平整取土段、铲除障碍和助推等。

②取土场运距超过 1 km 时，可用松土机械翻松，用挖掘机或装载机配合自卸汽车运输，用平地机对填土整平，并配合洒水车压路机进行碾压。

③挖掘机、装载机与自卸汽车配合运输时，要合理布置取土场地的汽车运输路线并设置必要的标志。自卸汽车配备的数量，应根据运输距离的远近和车型而确定，其原则是满足挖装设备生产能力的需要。

（15）土石方运输应根据当地条件、运距、设备等情况，采用不同的运输机具，如推土机、铲运机、皮带运输机、自卸汽车、卷扬机牵引的索道等。当在卸装范围内有一定高差、汽车等运输方式受到地形和其他条件的限制时，可采用空中索道运输。

（三）填石路堤的填筑施工质量控制

（1）对于填石路堤的基底处理与填土路堤基本相同，可按照填土路堤的施工方法进行填筑质量控制。

（2）作为填石路堤所用的石料强度，不应小于 15 mPa，用于护坡的不应小于 20 mPa。填石路堤石料的最大粒径不宜超过层厚度的 2/3。

（3）高速公路、一级公路和铺设高级路面的其他等级公路的填石路堤均应分层填筑、分层压实。二级及二级以下且铺设低级路面的公路，在陡峭山坡段施工特别困难或大量爆破以挖作填时，可采用倾填方式将石料填筑于路堤下部，但倾填路堤在路床底面下不小于 1.0 m 内仍应分层填筑压实。

（4）为便于施工和达到设计要求的压实度，填石分层松铺厚度不要过大，高速公路及一级公路不宜大于 0.5 m，其他等级公路不宜大于 1.0 m。

（5）在填石路堤倾填之前，路堤边坡坡脚应用粒径大于 30 cm 的硬质石料进行码砌。当设计中无具体规定时，填石路堤高度小于或等于 6 m 时，起码砌厚度不应小于 1 m；当高度大于 6 m 时，码砌厚度不应小于 2 m。

（6）采用逐层填筑时，应安排好石料的运输路线，并有专人指挥交通；按水平分层、先低后高、先两侧后中央的顺序进行卸料，并用大型推土机摊平。个别不平处应配合人工用细石块、石屑进行找平。

（7）当石块级配较差、粒径较大、填层较厚、石块间的空隙较大时，可在每层表面的空隙间填入石渣、石屑、中砂、粗砂，再以压力水将砂冲入下部，这样反复进行数次，使空隙被填满，以保证其密实度。

（8）当采用人工铺填粒径 25 cm 以上石料时，应先铺填粒径较大的石料，石料要大面向下、小面向上、摆平放稳，然后用小石块找平，石屑塞缝，最后压实。人工铺填 25 cm 以下石料时，可直接分层摊铺、分层碾压。

（9）填石路堤所用填料如果岩性相差较大，则应将不同岩性的填料分层或分段进行填筑。路堑或隧道基岩为不同岩种互层时，允许使用挖出的混合石料填筑路堤，但石料强度、粒径应符合有关规定。

（10）用强风化石料或软质岩石填筑路堤时，应按土质路堤施工规定先检验填料的 CBR（填料最小强度）值是否符合要求，并按土质路堤的技术要求进行施工。

（11）高速公路及一级公路填石路堤路床顶面以下 50 cm 范围内，应填筑符合路床要求的土料并分层压实，填料的最大粒径不得大于 10 cm。其他公路填石路堤路床顶面以下 30 cm 内，宜填筑符合路床要求的土料并分层压实，填料的最大粒径不得大于 15 cm。

（四）土石路堤的填筑施工质量控制

（1）土石路堤的基底处理同填石路堤。

（2）天然土石混合材料中所含石料强度大于 20 mPa 时，石块的最大粒径不得超过压实层厚度的 2/3，对于超过者应当清除。

（3）土石路堤不得采用倾倒方法，均应分层填筑、分层压实，压实的标准同土方路基。每层铺填厚度应根据压实机械类型、规格和性能确定，一般不宜超过 40 cm。

（4）压实后渗水性差异较大的土石混合填料应分层或分段进行填筑，不宜纵向分幅填筑。必须纵向分幅填筑时，应将压实后渗水良好的土石混合料填筑于路堤的两侧。

（5）当土石混合填料来自不同路段，其岩性或土石混合比相差较大时，应分层或分段进行填筑。不能分层或分段填筑时，应将含硬质石块的混合料铺筑于填筑层的下面，且石块不得过分集中或重叠，上面再铺含软质石料的混合料，然后整平碾压。

（6）在土石混合料中，当石料含量超过70%时，应先铺填大块石料，其大面应向下，放置应平稳，然后铺小块石料、石渣或石屑嵌缝找平，最后进行碾压；当石料含量小于70%时，土石可混合铺填，但应避免硬质石块（特别是尺寸较大的硬质石块）集中。

（7）高速公路及一级公路土石路堤的路床顶面以下30～50 cm内，应填筑符合路床要求的土并分层进行压实，填料最大粒径不大于10 cm。其他公路填筑砂类土厚度一般为30 cm，最大粒径不大于15 cm。

（五）高填方路堤的填筑施工质量控制

（1）在水稻田或长年积水地带，用细粒土填筑路堤高度在6 m以上；在其他地带填土或填石路堤高度在20 m以上时，应按照高填方路填的施工要求进行施工。

（2）高填方路堤在进行原地面清理后，如果地基土的强度不符合设计要求，应按照特殊地区的地基施工的有关规定进行处理或加固。

（3）高填方路堤应严格按照设计边坡进行填筑，填筑中应认真进行检查和验收，特别是不得出现缺填现象。

（4）高填方路堤的每层填筑厚度，应根据所采用的填料种类和性质，按相应的有关规定执行。如填料来源不同、性质相差较大时，应分层进行填筑，不应分段或纵向分幅填筑。

（5）高填方路堤受水浸淹的部分，应采用水稳性较高及渗水性较好的填料，其边坡比一般不宜小于1:2。

（6）半挖半填的一侧高填方基底为斜坡时，应当按照规定挖好横向台阶，并应在填方路堤完成后，对设计边坡外的松散弃土进行认真清理。

第四节　挖方路基施工质量实施控制

路堑是在天然地面上以开挖方式建成的路基（也称为挖方路基），是线路通过山区与丘陵地区的一种常见路基形式。路堑开挖后破坏了原地层的天然平衡状态，其稳定性主要取决于地质与水文条件，以及边坡深度和边坡坡度。

路堑边坡处于地壳表层，开挖暴露后，受各种条件与自然因素的作用，容易发生变形和破坏，应慎重对待。特别要注意处理好深路堑的设计，这是一项较复杂的技术问题。路堑边坡设计主要是确定断面形式和边坡坡度等问题。路堑按通过的地层一般分为土质路堑和石质路堑。

路堑开挖是路基土石方施工的一个重点，在山岭丘陵地区挖方路基常常是控制工程进度和质量的关键，尤其是石质路堑更成为路基施工中关键工程的重点。公路建成通车后，挖方路基地段又是公路养护部门的工作重点。实践证明，路基出现的病害大多发生在挖方路段上，如边坡出现滑坡、崩塌、落石、泥石流等。其原因除了山体本身的地质、水文状态、土质、构造等因素外，路堑开挖方式不合理、防护工程设计不当和施工质量不佳是造成这些病害的主要原因。因此，施工人员应从了解现场地质、水文复核调查多方面把关，认真编制施工方案，切实搞好挖方路基的施工。

一、挖方路基施工的一般规定和原则

（一）挖方路基施工的一般规定

（1）挖方路基在正式施工前，应做好下列准备工作：复查施工组织设计是否合理、可行；根据工程实际核实或编制调整土方调运图表；按规定对施工现场进行认真清理；开挖前应按施工测量的规定以桩标明施工轮廓。

（2）路基在开挖前应对沿线土质进行检测试验，对于采用的挖方、借土场和料场的填料，应根据行业标准《公路土工试验规程》（JTG 3430—2020）中规定，进行填料的液限、塑限、塑性指数、液性指数、颗粒大小分析、含水量、密度、土的击实和强度等技术指标试验。

（3）路堑的排水设施应按下列规定进行办理。

①在路堑开挖前，首先修筑好截水沟，并根据土质情况做好防渗工作。在土方工程的施工期间应修建临时排水设施。

②为降低工程的投资并加快施工进度，临时排水设施应与永久性排水设施相结合，流水不得排入农田和耕地，防止污染自然水源，也不得引起淤泥和冲刷。

（4）根据路基工程施工组织设计，做好施工机械配套和维修，勘察好挖方弃土的路线和地点，科学合理地安排施工进度。

（二）挖方路基施工的基本原则

（1）做好挖方路基沿线自然情况等基础资料的调查收集工作，以此作为挖方路基设计的基本依据。

（2）根据路线纵断面设计确定的路基开挖高度，进行路基主体工程的设计。

（3）为优化路基施工方案，降低工程的投资和工程量，对于山岭重丘区挖方路基要进行方案比选，确保边坡稳定可靠、方案科学合理。

（4）陡坡上的半填半挖路基，要因地制宜，尽量采用经济适宜的支挡结构。

（5）沿河路基要尽量减少对当地自然地理环境的影响。

（6）特殊路基如经过软土地区，应针对地基条件进行单独设计。

（7）坡面防护要兼顾功能与景观，并要完成坡面防护、冲刷防护及支挡结构物的布置与计算。

二、土方路堑的开挖施工质量控制

土质路堑的开挖施工，一般可以采用挖掘机或装载机直接挖取土方，并配合自卸汽车进行土方调配。

（一）土方路堑开挖遵照要求和原则

土方路堑开挖应遵照下列要求：①为充分发挥各类土的作用，对已开挖的适用于种植草皮和其他用途的表土，应贮存于指定的地点，不得与填料混在一起；②根据土方试验结果，对开挖出的适用的材料应当用于路基的填筑，各类材料不应混杂，不适用的材料应按相应规定处理；③土方开挖不论开挖工程量和开挖深度大小，均应按照自上而下的顺序进行，不得乱挖和超挖，严禁掏洞取土，在不影响边坡稳定的情况下采用爆破方法施工时应当经过设计，并报有关部门审批；

④在土方路堑开挖施工的过程中，遇土质变化需要修改施工方案及边坡坡度时应及时报批并经过有关部门批准。

因受冬季或雨季的影响，挖出冻土或含水量大的土方不能及时用于填筑路堤时，应按特殊季节施工有关规定办理。路堑路床的表层下为有机土、难以晾干压实的土、路基填方材料最小强度小于规定数值和不适宜做路床的土时，均应清除换填符合规定的土。

土方路基开挖遇到特殊土质时应按照特殊地基的有关规定办理。

在确定挖方路基的施工标高时，应考虑到因压实所产生的下沉量，其数值应由试验进行确定。

（二）土方路堑开挖分类

土方路堑的开挖根据路堑的深度和纵向长度，可按下列方式进行。路堑的开挖方法根据路堑深度、纵向长短及现场施工条件，有横向挖掘法、纵向挖掘法和混合式挖掘法等。横向挖掘法包括适用于挖掘浅且短的路堑的单层横向全宽挖掘法和适用于挖掘深且短的路堑的多层横向全宽挖掘法；纵向挖掘法具体方法有分层纵挖法、通道纵挖法、分段纵挖法；混合式挖掘法为多层横向全宽挖掘法和通道纵挖法混合使用。

1. 横向挖掘法

以路堑整个横断面的宽度和深度，从一端或两端逐渐向前开挖的施工方法称为横向挖掘法。横挖法一般适用于短而深的路堑，在采用横挖法时，可按下列方式进行。

（1）采用人力按横挖法挖掘路堑时，可在不同高度分成几个台阶开挖，其深度应根据工作与安全而定，一般宜为 1.5 ~ 2.0 m。无论自两端一次横挖到路基标高，还是分台阶进行横挖，均需设单独的运土通道及临时排水沟。

（2）采用机械按横挖法挖掘路堑且弃土（或以挖作填）运距较远时，宜用挖掘机配合自卸汽车进行。每层的台阶高度可增加到 3 ~ 4 m，其余的要求与人力开挖路堑相同。

（3）土方路堑横挖法也可用推土机进行开挖。弃土或以挖作填的运距超过推土机的经济运距时，可用推土机堆积，再用装载机配合自卸汽车运土。

（4）采用施工机械开挖路堑时，边坡处应配以平地机或人工分层修刮平整。

2. 纵向挖掘法

沿路堑全宽以深度不大的纵向分层挖掘前进的施工方法称为纵向挖掘法。纵向挖掘法适用于较长的路堑开挖，根据开挖的方式不同，又可分为通道纵挖法和分段纵挖法。

（1）通道纵挖法。如果先沿路堑纵向挖掘一个通道，然后将通道向两侧进行拓宽，上层通道拓宽至路堑边坡后，再开挖下层通道，如此向纵深开挖至路基标高的开挖方法，称为通道纵挖法。这种开挖方法适用于路堑较长、较深，两端地面纵坡较小的情况。

（2）分段纵挖法。如果沿路堑纵向选择一个或几个适宜处，将较薄一侧堑壁横向挖穿，使路堑分成两段或数段，各段再纵向进行开挖的方法，称为分段纵挖法。这种开挖方法适用于路堑过长、弃土运距过远的傍山路堑，或一侧堑壁不厚的路堑。

（3）混合式挖掘法

当路线纵向长度和挖深均很大时，宜采用混合式挖掘法进行开挖。先沿路堑纵向挖通道，然后沿横向坡面挖掘，以增加开挖坡面。每一坡面应设一个施工小组或一台机械作业。

（三）边沟与截水沟开挖规定

边沟与截水沟的开挖应符合下列规定。

（1）边沟、截水沟及其他引、截排水的设施位置、断面尺寸，应严格按照设计图纸的规定进行施工。在土方路堑开挖前应先做好这类排水设施，其出口应通至桥涵的进出水口处。截水沟不应在地面坑凹处通过，必须通过时应按路堤填筑要求将凹处填平压实。

（2）平曲线外边沟沟底的纵坡应与曲线前后的沟底相衔接。曲线内侧不得有积水或水外溢现象发生。

（3）路堑和路堤交接处的边沟，应缓缓引向路堤两侧的天然沟或排水沟，不得冲刷路堤。路基坡脚附近不得积水。

（4）所有排水沟应从下游出口向上游开挖，所有排水沟和截水沟设施应满足下列要求：①沟基应当进行加固处理，严禁将排水沟挖筑在未加处理的弃土上；②沟形应当比较多规则、整齐，沟坡、沟底比较平顺，无大的起伏变化，沟内清理比较彻底，无浮土杂物；③在进行沟水排泄时，不得对路基产生危害，必须确保路基的安全；④截水沟的弃土应用于路堑与截水沟间筑土台，应当分层压实或夯实。台顶设2%倾向截水沟的横坡，土台边缘坡脚距堑顶的距离不应小于设计规定，当设计上无具体规定时，可按照弃土处理的规定办理。

（四）土方路堑施工中遇到地下水处理方式

在路堑的施工过程中，如果遇到地下水时应按下列规定处理。

（1）挖方地段遇到地下含水层时，应根据地基排水的原则规定，结合现场实际按地基排水有关规定执行。

（2）当路堑路床顶部以下位于含水量较多的土层时，应换填透水性良好材料，换填深度应满足设计要求，并整平凹槽底面，设置渗水沟，将地下水引出路基外，再分层回填压实。

（五）土方路堑弃土处理

弃土处理除了按有关的规定办理外还应符合下列规定。

（1）在开挖路堑弃土地段前，应根据施工现场的具体情况，提出弃土的施工方案报有关单位批准后实施。该施工方案应包括弃土方式、调运方案、弃土位置、弃土形式、坡脚加固处理方案、排水系统的布置及计划安排等。当在施工中需要对原施工方案加以改变时，应报告批准单位进行复查和批准。

（2）弃土堆的边坡不应陡于1:1.5，顶面向外应设不小于2%的横坡，其高度不宜大于3 m。路堑旁的弃土堆，其内侧坡脚与路堑顶之间的距离，对于干燥硬土不应小于3 m，对于软湿土不应小于路堑深度加5 m。

（3）在山坡上侧的弃土堆应连续而不中断，并在弃土前设置截水沟；山坡下侧的弃土堆应每隔50～100 m设不小于1 m的缺口排水，弃土堆的坡脚应进行防护加固。

（4）严禁在岩溶漏斗处、暗河口处、贴近桥墩台处弃土。

三、石方路堑的开挖施工质量控制

公路路基穿越石质地带时，通常应根据石质类型、风化情况、节理发育程度、施工条件和工程量大小等选择适宜的开挖方式。石质路堑施工方法主要有松土法、破碎法和爆破法。为提高施工效率和加快工程进度，在实际工程中最常用的是爆破法。在进行石方路堑的开挖施工质量控制时应注意如下事项。

（1）开挖石方应根据岩石的类别、力学强度、风化程度和节理发育程度等确定开挖方式。对于软石和强风化岩石，能用机械直接开挖的均应采用机械开挖，不能采用机械的也可采用人工开挖。凡不能使用机械或人工直接开挖的石方，则应采用爆破法开挖。

（2）在石方需用爆破法开挖的路段中，如空中有缆线，应查明其平面位置和高度；还应调查地下有无管线，如果地下有管线，应查明其平面位置和埋设深度；同时应调查开挖边界线以外的建筑物结构类型、完好程度、距开挖界的距离，然后制定爆破方案。任何爆破方案的制定，必须确保空中缆线、地下管线和施工区边界处建筑物的安全。

（3）在进行爆破作业时，必须由经过专业培训并取得爆破证书的专业人员施爆，非专业人员不得随意操作。

（4）根据确定的爆破方案，进行炮眼位置、炮孔深度和装药量的设计，其设计图纸和资料应报送有关部门进行审批。

（5）根据设计的炮眼位置和炮孔深度打眼。当工程量较小、施工工期允许时，可采用人工打眼；当工程量较大、施工工期较紧时，应采用机械打眼。

（6）公路石方开挖，应充分重视挖方边坡的稳定，一般宜选用中小型爆破；开挖风化较严重、节理发育或岩层产状对边坡稳定不利的石方，宜选用小型排炮微差爆破，小型排炮药室距设计边坡线的水平距离不应小于炮孔间距的1/2。

（7）采用爆破法开挖石方时，应按以下程序进行：施爆区管线调查→炮位设计与设计审批→配备专业施爆人员→用机械或人工清理施爆区覆盖层和强风化岩石→钻炮孔→爆破器材检查与试验→炮孔检查与废渣清除→装药并安装引爆器材→布置安全岗和施爆区安全员→炮孔堵塞→撤离施爆区和飞石、强地震波影响区内的人畜→起爆→清除瞎炮→解除警戒→测定爆破效果。

（8）当岩层走向与公路路线走向基本一致，倾角大于15°，且倾向公路或者开挖边界线外有建筑物，施爆可能对建筑物地基造成影响时，应在开挖层边界沿设计坡面打预裂孔，预裂的孔深与普通炮孔深度相同，但在孔内不装炸药和其他爆破材料，孔的距离不宜大于炮孔纵向间距的1/2。

（9）为了减少对爆破边坡的振动，开挖层靠近边坡的两列炮孔，特别是靠边缘的一列炮孔，宜采用减弱松动爆破方式。

（10）如果在开挖边坡外有必须保证安全的重要建筑物，且采用减弱松动爆破也不能确保建筑物安全时，应采用人工开凿、化学爆破或控制爆破。

（11）在石方开挖区应特别注意施工排水问题。在纵向和横向形成坡面开挖面，其坡度应满足排水要求，以确保爆破出的石料不受积水的浸泡。

（12）有关爆破土石方的基本知识、基本方法和施工工艺等。

四、深挖路堑的开挖施工质量控制

深挖路堑地形复杂、高差大、边坡高、工程量大，其施工放样和施工质量直接关系到施工安全和工程质量，所以在深挖路堑的开挖施工中要大力加强对深挖路堑的质量控制。为便于进行施工质量控制，在施工过程中主要应注意以下几方面。

（1）当路堑边坡的高度等于或大于 20 m 时，称为深挖路堑。深挖路堑的施工准备工作应根据土石的类别按相应规定办理。

（2）施工前应详细复查设计文件所确定的深挖路堑地段的工程地质资料及路堑边坡，并收集了解土石界限、工程等级、岩层风化厚度、破碎程度、岩层工程特征。当路堑为砂类土时，应了解其颗粒级配、密实程度和稳定角；当路堑为细粒土时，应了解其含水量和物理力学性质，以及不良地质情况、地下水及其存在形式等。

根据详细了解的工程地质情况、工程量大小和施工工期等，认真编制深挖路堑工程施工组织设计，并据以配备适当的机械设备、数量和劳动力。

（3）如果设计文件中的工程地质资料缺乏或严重不足，不能据以编制施工组织设计时，宜进行工程地质的补充勘探工作。对于高速公路和一级公路补做工程地质勘探时，主要应以钻探为主。根据补做钻探所得工程地质资料而确定的技术方案，应在报请监理工程师批准后方可实施。

（4）深挖路堑的边坡应严格按照设计的坡度进行施工。如果边坡实际土质与设计勘探的地质资料不符，特别是实际土质比设计中的土质松散时，应向有关方面提出修改设计的意见，经监理工程师批准后实施。

（5）当施工的路堑地段为土质边坡时，宜每隔 6~10 m 高度设置一个平台，平台的宽度对于人工施工的不宜小于 2 m，对于机械施工的不宜小于 3 m。平台表面横向坡度应向内倾斜，坡度一般为 0.5%~1.0%；纵向坡度宜与路线纵坡平行。平台上的排水设施应当与整个排水设施相互连通。

（6）在深挖路堑的施工过程中，如果修建平台后边坡仍不能稳定或大雨后会产生坍塌的，应考虑修建砌石护坡，在边坡上种植草皮或做挡土墙。

（7）在施工过程中边坡上渗出地下水时，应根据地下水渗出的位置、流量、流速等情况，按照有关施工规范，修建地下水排除设施。

（8）土质单边坡深挖路堑的施工方法，宜采用多层横向全宽挖掘法施工。

（9）土质双边坡深挖路堑的施工方法，宜采用分层纵挖法和通道纵挖法。如果路堑纵向长度较大，一侧边坡的土壁厚度和高度不大时，可采用分层纵挖法。施工机械可采用推土机或推土机配合铲运机。当弃土运距较远超过铲运机的经济运距时，可采用挖掘机配合自卸汽车作业，或者采用推土机、装载机配合自卸汽车作业。

（10）土质深挖路堑无论是单边坡还是双边坡，均应按照有关规定开挖，靠近边坡 3 m 以内禁止采用爆破法炸土施工。在距边坡 3 m 以外准备采用爆破法施工时，应进行周密设计，防止炸药量过多，并应报请有关部门批准。

（11）石质深挖路堑当地形和石质情况不符合采用"大爆破"的规定时，禁止使用大爆破施工方案。

（12）单边坡石质深挖路堑的施工，宜采用深粗炮眼、分层、多排、多药量、群炮、光面、微差爆破方法。

（13）双边坡石质深挖路堑的施工一般可采用纵向挖掘法，应分层在横断面中部开挖出每层通道，然后横断面两侧再按照（12）的爆破方法作业。

第五节　软土地基填方路堤施工质量控制

随着我国高等级公路的不断修建，湿软地基的处理加固显得越来越重要。土是一种松散的介质，作为路基本身或其支承体，其明显的缺点就是强度太低、变形太大，尤其对于软土路基更是如此。特别是高填路堤，由于其自身荷载较大，在修筑高等级公路时，如果对软土地基不加处理，或处理不符合设计要求，往往会导致路基失稳或产生过大沉降。因此，要保持地基稳定并具有足够的承载能力，不致产生过大沉降变形，就必须对湿软地基进行加固处理。

所谓软土，从广义上讲，就是指强度比较低、压缩性较高的软弱土层。在软土地基上修筑路基，如果不采取措施处理，将会发生路基失稳或过量沉陷，导致道路发生破坏或不能正常使用。由于软土地基的自身工程性质较差，往往不能满足路基及桥涵基础的强度要求，所以必须采取一定的加固措施，从而提高地基的强度和稳定性，减小路基的沉降与变形。在选择软土地基处理方法时，应综合考虑地基条件、道路条件、施工条件、技术条件和环境条件等，使选择的处理方法既符合要求又最经济。

通常每一种软土地基的处理方法都有其本身的特点，产生的主要效果也有所不同。一般来说，按处理目的可分为沉降处理和稳定处理两大类：沉降处理包括加速沉降和减小总沉降量；稳定处理包括控制剪切变形、阻止强度降低、促进强度增长、增加抗滑能力和防止产生液化等。软土地基原来常用的具体处理方法主要有换填土层法、挤密法和化学加固法。随着科学技术的发展，软土地基处理的新材料、新方法和新技术日益增多。

一、软土的基本性质

软土一般具有天然含水量高、孔隙比大、透水性差、压缩性高、抗剪强度低、触变性和蠕变性等基本性质。

（1）天然含水量高、孔隙比大。由于软土中的黏粒和有机质含量比较大，吸水能力比较强，加之地处常年积水的洼地，土层厚度大，所以软土多数呈软塑或半流塑状态，天然含水量在30%~70%，有的甚至达200%；其孔隙比一般均大于1.0，大多在1.0~2.0之间，在某些地区甚至达6.0；其饱和度一般大于95%；液限在35%~60%；塑性指数为10~30MPa，天然密度为1.5~1.9 t/m^3。

（2）透水性较差。软土的亲水性很强，但其透水性却很弱（渗透系数为10^{-8}~10^{-7} cm/s），且具有明显的方向性。由于大部分软土地层中都存在着带砂夹层，所以其渗透系数水平向略大于垂直方向，软土中黏粒和有机质的含量和液限越大，其渗透系数越低。因此，软土地基的固结时间长，同时在加载的初期，地基中孔隙水压力较高，严重影响地基的承载力。在施工过程中表现为压实非常困难，既不便于施工作业，也不便于行车。

（3）压缩性较高。由于软土中含水量高、孔隙比大，土粒间连接结构不稳定，所以具有明显高压缩性的特点。试验结果表明，软土的高压缩性随着其液限的增加而增强，压缩系数一般在5.10×10^{-7}~1.53×10^{-6}Pa^{-1}。

（4）抗剪强度较低。工程实践和试验证明：由于软土地基含水量大、孔隙比大，其抗剪强度很低，在外界荷载及其自身荷载的作用下，容易超出其本身的强度要求而出现剪切破坏，并与加载速度及排水固结有着密切的关系。当不排水剪切时，其内摩擦角接近于零，内摩擦剪应力小于19 k~92 kPa；当排水剪切时，抗剪强度将随着固结程度的增加而增大。

（5）具有触变性和蠕变性。软土结构在未被破坏之前，具有一定的结构强度，但一经扰动，其原结构就会被破坏，强度迅速降低，随着静置时间的增长，软土的强度将逐渐恢复。软土的这种性质被称为触变性。软土的触变性越大，表示强度降低越明显。

软土在受荷载作用或在荷载变化过程中，将发生连续持久而缓慢的变化，这种在剪应力作用下的剪切变形现象称为土的蠕变性。这种蠕变性实质上是软土的抗剪强度随着时间增长而递减的现象，在工程上有很大的危害性。

二、软土地区路基的基本要求

软土地区的公路工程对于路基的基本要求主要包括路基的稳定性和路基的沉降量两个方面。

1. 路基的稳定性

在天然的软土地基上，采用快速施工方法修筑路堤所能填筑的最大高度，称为极限高度或临界高度。当路堤高度超过这一极限高度时，对路堤或地基必须采取一定的加固措施，才能保证路堤的安全填筑和正常使用；否则，就可能使填土的部分发生崩塌、坡脚外侧地基隆起等，从而造成工程的大范围返工。如果坡脚附近有房屋、水管或其他工程设施，也将受到严重的威胁和破坏，甚至会出现人身伤亡事故。

2. 路基的沉降量

软土地基的路堤，即使满足稳定性要求，不发生滑塌质量问题，但在施工过程中至填筑完成后，由于软土的压缩性大，软土地基在路堤自重作用下也会产生沉降，这种沉降将在相当长的时间内持续发展，大大超过一般路堤的允许沉降量，严重时不仅增加填土的工程量，而且靠近填土部位的挡土墙、边沟等排水设施也会受到沉降或水平移动的影响。即使完成铺装路面后，还可能继续产生沉降，对路面的纵横断面造成一定影响，难以保证其平整度，也会引起路面结构的破坏。为了了解路堤的沉降情况，概略估算因基底沉降而增加的填方数量，还必须计算路堤的沉降。

三、软土地基处理的基本规定

（1）软土地基处理的施工必须确保施工质量，科学地做好施工组织设计，加强施工现场的技术管理，严格按照有关操作规程实施，认真做好工程质量的检查和验收工作。

（2）在软土地基处理前，应当首先完成下列有关工作：①收集并熟悉有关施工图纸、工程地质报告、土工试验报告和施工范围内的地下管线、构造物等有关资料；②为科学合理地进行软土地基的处理，组织有关人员编制施工组织设计或施工大纲，使软土地基的处理按一定程序和方法进行；③为确保软土地基的处理质量达到软土地基处理的预定目标，对所准备采用的原材料、半成品、成品进行检验；④为保证软土地基施工中的工程进度、施工质量，对所用的施工机械进行认真调试，使施工机械均达到正常运转的良好状态；⑤对于准备采用桩基处理的软土地基进行必要的成桩试验，以便取得桩基施工中的技术数据，确保桩基施工成功。

（3）在软土地基的处理前，应做好施工期间的排水措施，对常年处于地表积水、水塘的地段，应按设计要求先做好抽水、清淤和回填工作。

（4）软土地基处治材料的选用，应当贯彻"因地制宜、就地取材"的原则。所有运至工地的材料必须分类堆放，妥善保管，按现行有关标准进行质量检验，不合格的处治材料不得用于工程。

（5）在软土地基处治过程中，应当采取"按图施工"和"边观察、边分析"的方法；如发现施工现场地质情况与设计所提供资料不符，或原设计的处治方式因故不能实施、必须改变设计时，应及时报告监理工程师和业主，并根据有关规定报请变更设计，待批准后才能实施。

（6）在软土地基处治过程中，应当认真做好原始记录，积累资料，不断总结经验，提高软土地基处治施工技术水平。采用新技术、新工艺、新机具、新材料、新测试方法时，必须制定不低于《公路路基施工技术规范》（JTG/T 3610—2019）水平的质量标准和工艺要求。

（7）在软土地基处治施工过程中，必须严格执行有关安全、劳保和环境保护等规定。

四、软土地基处理方案设计

（一）软土地基处理方案的选择

1. 软土地基处理方案选择的必要性

软土地基的处理效果如何，关系到能否在计划营运期内保持道路路状良好、保证行车速度和安全运行，是确保道路工程质量和使用寿命的关键问题之一。自改革开放以来，我国在软土地基上修建的高等级公路数量越来越多，已积累了非常丰富的处理经验。但是，由于软土性状千差万别、地质勘探资料具有局限性及设计参数误差等因素的影响，往往使处理后的效果与设计预定目标产生较大差异。因此，在软土地基的设计和方案比较中，如何确保地质资料及设计参数真实准确，因地制宜、科学合理、恰到好处地选择处理方案，体现经济、可靠、高效的指导原则，是软土地基处理的重点和关键。

2. 软土地基处理方案选择应考虑的因素

在确定具体的软土地基处理方法时，可以根据工程实际情况对几种软土地基处理方法进行技术、经济、工期、效果等方面的比较，从中选择最佳处理方案。在遇到软土地基时，并不是所有的软基都必须进行处理，首先要考虑不处理的可能性；如不处理不能满足需要，则再考虑选择浅层处理；如浅层处理不可以，再考虑深层处理。

在进行方案分析和选择时，不能只考虑荷载和变形因素，而是要综合施工期的地表状况、结构物密度、填土高度、施工进度、施工季节、气候条件、施工环境、设备情况、材料供应等因素统筹考虑，使所选择的处理方案技术上可靠、经济上合理、条件上允许、时间上满足，同时还应考虑到环境保护、节约能源、生态平衡等方面因素。在选择处理方案时，也可采用两种或两种以上的组合方案。

3. 软土地基处理方案选择应收集的资料

必须收集的资料主要包括：详细的工程地质勘查资料，本地区其他工程或其他地区同类工程软土地基的处理经验，材料、机械设备的来源情况，结构设计、施工进度和气候条件等方面的资料，其中最重要的是工程地质资料。

（1）收集详细的工程地质、水文地质及地基基础的设计资料。如地形及地质成因、地基成层状况，软土层厚度、不均匀性和分布范围，持力层位置及状况，地下水情况及地基土的物理力学性质。

（2）根据地基处理的预定目的（如解决路堤变形或稳定性问题）、使用要求（如施工后沉降量及差异沉降量）、结构类型和荷载大小等，并结合地形地貌、地层结构、土质条件、地下水特征、周围环境和相邻建筑物等因素，初步选定几种可供参考的地基处理方案，以供方案比较和进一步选择。

（3）对初步选定的几种地基处理方案，分别从处理效果、材料来源、机具条件、施工进度、投资多少和环境影响等方面，进行认真的技术、经济比较，并根据安全可靠、施工方便、经济合理、有利环保的原则，从中选择最佳处理方案，也可以综合初选的方案。

（4）对基本确定的地基处理方案，根据道路等级和施工现场复杂程度，可在有代表性的场地上进行相应的现场试验，通过试验检验设计参数和处理效果。如果达不到设计要求时，应查明具体原因，采取相应措施或修改设计。试验工程的修筑也可为大规模正式施工积累经验，提供设计依据和控制施工质量。

（二）认真进行地质勘查工作

在进行软土地基处理方案设计时，首先要弄清地基工程地质和水文地质条件。众多工程实践表明，不少工程事故的发生，多数是因为对天然地基条件了解不清楚或不全面而造成的。因此，一定要充分重视工程勘察工作。根据地基工程地质和水文地质条件，决定地基是否需要处理、如何进行处理。由于软土地基的地质情况千变万化，在软土地基的实施过程中，还要特别重视施工期的补充勘察工作，对各种因素造成补充勘察与勘察报告的工程水文地质条件变化，应在施工方案中及时予以调整。

详细准确的工程地质勘查资料，既是判断天然地基能否满足建筑物对地基要求的重要依据，也是确定合理的地基处理方法的重要依据之一。有些公路工程项目为了赶进度、节省费用，对线路地质勘查工作不够重视，所获得的地质资料不详细、不精确，使选择的地基处理方案过于保守，造成投资浪费。尤其对于一些中小型构造物的地基，更是缺乏足够的地质勘查资料。

为确保软土地基处理方案设计的正确性，在进行工程地质勘查时，应从工程实际出发，对地质勘查方案的选择、钻探点点位的布设、勘探深度及土样试验内容等进行全面考虑，使其更具有代表性、可适用性，并且还应尽可能提供小型结构物的地基土工试验报告，对局部不良地段（如沟、槽、老河道、池塘等）应补充钻探点，对大面积不良地段除采用常规的试验检测以外，还应补充原位荷载试验等内容。

软土地基工程地质勘查工作，按设计阶段可划分为初步勘察与详细勘察两个阶段。勘察方法主要有工程地质调查与测绘、工程地质勘探、原位及室内试验等。在详细勘察阶段的勘察方法主要以钻探、原位测试和室内试验为主。

（三）做好试验路堤修建工作

1. 试验路堤修建工作的重要性

在正式进行软土地基处理之前，修筑试验路堤是极其重要的一项工作，既是设计问题也是施工问题，通过试验路堤的修筑，可以从技术与经济角度寻求软土地基处理的最佳方法和对策。特别是由于新技术、新工艺、新机具和新测试方法不断涌现，当开发、引进新的软土地基处置方法或进行软土地基处置方法比较时，应在正式施工前进行现场试验，铺筑一定长度的试验路堤，以验证处置方法的可行性和可靠性，并验算设计参数、工艺参数作为正式施工时的控制指标，掌握必要的施工工艺。因此，尽管试验路堤需要一定的投资、精力和时间，但对于搞好软土地基的处理有时起着决定性作用。

试验路堤或实体工程的监测工作，通常包括变形监测、应力监测和其他监测（如地下水位等）。

2.试验路堤监测工作的目的

试验路堤监测工作的目的：①以工程监测的结果指导软土地基的现场施工，确定和优化施工中的技术参数，以便实现信息化施工；②根据监测的结果，及时发现施工中危险的先兆，分析产生原因，判断工程的安全性，以便采取必要的措施，防止发生工程破坏事故和环境事故；③通过试验路堤的监测得出一系列数据，评价工程的技术状况，检验设计参数和设计理论的正确性；④通过试验路堤的监测得出一系列数据和分析判断，为设计、施工、管理和科学研究提供第一手资料。

3.路堤设计与施工所需参数

软土地基路堤设计与施工所需要的重要参数主要包括地表和土体的竖向位移、土的侧向位移和孔隙水压力等。

（1）地表和土体的竖向位移。地表的竖向位移可采用沉降板观测，对于成层软土应采用分层沉降标进行土体竖向变形观测。观测的主要目的是控制施工进度、预估工后沉降量和计算因沉降而增加的土方量。

（2）土的侧向位移。地表的侧向位移可用设在坡脚的边桩进行观测，土体内部的侧向位移可采用测斜仪观测。土体侧向变形是控制路堤填筑速率的重要参数。

（3）孔隙水压力。与土的倒向位移资料相比，实测孔隙水压力会更好地提供关于土体破坏情况的最早迹象。对于估计固结过程和确定路堤施工速率，测定孔隙水压力也是一种基本手段。

（四）地基处理中的工程监测

1.地基处理工程监测的重要性

在软土地基方案设计中，虽然采用了合理的地基处理方案，但往往会因为施工管理不善而造成地基处理失败或未达到预期处理效果。因此，软土地基处治施工必须确保施工质量，科学地进行组织，加强施工管理，严格按照有关操作规程实施。

在软土地基路堤施工过程中，应注意观测填筑过程中和竣工后的固结、强度和位移的变化，这不仅是评价软土地基处理效果的依据，同时也可以及时防止因设计和施工不完善而引起的意外工程事故。在进行工程监测过程中，监测点要设在观测数据容易反馈的部位，无论是横向还是纵向，所布置的测点数量不宜过少，一般沿纵向每隔 100～200 m 设置一个观测断面，在桥头路段应设计 2～3 个观测断面。对沿河、临河等凌空面较大且稳定性较差的路段，必要时要进行地基土体内部水平位移的观测。在施工期间，应每填筑一层土进行一次观测，如果两次填筑时间间隔较长，应每 3 d 至少观测一次，堆载预压期间应根据地基实际情况而定，一般半个月或每月进行一次观测。

2. 地基处理中工程监测的内容

对于软土地基的工程监测，主要包括变形监测、应力监测和其他监测等内容。

（1）变形监测。对软基的变形监测，主要包括地表位移和土体内部位移。位移方向包括竖向位移和水平位移。水平位移又包括垂直路堤中心线的横向水平位移和平行路堤中心线的纵向水平位移。地表竖向位移观测一般采用沉降板观测方式。沉降板由钢底板或钢筋混凝土板、金属测杆和保护套管组成。沉降板宜埋设在路堤左右路肩和中心线下的原地面上。

地表水平位移一般采用埋设边桩进行观测，边桩埋设在路堤的坡脚处，埋设在地表 1.2 m 以下，桩顶预埋上不易磨损的测头，桩周上部 50 cm 用混凝土浇筑固定，确保边桩埋置稳固。

土体内部竖向位移的观测通过在土体内埋设沉降标进行，沉降标分为分层标和深层标两种。分层标可以在同一根测标上，分别观测土体沿深度方向各层次及某一层次土体的压缩情况，分层的深度可贯穿整个软土层，各分层测点布设间距一般为 1.0 m；深层标是测定某一层以下土体压缩量的，其埋设位置可根据实际需要确定。深层标通常采用水准仪测量标杆顶端高程的方法进行，分层标主要采用电磁式沉降仪进行。电磁式沉降仪的工作原理是在土体中埋设一根竖管，隔一定距离设置一个磁环，当土体发生沉降时和土体同步沉降，利用电磁测头测出发生沉降后磁环的位置，将其与磁环起初位置进行比较，进而计算出测点的沉降量。

土体分层水平位移观测一般采用测斜仪进行，将测斜仪预埋在岩土体的钻孔内，与岩土体结合为一体，所测得的测斜仪的位移就是岩土体的水平位移。

在路堤填筑施工中，应随时注意路堤的稳定情况，当出现异常情况可能导致失稳时，应立即停止加载并果断采取措施，待路堤恢复稳定后方可继续填筑。

（2）应力监测。软土地基的应力监测主要包括孔隙水压力监测和土压力监测。

①孔隙水压力监测主要采用孔隙水压力计进行，孔隙水压力计有气压式、水压式和电感式等。孔隙水压力监测的平面布点集中于路中心，一般每种土层均设有测点，当土层较厚时，一般每隔 3～5 m 设一个测点，埋设后待钻孔完全填实和超孔隙水压力消散时，才可测孔隙水压力计的初读数，一般需要 3～4 d 的稳定时间。测初始读数时需连续观测数日，直至读数稳定为止。

现场进行孔隙水压力观测，可根据测点孔隙水压力-时间变化曲线反算土的固结系数，推算该点不同时间的固结度，从而推算强度增长情况，并确定下一级施工施加荷载的大小，因而可用来控制加荷的速率。

②土压力监测主要是通过将土压力计埋设在填土中，通过土压力的读数来完成土压力的测定工作。按传感器的类型不同，可将土压力计分为钢弦式、电阻应变片式、差动电阻式、气压式、水压式等类型。通过埋设土压力计的方法，可以测定土的总应力（总土压力）、垂直土压力、水平土压力和大、小主应力等。

在进行土压力计埋设时，应特别注意降低埋设效应的影响，做好仪器基床面的制备、感应膜的保护和连接电缆的保护，确保其与终端的连接。土压力计周围的土方回填必须采用薄层铺料、专门压实的方法，确保仪器的安全，并应尽量使仪器周围材料的级配、含水量、密度等同邻近的填方接近。各土压力之间的距离不应超过 2.0 m，其水平面以外土压力计的定位、定向应借助模板或成型体进行，确保土压力计电缆的编号、埋设、保护等符合要求。

③其他监测主要包括地下水位监测和出水量监测，这两项是变形监测和应力监测的辅助性监测。

（五）地基处理中的施工控制

1. 施工控制的方法

在软土地基上修建路堤，所采用的设计方法不一定完全合适，这主要是由于地质材料和土的物理力学指标存在误差所致，因此要在施工期进行现场观测与控制，以便发现异常情况，从而及时采取措施，保证工程的安全。但是，对于施工控制，至今没有一种比较成熟的方法。在具体应用中的施工控制方法主要包括以下 3 种类型。

（1）经验值控制施工，如控制边桩位移速率、控制地面沉降速率、控制孔隙水压力消散程度等。

（2）制作控制图控制施工，如预测破坏的沉降与边桩位移率的相关控制图法、地基承载力的孔压系数控制图法等。

（3）设计计算校核法，如承载力计算校核法、稳定计算校核法、限制塑性开展区法等。

在以上3种施工控制方法中，第1种方法较为常用。它采用某种观测经验值作为判断工程安危的方法，比较直观、方便，但缺少科学的理论依据，有时可能对工程判断偏于保守或不安全。

2. 施工控制的标准

在《公路软土地基路堤设计与施工技术规范》（JTJ 017—1996）和《公路软土地基路堤设计与施工技术细则》（JTG/T D31-02—2013）中，建议采用控制边桩位移速率和控制地面沉降速率的方法，其具体控制标准为：路堤中心线地面沉降速率每昼夜不大于10 mm，坡脚水平位移速率每昼夜不大于5 mm。观测结果应结合沉降和位移发展趋势进行综合分析。其填筑速率应以水平控制为主，如超过此限值应立即停止填筑。但在实际工程中，各工程控制标准不同，发生破坏的位移也不同。

根据工程检测的实践经验，加荷期间如果超过下述3项指标时地基有可能发生破坏：①路堤中心点处，埋设地面沉降板的地面沉降量每天超过10 mm；②路堤坡趾侧向位移每天超过4 mm；③孔隙水压力（地基不同深度处埋设孔隙水压力计）超过预压荷载50%~60%。

（六）对地基监测成果的处理

在进行软土地基沉降观测时，观测的数据应及时记录在表内，随时记录、校核、汇总并整理分析，发现问题应及时复查或重测。在观测期间还应及时记录当地气象资料及地下水位的变化情况。对地基监测成果的处理主要应做好以下工作。

1. 观测资料成果曲线图

（1）竖向沉降观测。竖向沉降观测主要包括：荷载-时间-沉降（地表沉降或土体分层沉降）过程线、路堤横向沉降盆图（不同观测时间相应的沉降曲线）。

（2）水平位移观测。水平位移观测主要包括地面横向位移（Ⅰ地面位移，Ⅱ荷载-时间-水平位移过程线）和土体内部水平位移（水平位移随深度变化曲线）。

（3）应力观测。应力观测主要包括：孔隙水压力（Ⅰ荷载-沉降变化过程线、Ⅱ沉降-时间变化过程线），土压力（荷载-时间-土压力变化过程线）。

（4）其他观测。其他观测主要包括搅拌桩承载力观测（Ⅰ荷载-沉降变化过程线、Ⅱ沉降-时间变化过程线）、单孔出水量观测（荷载-时间-出水量变化过程线）、地下水位井水观测（全年时间-地下水位变化线）。

2. 观测成果报告

在软土地基的整个处治过程中，从地质勘查开始至试验结束，各阶段均应及时提交观测成果报告，主要包括以下内容：路基地质勘查报告、材料试验报告、试验工程施工计划书、施工质量管理情况报告、工程施工动态观测报告、各阶段试验工作的阶段报告、试验研究工作报告、总报告等。

以上所有报告对于软基处理均具有非常重要的作用，其中总报告是一个最全面和核心的内容，主要包括以下部分：①详细介绍试验研究工作的全过程情况；②针对软土地基处理所用的材料、方法、设计参数及取值、施工工艺等，提出有效、适用、经济的分析意见；③根据试验研究、观测结果、数据分析等，提出软地基处理科研、设计与施工的结论性意见和建议。

五、软土地基加固的基本方法

软土地基由于强度较低、变形较大，一般不能直接在上面修筑路基，必须根据工程实际，经过特殊处理加固后方可修筑路基。工程实践证明，软土地基加固的关键是排水和固结。

根据国内外的工程实践经验，软土地基加固的基本方法主要有换填土层法、排水固结法、化学加固法、土工布加固法和强夯加固法等。

（一）换填土层法

换填土层法就是在道路路基处将力学性质不能满足要求的土层挖除，换上满足要求的土层，对地基进行必要处理的方法。如果当地的石料比较丰富，也可以直接在路基基底抛投石块，将软土层中的土体挤出路基范围，从而提高路基的承载能力和稳定性。换填土层法最大的有效处理深度一般小于3 m，适用于路基的清淤回填，是一种浅层地基处理方法。

工程实践证明，软土地基换填砂垫层可以明显起到加速软弱土层排水固结、提高承载力、减少沉降量的作用。其他回填材料，其应力分布规律、极限承载力、沉降等特点基本上与沙砾垫层相接近。因此，在实际工程中，换填土层的厚度、铺筑宽度等，均以沙砾垫层作为计算模型。沙砾垫层厚度可按直线变形体理论进行计算，或者假定应力通过基础按30°刚角向下扩散，沙砾垫层底面呈梯形分布。根据公路工程施工经验，在一般情况下，沙砾垫层厚度可控制在 0.6 ~ 1.0 m，坡脚两侧各向外多铺筑 50 cm 即可满足要求。

（二）排水固结法

排水固结法适用于土体中含水量过大、土层较厚的软土地基。其原理是地基在荷载作用下，通过布置竖向排水井使土中的孔隙水被慢慢排出，孔隙比减小，地基发生固结变形，地基土的强度逐渐增长。

排水固结法主要由排水和加压两个系统组成。排水可以利用天然土层本身的透水性，也可设置砂井、袋装砂井和塑料排水板之类的竖向排水体。加压主要采用地面堆载法、真空预压法和井点降水法。加固软弱的黏土时，在一定条件下采用电渗排水井点也是合理有效的。

1. 堆载预压法

堆载预压法在建造建筑物以前，通过临时堆填土石等方法对地基加载预压，达到预先完成部分或大部分地基沉降，并通过地基土固结提高地基承载力，然后撤除施加的荷载，再在其上面进行施工的方法。临时的预压堆载一般等于上部建筑的荷载，但为了减少由于次固结而产生的沉降，预压荷载也可大于建筑物荷载，称为超载预压。为了加速堆载预压地基固结速度，常可与砂井法或塑料排水带法等同时应用。如黏土层较薄、透水性较好，也可单独采用堆载预压法。堆载预压法适用于软黏土地基。

2. 砂井法（包括袋装砂井、塑料排水带等）

砂井法是在软黏土地基中，通过设置一系列砂井，在砂井上铺设砂垫层或砂沟，人为地增加土层固结排水通道，缩短排水距离，从而加速固结，加速强度增长的方法。砂井法通常辅以堆载预压，称为砂井堆载预压法。砂井法适用于透水性低的软弱黏性土，但对于泥炭土等有机质沉积物不适用。

3. 真空预压法

真空预压法是在黏土层上铺设砂垫层，然后用薄膜密封砂垫层，用真空泵对砂垫层及砂井抽气，使地下水位降低，同时在大气压力作用下加速地基固结的方法。该法适用于能在加固区形成（包括采取措施后形成）稳定负压边界条件的软土地基。

4. 真空-堆载联合预压法

当真空预压达不到要求的预压荷载时，可与堆载预压联合使用，其堆载预压荷载和真空预压荷载可叠加计算。真空-堆载联合预压法适用于软黏土地基。

5. 降低地下水位法

降低地下水位法通过降低地下水位使土体中的孔隙水压力减小，从而增大有效应力，促进软土地基固结。降低地下水位法适用于地下水位接近地面且开挖深度不大的工程，特别适用于饱和粉砂、细砂地基。

6. 电渗排水法

电渗排水法是在土中插入金属电极并通以直流电，借助电渗作用从而逐渐排除土中的水的方法。在工程上常利用它降低黏性土中的含水量或降低地下水位，提高地基承载力或边坡的稳定性。电渗排水法适用于饱和软黏土地基。

（三）化学加固法

化学加固法是将某些化学溶液注入地基土中，通过化学反应生成胶凝物质或使土颗粒表面活化，在接触处胶结固化，以增强土颗粒间的黏结，从而提高土体的机械强度的方法。常用的加固方法有硅化加固法、碱液加固法、电化学加固法和高分子化学加固法等。

1. 硅化加固法

通过打入带孔的金属灌注管，在一定的压力下，将硅酸钠（俗称"水玻璃"）溶液注入土中；或将硅酸钠及氯化钙两种溶液先后分别注入土中。前者称为单液硅化，适用于加固渗透系数为 0.1～2.0 m/d 的湿陷性黄土和渗透系数为 0.3～5.0 m/d 的粉砂；后者称为双液硅化，适用于加固渗透系数为 2～8 m/d 的砂性土，或用于防渗止水，形成不透水的帷幕。硅化加固法以水玻璃溶液为主要浆液，材料成本很高，在软土地基处理中极少采用。

2. 碱液加固法

碱液对土的加固作用不同于其他的化学加固方法，它不是从溶液本身析出胶凝物质，而是碱液与土发生化学反应后，使土颗粒表面活化，自行产生胶结，从而增强土的力学强度及其水稳定性。为了促进反应过程，可将溶液温度升高至 80℃～100℃再注入土中。加固湿陷性黄土地基时，一般使溶液通过灌注孔自行渗入土中。当黄土中的钙离子和镁离子含量较高时，采用单液即能获得较好的加固效果。

3. 电化学加固法

电化学加固法是在地基土中打入一定数量的金属电极杆，通过电极导入直流电流，使水分从阴极排走，从而使土体固结的方法。用电化学法加固地基时，主要发生 3 个过程：①电渗，电渗后土大量脱水并固结；②离子交换作用，交换时吸附的钠、钙被氢及铝代替；③结构形成过程，由铝胶形成土粒结构，也可采用电流和化学溶液配合的方法使土加固，即化学溶液通过带孔的灌注管网注入土中，通电后溶液随着水的运动由阳极向阴极扩散，提高加固效果。电化学法一般用于加固渗透系数小于 0.1 m/d 的淤泥质地基。但此法成本高，需由专门的设备做试验，确认有效后才采用。

4. 高分子化学加固法

高分子化学加固法是将高分子化学溶液压入土中进行地基处理的一种方法。它适用于砂类土地基加固、帷幕灌浆，以及地下工程的止水堵漏，对坝基工程的泥化夹层与断层破碎带的加固亦有成效，如将氰凝灌入砂土后的抗压强度可达 10.0 MPa。用于地基加固的高分子材料品种较多，有脲醛树脂、丙烯酰胺类（也称丙凝）、聚氨酯类（也称聚氨基甲酸酯或氰凝）等，其中聚氨酯类比较好。

（四）土工布加固法

土工合成材料一般具有质量轻、整体连续性好、抗拉强度较高、耐腐蚀性好、抗微生物侵蚀好、施工方便等优点。以土工织物作为补强材料加固地基，其作用类似柔性柴排。在地下水位较高、松软的土基路堤中，采用垫隔土工布加固路基刚度，有利于土体排水。在高填路堤可适当分层垫隔，在软土地基上垫隔土工布可使荷载分布均匀。

土工布作为一种补强材料被用于加固地基已在我国得到广泛推广。软土地基处理时，一般土工布铺设在路堤的底部，在路基土体自重的压力作用下，土工布受到一定的拉力并产生较大的抗滑力矩，可以大大提高路基的稳定性。

土工布在软土地基加固中的主要作用有 4 种。①排水。形成一个水平向的排水面，起到排水通道的作用。②隔离。利用土工织物直接铺筑在软土面上，能起到隔离的作用。③应力分散。利用土工织物的强度和韧性使路基组合形成一个整体，可以限制路基的侧向变形，从而分散了荷载，减少了路基的不均匀沉降。④加筋补强。土工织物与土体组成复合地基，增强了地基的抗剪力，尤其是土工格栅能更好地与土体相结合，补强加筋作用更为显著。

（五）强夯加固法

饱和软黏土地基中夹有多层粉砂或采用在夯坑中回填块石、碎砾石、卵石等粒料进行强夯置换时可以采用强夯法处理。强夯法通过重锤自由落下，在极短时间内对土体施加一个巨大的冲击能量，这种冲击能量又转化成各种波形（包括压缩波、剪切波和瑞利波），使土体强制压缩、振密、排水固结和预压变形，使土颗粒趋于更加稳固的状态，从而达到地基加固的目的。

大量工程实例证明，强夯法用于碎石土、砂土、低饱和度的粉土与黏性土、湿陷性黄土、杂填土和素填土等地基，一般均能取得较好的加固处理效果。

第六节　路基排水与防护工程质量控制

工程实践充分证明，过量的水是路基路面产生各种病害的主要原因。土基中的含水量过大，会引起土质松软、强度降低、基身沉陷或滑动，使路面产生软化和变形，或者造成边坡失稳，严重影响交通。路面自身渗水量过大，且无法及时排除，所积聚的水滞留在路面结构层中，不仅会软化路面，甚至导致路面早期损坏。因此，路基应修筑必要的排水设施，拦截或排除危害路基的地表水和地下水，以确保公路的安全使用。

路基排水除了靠优化设计外，精心组织施工是获得良好的路基排水系统的基本保证。路基排水的基本任务是将影响路基干湿状态的路基范围内的地表水、地下水排到路基范围之外的天然河流或沟渠，或将地下水位降到不影响路床的干湿状态，使路基工作区始终处于干燥、坚实和稳定状态。路基排水包括施工期间的临时排水和投入使用后的永久性排水，排水工程由路基排水和路面排水组成完整的排水体系，这是路基工程重要的组成部分。

一、路基路面排水设施的分类

为有效地完成路基的排水，确保路基结构的稳固，应当根据不同情况，采用不同的排水设施，实施不同的设计方案。公路路基路面排水设施是公路工程中不可缺少的重要组成部分，一般可分为地表排水沟渠、地下排水沟管、路面排水设施等。

（一）路基排水设计的一般原则

路基排水设计是公路工程设计的重要内容，设计应立足于建立完整、功能齐全的排水系统，注意各种排水设施的相互衔接和协调，使之相互配合，形成完整的排水体系，迅速及时地将路基路面产生影响的各种地表水和地下水加以排除。

（1）在进行路基排水设计前，必须深入现场进行充分的调查研究，以使路基排水系统的规划和设计做到正确合理。

（2）各种路基排水沟渠的设置应当尽量少占农田，并与水利规划、城乡建设规划和土地使用等相配合，进行综合统一规划。一般情况下，不应利用边沟做农业灌溉用，当不得已时应采取必要的加固措施，以防止水流危害路基。

（3）路基排水设计应经济适用。排水沟渠应选择在地形地质较好的地区范围内，以便节约沟渠加固工程量，对于排水困难和地质不良地段应进行特殊设计。

（4）排水沟渠的出水口应尽可能引接至天然河沟，这样可以减少桥涵工程，但不能直接使水流进入农田，损害农业生产。

（5）路基排水设施的设计，应贯彻因地制宜、就地取材的原则，以减少工程投资；要能迅速有效地排除影响路基路面的"有害水"，以免影响路基的强度和稳定性，保证公路运输畅通。

（6）路基排水设计要注意环境保护，不得破坏天然水系，不宜取消或合并自然沟渠和改变水流性质，尽量选择有利地形和地质条件布设人工沟渠，减少排水沟渠的防护工程。

（二）地表排水沟渠

地表排水沟渠主要用来排除降水在路界范围内形成的地表径流，以及毗邻地带可能进入路基范围的地表径流和影响路基稳固的地表积水。常用的地表排水沟渠设施主要有边沟、截水沟、路边取土坑、排水沟、跌水与急流槽等。

边沟一般设置在挖方及低填方（高度小于边沟深度）地段的路肩外侧，以汇集和排除路面、路肩和挖方边坡上的径流及少量流向道路的地表水，从而减轻路基路面的浸湿程度。

截水沟一般设置在路基上方的适当处，用以拦截和排除流向路基的地表径流，防止冲刷和侵蚀挖方边坡和填方坡脚，还可以减轻边沟的排水负担。对于降水量小、坡度较缓、不怕冲蚀，或者植被比较茂密的地段，可以不设截水沟；反之，必要时也可设置多道大致平行的截水沟。

路边取土坑一般常与路基排水综合考虑，使其起到边沟或截水沟的作用。

排水沟用来将边沟、截水沟和路边取土坑汇聚的水、边坡坡面的水及路基附近的积水引排至桥涵、天然河沟或远离路基的指定地点。

跌水与急流槽是地表排水沟渠的特殊形式，设置在水流通过陡坡地段，采用浆砌片石或混凝土结构，进出口处有相应的防护加固措施。当急流槽纵坡陡于1:15时，宜采用金属管，又称急流管。

（三）地下排水沟管

地下排水沟管是路基排水系统的重要组成部分，主要用来排出路基范围内的地下水或降低地下水位，通常有明沟、暗沟、渗沟和隔离层等。

明沟设置在路基的上方或两侧，以拦截、引排或降低浅层地下水，并可兼排地表水。考虑到冻结会影响水流，在寒冷地区不宜采用。

暗沟埋设在地面以下，用来排出泉水或地下集中水流，但无渗水和汇水的功能。

渗沟是用来拦截（或切断）地下含水层中的水流，降低地下水位，疏干或引排坡体内的地下水。

隔离层也是一种防排水兼有的设施，设置于路基的内部，以隔断水分向路基上层移动，使路基处干燥或中湿状态。

（四）路面排水设施

路面排水设施是专指为路面和中央分隔带部位排水而采取的工程设施。路面（含路肩）表面排水设施的排水方式如下：①一般公路的排水方式是由路面横坡和路肩横坡汇集于边沟或以横向漫流形式向路堤坡面分散排放；②高速公路和一级公路以及较高边坡的路堤，可在硬路肩或加固路肩外侧边缘设立拦水带形成集水沟，或埋置路肩边沟（也称路肩排水沟），通过泄水口和边坡急流槽，集中排放到路堤坡脚外或经坡脚排水沟排出；③城镇街道上的水，则由街沟（偏沟）、雨水井、连管等引入排水干管。

中央分隔带排水与它的布置形式、路线线形等有关。凹形中央分隔带可采用浅平式纵向排水沟，经集水井和地下横向排水管排除表面水；凸形中央分隔带可用预制混凝土小块封面将降水排到两侧路面上。

在弯道超高地段，上半幅路面的水会汇集于凸形中央分隔带旁的路线带；对于干旱少雨雪地区，可在分隔带上设开口明槽，使水流经下半幅路面排出；对于一般地区，则设路拦式排水沟或雨水口（井），通过地下管道排出。多雨地区的中央分隔带表面不做封闭时，降水会产生下渗，可在路床顶部设置纵向排水渗沟，并由横向排水管引出路基。

二、地表排水设施施工质量控制

路基地表排水设施主要包括边沟、截水沟、排水沟、跌水、急流槽、拦水带、蒸发池、倒虹吸与渡槽等，常见的有边沟、截水沟、排水沟、跌水与急流槽等。它们分别设于路基的不同部位，各有其不同的功能。在地表排水设施的施工中应做到位置、断面、尺寸、坡度准确，所用材料符合设计文件及规范的要求。

（一）边沟

挖方路基以及填土高低低于路基设计要求的临界高度的路堤，在路肩外缘均应设置纵向人工沟渠，则称为边沟（侧沟）。其主要功能是排除路基用地范围内的地面水，也包括路面、路肩和边坡的流水。

1. 边沟的断面形状及尺寸

常用的边沟断面形状主要有梯形、矩形、三角形或流线型等，按公路等级、所需排水设计流量、设置位置、土质岩质情况等进行选定。

在一般情况下，土质边沟宜用梯形，石质边沟宜用矩形；易积雪或积沙的路段，边沟宜用流线型；某些较矮的路堤，如果用地许可，采用机械化施工时，边沟可用三角形。如果公路两侧为农田时，为少占用良田及防止农业用水对路基产生破坏，可以就地取材，采用石砌矩形边沟。

梯形土质边沟的边坡，靠近路基的一侧宜采用（1:1）~（1:1.5），另一侧与挖方边坡的坡度一致。石质或经铺砌加固的矩形边沟的边坡，可以直立或稍有倾斜。三角形边沟的边坡，宜采用（1:2）~（1:3）。流线型边沟的边坡需修整圆滑，以防止产生积雪积砂。

梯形和矩形边沟的深度和宽度，一般为 0.4 ~ 0.6 m；在多雨和潮湿地段，不宜小于 0.5 m；干旱地区或少水路段，尺寸可小一些，但不宜小于 0.3 m。

2. 边沟的平纵面位置的控制

边沟的平面位置由中心桩位置进行控制，其轴线由中心桩向横断面方向量出。为确保边沟边线顺直，直线段桩距一般为 20 m，曲线段桩距为 5 m。对于高速公路和一级公路的边沟，一般直接使用全站仪按极坐标法原理进行放线。

边沟的纵坡坡度应结合路线纵坡、地形、土质、出水口位置等情况选定，尽可能与路线纵坡保持一致，以避免出现过大的挖方和填方。边沟的纵坡不宜过陡，以免水流冲刷造成损害；但也不宜过缓，以免造成水流不畅，形成阻滞和淤积。在一般情况下，边沟纵坡以 1% ~ 2% 为宜，在任何情况下均不应小于 0.3%。

边沟的长度不宜过长,一般不超过 300 m。应尽量使边沟中的水流就近排入路旁自然水沟或低洼地带,必要时可设置涵洞,将边沟水引入路基的另一侧排出。

边沟断面、基础开挖前后均应进行平面、纵面测量控制。边坡、沟底修整、砌筑过程中均需挂线,利用坡度架(或称断面架)控制边坡和沟的平、纵、横位置。

3. 边沟的出水口处理

边沟的出水口是水流汇集和改变水流方向的地方,此处冲刷比较严重,容易掏空路基、产生坍塌,应结合地形、地质条件及桥涵水道位置等进行设置,并应采取相应的措施。

平曲线路段的边沟,水流方向在此发生改变,尤其是小半径平曲线,因设置超高,内侧边沟标高降低,可能形成低洼积水;山谷展线,路基排水条件较差;平坡路堑地段,难以保证边坡的最小纵坡,而陡坡地段,路线常采用较陡纵坡。以上这些排水不利条件,宜结合路线设计综合考虑,并应在路基排水系统统一布置的基础上合理安排。

挖填结合的路段,内侧挖方边沟时,需利用涵洞将边沟水引向路基另一侧排出。此时,边沟与涵洞底的高差很大,水流方向为接近 90° 的转弯,在涵洞的进口处必须设置跌水式的雨水井,不仅起到消能的作用,且因井底标高低于涵洞标高,故兼起沉积边沟水中的泥沙杂物之用。

(二)截水沟

截水沟设置在挖方路基边坡坡顶以外或山坡路堤上方的适当位置,用以拦截路基上方流向路基的地面水,减轻边沟的水流负担,保护挖方边坡和填方坡脚不受流水冲刷和损害。它是多雨地区、山岭和丘陵地区路基排水的重要设施之一。

1. 截水沟断面形状及尺寸

山坡填方路段可能遭到上方水流的破坏作用,此时必须设置截水沟,以拦截山坡流水保护路堤。截水沟与坡脚之间要有不小于 2 m 的间距,并做成 2% 的向沟倾斜的横坡,确保路堤不受水害。

截水沟的横断面形式一般为梯形,沟的边坡坡度可根据岩土条件而定,一般采用(1:1)~(1:1.5)。沟底宽度和深度不小于 0.5 m,当地质或土质条件较差,有可能产生渗流或变形时,应采取相应的防护措施,如采用浆砌块石(或片石)、混凝土板衬砌等防护。

2. 截水沟平、纵位置的确定

截水沟的位置,应尽量与绝大多数地面水流方向垂直,以提高拦截能力和缩短沟的长度，截水沟应保证水流通畅，就近引入自然河沟内排出，截水沟的长度以 200～300 m 为宜，当超过 500 m 时，可考虑配以急流槽或涵洞等泄水构造物，将水引入指定地点。截水沟沟底应具有 0.5% 以上的纵坡，当条件允许时，纵坡坡度可适当加大，沟底与沟壁要求平整密实，不滞流、不渗漏，必要时应当予以加固和铺砌。

3. 截水沟出水口的处理

截水沟的长度应控制在 200～500 m，出水口布置一般应避免沟内水流排入边沟，尽量利用地形将沟中水流排入沟所在山坡一侧的自然河、沟中，或直接引到桥涵的进水口处。当与其他排水设施连接时，应平顺衔接，必要时设置跌水或急流槽。

4. 截水沟施工质量监控

截水沟经过的山坡很可能出现局部洞穴、凹陷。为防止回填土因压实不符合要求而产生工后沉降，通常用干砌片石回填至截水沟的基础底面。

黄土地区土质空隙较大，容易产生渗流，危及路基边坡的安全，尤其湿陷性黄土。南方上边坡往往又是农田耕作地，雨水渗入边坡会影响边坡稳定性。这些路段的截水沟一般应采取浆砌片（块）石或浆砌混凝土预制块加固，并特别重视砌筑接缝的防渗问题。

（三）排水沟

排水沟主要用于排除来自边沟、截水沟或其他水源的水流，并将其引到路基范围以外的指定地点，以确保路基的稳定性。排水沟的平面布置主要取决于排水要求与当地地形条件，灵活性很大，通常要求进行专门的设计。当路线受到多段沟渠或水道的影响时，为保证路基不受水害，可以设置排水沟或改移渠道，以调节水流、整治水道。

1. 排水沟的布置及断面尺寸

排水沟的布置必须结合地形、地质、环境等条件，因势利导，离路基尽可能远些，平面上力求短捷平顺，以直线为宜，必须转向时，尽可能采用较大半径（10～20 m 以上），徐缓地改变方向，距路基的坡脚距离一般不宜小于 4 m。连续排水沟的长度宜短不宜长，一般不超过 300 m。纵面上控制最大最、小纵坡，一般宜控制在 1%～3% 范围内，当纵坡大于 3% 时需要进行加固处理，当纵坡大于 7% 时则应改用跌水或急流槽。

排水沟的横断面一般多采用梯形，尺寸大小应经过水力水文计算而定。用于边沟、截水沟及取土出水口的排水沟，由于排水流量比较小，不需要进行特殊计算，但底宽与深度均应不小于 0.5 m，土沟的边坡坡度可取（1:1）~（1:1.5）。

2. 排水沟的进、出水口处理

排水沟水流注入其他沟渠或水道时，原水道不得产生冲刷或淤积。通常应使排水沟与原水道两者成锐角相交，交角不宜大于 45°。当路线有条件时，可用半径 $R=10b$（b 为沟顶宽度）的圆曲线朝向下游与其他水道相接。

排水沟出口应直接与天然河道连接，力求水流舒畅。进、出水口高程必须现场实测，调查常年水位，并注意与桥涵的连接高程相配套。对于地质不良或坡度较陡的排水沟，必要时应予以加固处理，以防水流对沟渠产生冲刷与渗漏。

由于地面水流多采用分段汇流，因此排水沟的断面可以根据实际采用变截面。当沟底宽度不同时，要求徐缓相接，设置一个宽度渐变段，宽度渐变段的长度一般为两段宽度之差的 5 ~ 10 倍。

3. 排水沟施工质量监控

由于排水沟的平面布置比较灵活，施工前应编制排水沟平面位置图，进行现施测量放样，固定进出水口的沟底标高，报监理工程师及业主并提出开工申请，经同意后才能正式开工。

排水沟所经过的地表往往存在承载力不足、凹凸不平以及局部相对高差比较大的情况。在设计中尽量不提出排水沟渠具体的承载力指标，但实际工程中的基坑必须是密实硬土，凹穴部位应用片石回填至基础底面。梯形边沟侧墙墙背应是密实、稳定的原状土，而不应当是回填土，否则应改用矩形断面。

（四）跌水与急流槽

跌水与急流槽均为人工排水沟渠的特殊形式，适用于陡坡地段，沟底纵坡可达 100%，是山区公路路基排水常见的结构物。

1. 跌水与急流槽的位置

高速公路和一级公路有比较完善的排水设计，位于路堤边坡的急流槽位置桩号、长度比较固定，但边沟、截水沟出口连接的急流槽位置变化比较大。对于后者，应实地现场进行放样，具体考虑与连沟渠的衔接。在定位时，跌水与急流槽必须置于稳定、坚固的地基上。跌水往往在急流槽的终端，其出口直接与排水沟相连。

2. 急流槽与跌水的结构

（1）急流槽的结构。

由于其纵坡较大、水流湍急、冲刷作用严重，所以跌水与急流槽必须用浆砌石块或水泥混凝土浇筑，且应当埋设牢固。一般来讲，截水沟和边沟的急流槽多采用浆砌片石，路堤边坡的排泄急流槽多选用水泥混凝土预制构件。

为了防止急流槽底部被冲刷掏空，在纵坡较大的地段，急流槽进水口于路肩上增设拦水带，拦截路上流水顺利进入急流槽，进水口与沟渠进、泄水口之间做成喇叭口式连接，变宽段应有至少 15 cm 的下凹，并做铺筑防护。急流槽或急流管的出水口处应设置消能设施。在高路堤道路纵坡不大的地段，急流槽进水口在路肩上做成簸箕形，引导路面汇集水流入急流槽。

（2）跌水的结构。

在陡坡地段设置跌水结构物，可以在较短距离内降低水流流速、消减水流能量，避免出水口下游的桥涵结构物、自然水道或农田受到冲刷。跌水呈台阶式，有单级跌水和多级跌水之分。单级跌水主要用于沟渠连接中水位落差较大、需要消能或改变水流方向的情况。

跌水的三个组成部分需要根据水力计算的结果确定其主要尺寸。一般情况下，如果地质条件良好、地下水位较低、设计流量不超过 1.0 ~ 2.0 m³/s 时，跌水台阶高度 p 最大不宜超过 2.0 m；常用的简易多级跌水，跌水台阶高度可为 0.4 ~ 0.5 m。护墙要求石砌或混凝土浇筑，墙基埋深 a 为水深的 1.0 ~ 1.2 倍，并不得小于 1.0 m，且应埋入冰冻线以下。护墙的厚度，石砌时为 0.25 ~ 0.30 m。

消力池主要起消能的作用，由于其经常受到急流的冲击，做要求必须坚固耐用，槽底具有 1% ~ 2% 的纵坡，底板厚度为 0.35 ~ 0.40 m，槽壁要高出计算水深 0.20 m 以上，其壁厚与护墙基本相仿。消力池末端应设置消力槛，其高度 c 根据计算而定，但应比池内水深低些，约为 $c = (0.2 ~ 0.3) p$，一般取 c =15 ~ 20 cm；消力槛的顶厚度为 0.30 ~ 0.40 m，底部预留 5 ~ 10 cm 孔径的泄水孔，以便断流时池内不致积水。跌水两端的土质沟渠宜适当进行加固处理，保持水流畅通，不致使跌水产生淤积或冲刷，以充分发挥跌水的排水效能。

三、地下排水设施施工质量控制

公路路基常用的地下排水设施，按其作用和使用条件不同，主要分为明沟、盲沟、渗沟和渗井等。对于水量不大的地下水以渗透为主汇集水流，可以就近予以排除。如遇有大量水流，则应当另设专用地下沟管予以排除。埋置于地下的排水设施，不仅施工比较复杂，经常性的养护维修也比较困难，所以地下排水设施应当牢固有效。排除地下水的总原则：对危及路基整体稳定、局部稳定或严重降低路基强度的地下水,采取拦截、旁引、汇集、排除含水层的地下水、降低地下水位以及隔离措施进行处理。

(一)地下排水设施的种类

1. 明沟

明沟主要拦截和引排路堑边坡上侧、边沟外侧的上层滞水、浅层地下水以及路床上零星分布的泉水和含水层深度小于 2 m 的上层滞水。明沟易于修建、清理、养护和维修,因此能用明沟时就不用渗沟排水。

明沟通常设置在路基边缘,尽量与地表排水边沟相结合,此时明沟具有排泄地表水和地下水的双重功能。这种明沟的断面尺寸应适当增大,但深度不宜大于 2 m,以免沟坡失稳,影响行车安全。当明沟深度大于 1.2 m 时,则采用槽形的横断面,底宽一般为 0.80 m。

明沟沟壁与水层接触面需设置渗水孔及反滤层。渗水孔的数量和孔径根据地下水流量和含水层性质而定,一般孔径为 10 cm,孔距为 100~200 cm,沟壁最下一层渗水的底部要高出沟底 0.20 m 以上。反滤层多采用砂砾、碎石等材料,可直接在沟壁或墙背回填,厚度一般为 10~15 cm,也可采用土工布配合碎石做反滤层。沿沟槽每隔 10~15 cm 或当沟槽通过软硬岩层分界处时,应设置伸缩缝或沉降缝。

2. 盲沟

设在路基边沟下面的暗沟称为盲沟,其目的是拦截或降低地下水。盲沟通过在边沟内分层填筑不同粒径的颗粒材料,利用其透水性将地下水汇集于沟内,并沿沟排泄到指定的地点,其水力特性属于紊流。

简易盲沟的断面一般呈矩形,当边坡陡于 1:0.2 时,也可以呈上宽下窄的梯形,底宽 b 与深度 h 之比大致为 1:3, $b = 0.3 \sim 0.5$ m, $h = 1.0 \sim 1.5$ m。沟内下部的填石粒径一般可为 3~5 cm,水可在填石缝隙中流动;为防止细料堵塞缝隙,可在粗粒径石块的上部和两侧分层填入颗粒较细粒料,每层厚度约为 10 cm,逐层的粒径大致按照 6 倍进行递减。盲沟的顶面与底面,一般设有 0.30 m 厚的隔水层。

3. 渗沟

渗沟是盲沟中的一种特殊形式,按其结构形式可分为盲沟式渗沟、洞式渗沟和管式渗沟三种。

盲沟式渗沟与上述简易盲沟相仿,但其构造更加完善。当地下水流量较大、要求埋置更深时,可在沟底设置洞或管,前者称为洞式渗沟,后者称为管式渗沟。

渗沟的位置与作用与简易盲沟基本相同，但尺寸可更大，埋置可更深。渗沟的具体尺寸应通过水力计算确定，埋置深度可达 5～6 m 以上。

渗沟设置洞或管，实质上相当于沟底埋置可以渗水的涵洞。在涵洞盖板上预留渗水孔，洞底宽度 b 约为 20 cm，洞高为 20～30 cm，盖板长度约为 2b，板的厚度一般应不大于 15 cm。洞身一般设在不透水层内，以利洞内的水排出路基。如果地基潮湿软弱，应设置砂石基础。为便于排水畅通，洞身应具有大于 0.5% 的纵坡。

4.渗井

渗井是一种立式地下排水设施。在多层含水的地基上，如果影响路基的地下含水层较薄，且平式渗沟排水不易布置时，可以考虑设置立式渗水井，向地下穿过不透水层，将上层含水引入下层渗水层，以利于地下水扩散排除。必要时还可以配合渗沟而设置渗井，平竖结合以排除地下水。

渗井的孔径与平面布置应通过水力计算确定，通常采用圆柱形或正方形，其直径或边长为 1.0～1.5 m，井深应根据地层构造而定，以深入下面渗水层能够向下渗水为限。井内应填透水性良好的砂石材料，粒径要求为井中间的最粗，逐层向外粒径减小。填入的砂石材料应进行筛分冲洗，规格一致，不含杂物，施工时应用铁皮套筒进行分隔，分层填入相同粒径的材料，避免大小粒径混填，以保证设计所要求的孔隙，减少透水层的堵塞现象，达到排水的预期效果。

（二）地下排水设施的施工质量控制

1.排水沟和盲沟施工的规定

（1）当地下水位较高、潜水层埋藏不深时，可以采用排水沟或盲沟来截流地下水及降低地下水位，沟底宜埋入不透水层内。沟壁最下一排渗水孔（或裂缝）的底部宜高出沟底不小于 0.2 m。排水沟或盲沟设在路基旁侧时，宜沿着公路路线方向进行布置；设在低洼地带或天然沟谷处时，宜顺着山坡的沟谷走向布置。

设置的地下排水沟也可兼排地表水，但在严寒地区和寒冷地区不宜用于排除地下水。

（2）排水沟或盲沟采用混凝土浇筑或浆砌片（块）石砌筑时，应在沟壁与含水地层接触面的高度处设置一排或多孔向沟中倾斜的渗水孔。沟壁外侧应填筑透水性良好的粗粒材料或土工合成材料制成的反滤层。沿沟槽每隔 10～15 m 或当沟槽通过软硬岩层分界处时应设置伸缩缝或沉降缝。

2.渗沟施工质量的具体要求

（1）渗沟有填石渗沟、管式渗沟和洞式渗沟三种形式，无论何种形式的渗沟均应设置排水层（或管、洞）、反滤层和封闭层。

（2）填石渗沟（盲沟式）施工要求。

①填石渗沟通常采用矩形或梯形，在渗沟的底部和中间用较大粒径（3~5mm）的碎石或卵石填筑，在碎石或卵石的上部和两侧，按一定比例分层（层厚约为15cm）填筑颗粒较细的中砂或粗砂做成反滤层，逐层的粒径比例大致按照4:1递减。砂石料颗粒小于0.15mm的含量不应大于5%。用土工合成材料包裹有孔的硬塑料管时，管的四周应填以大于塑管孔径的等粒径碎石或砾石组成渗沟。顶部做封闭层，用双层反铺草皮或其他材料（如土工合成的防渗材料）铺成，并在其上面夯填厚度不小于0.50m的黏土防水层。

②填石渗沟的埋置深度，应满足渗水材料的顶部（封闭层以下）不得低于原有地下水位的要求。当排除层间水时，渗沟底部应埋置于最下面的不透水层上。在冰冻地区，渗沟埋深不得小于当地最小冻结深度。

③填石渗沟只宜用于渗流不长的地段，其纵坡坡度不宜太小，一般宜采用5%。出水口底面的标高，应高出沟外最高水位0.20m。

（3）管式渗沟主要适用于地下水引水较长、流量较大的地区。当管式渗沟长度为100~300m时，其末端宜设置横向泄水管，以便分段排除地下水。

管式渗沟的泄水管可用陶瓷管、混凝土管、石棉管或塑料管等，在管壁上应设置一定数量的泄水孔，交错布置，间距不宜不大于20cm。渗沟的高度应使填料的顶面高于原地下水位。沟底垫枕材料一般采用干砌片石；如果沟底深入不透水层时，宜采用浆砌片石、混凝土或土工合成的防水材料。

（4）洞式渗沟主要适用于地下水流量较大的地段。洞壁宜采用浆砌片石砌筑，洞顶应用盖板覆盖，盖板之间应留有一定的空隙，能使地下水流入洞内。洞式渗沟的高度要求与管式渗沟相同。

（5）渗沟的平面布置：除路基边沟下（或边沟旁）的渗沟应按照公路路线方向布置外，用于截断地下水的渗沟的轴线均宜与渗流方向垂直，用作引水的渗沟应布置成条形或树枝形。

（6）渗沟沟内用作排水和渗水的填充材料，常用的有碎石、卵石和粗砂等。在填筑前应经过筛选和清洗，以确保其粒径和质量符合要求。

（7）渗沟的出水口宜设置端墙，端墙下部留出与渗沟排水通道大小一致的排水沟，端墙排水孔底面距排水沟底的高度不宜小于 0.20 m，在严寒和寒冷地区不宜小于 0.50 m。端墙出口的排水沟应进行加固处理，以防止产生冲刷。

（8）渗沟顶部应设置封闭层，封闭层通常采用浆砌片石、干砌片石水泥砂浆勾缝，用黏土夯实，其厚度一般为 50 cm，下面铺双层反铺草皮或土工布。在严寒和寒冷地区沟顶填土高小于冰冻深度时，应设置保温层，并加大出水口附近的纵坡。保温层可采用炉渣、砂砾、碎石或草皮铺筑。

（9）渗沟排水层（或排水管、排水洞）与沟壁之间应设置反滤层。反滤层应选用颗粒大小均匀的砂、石材料分层埋填，相邻两层的颗粒粒径比例不宜小于 1:4。

（10）渗沟基底应埋入不透水层，渗沟沟壁的一侧应设反滤层汇集水流，另一侧用黏土夯实或浆砌片石拦截水流。如果含水层很厚，沟底不能埋入至不透水层时，两侧沟壁均应设置反滤层。

（11）渗沟的开挖宜自下游向上游进行，并应随挖随加支撑和迅速回填，开挖后不宜暴露太久，以免造成渗沟坍塌。采用支撑的渗沟应间隔开挖。

（12）当渗沟开挖深度超过 6 m 时必须选用框架式支撑，在开挖时自上而下随挖随加支撑，施工回填时应自下而上逐步拆除支撑。

（13）为便于检查维修渗沟，每隔 30 ~ 50 m 或在平面转折和坡度由陡变缓处设置检查井。检查井一般采用圆形，内径不小于 1.0 m，在井壁处的渗沟沟底应高出井底 0.30 ~ 0.40 m，井底铺一层厚度为 0.10 ~ 0.20 m 的混凝土。检查井的井基如遇到不良土质，应采取换填和夯实等措施。对于兼起渗井作用的检查井的井壁，应在含水层范围设置渗水孔和反滤层。深度大于 20 m 的检查井，除设置检查梯外还应设置安全设备。井口顶部应高出附近地面 0.30 ~ 0.50 m，并应设井盖。

3. 渗井施工质量的具体要求

（1）当路基附近的地面水或浅层地下水无法排除，影响路基的稳定时，可以设置渗井，将地面水或地下水经渗井通过不透水层中的钻孔流入下层透水层中排除。

（2）渗井的直径一般为 50 ~ 60 cm，井内填充材料按层次在下层透水范围内填碎石或卵石，上层不透水层范围内填粗砂或砾石，填充料应采用筛选冲洗过的不同粒径的材料，应层次分明，不得粗细材料混杂填塞，井壁和填充料之间应设反滤层。

（3）渗井离路堤坡脚的距离不应小于10 m，渗水井顶部四周（进口部分除外）用黏土筑堤围护，井顶应加混凝土盖，严防渗井产生淤塞。

4. 渗池与暗管施工质量的要求

（1）渗池与暗管通常由渗池汇集山坡地下水，再由暗管配合排出。这种形式适用于一般寒冷地区和严寒地区，并要求渗池与暗管埋设于当地冰冻线以下的土层中。

（2）渗池多用矩形，其中间填片石或块石，四周填粗砂、砾石做反滤层，池底及水源不接触的壁面采用草皮、黏土做成隔水层，渗池顶部应高于含水层顶面20 cm，暗管底面应低于含水层底面。

（3）暗管可用陶瓷管、瓦管、混凝土管或塑料管制成，暗管纵坡坡度不得小于0.5%，管底应用碎（砾）石及粗砂垫平，暗管四周的填土应夯实，以防出现过大沉降。

5. 土工织物用于地下排水时的规定

（1）排水隔离层的设置：在承压地下水或地下水比较丰富的地方修筑路基时，可用土工织物在原地面与路基交界处设置排水隔离层，也可以在路基的内部设置排水隔离层，把地下水引入边沟，把从路面浸透的水隔离。

①用于隔离层的合成纤维土工织物，其最小抗拉强度不应小于50 Pa。

②合成纤维织物铺在地面上，应用木桩或石块固定就位，其搭接长度纵向和横向宜为100 cm。

③在合成纤维织物上的铺筑材料，要求选用质量合格的矿渣、碎石或砾石，其最大粒径为30 cm，通过20 cm筛孔的材料不得大于10%，通过0.074 mm筛孔的材料其塑性指数不得超过6%。铺筑材料应采用重型机械压实，其最小厚度为50 cm。

④排水隔离层顶面要高出地下水位30 cm以上，隔离层无论采用何种施工方法，均不得使下层土产生大的扰动。

（2）为了改善渗沟的排水功能并提高其耐久性，管式渗沟可用土工织物包裹带渗水孔的渗管。洞式渗沟可用土工织物铺在盖板上，以阻止细砂土流入渗沟造成淤积。

（3）渗沟或渗沟的排水层、反滤层填充料，可用土工织物包裹起来与沟外砂土隔离，使其增加使用年限和增强排水效果。

6. 承压水排除的规定

对于一般地区和寒冷地区承压水的排除（包括冻结沟和保温沟等设施），应按下列规定进行布置和施工。

（1）对于一般地区，埋深较浅的承压水可采用在承压水出口处抛填片石或用混凝土预制块扣压等消能措施，使其变为无压水流后再采用排水沟或渗沟将水排除，也可采用排水隔离层把承压水引入排水沟。

（2）埋藏于两个隔水层之间的含水层中的重力水，在一般地区可以根据不同的含水情况和压力情况，采用渗沟、排水渗井、渗池和暗管等措施排除。

（3）在寒冷地区，埋藏于冻土层以下的承压水可以采用上述措施将水排除，但如果因地形或其他条件限制，排水设施未能埋设于当地冰冻深度以下时，上层的填土应采取可靠的保温措施。为确保排水畅通，不至于因冰冻而出现堵塞，与排水设施出水口相连接的沟槽应做成保温沟。

（4）保温沟是在沟槽的顶部设置的保温覆盖层，其布设范围应在排水设施的出口向外延伸 2~5 m，必要时应加大出水口排水沟的纵坡，使出口的水流速度比较快，以免产生冻结。

（5）在山坡较平缓、含水层和覆盖层均较浅，而且涌水量、动水压力都不大的情况下，可在覆盖层中挖掘冻结沟，使含水层袒露于负气温下产生冻结，使水源封冻于路基以外。

7. 特殊气候积聚水排除的规定

（1）对于埋深较浅的积聚水，可采用渗沟、排水渗井及砂桩等方法进行排除。对于深层积聚水，如果对路基造成危害，可采用深埋（深度大于 6 m）渗沟法排除。

（2）砂桩由钻孔填砂而成，其钻孔直径一般为 15~20 cm，砂桩的深度必须穿过不透水层而达透水层中。在寒冷冰冻地区，砂桩底部应在冰冻线以下 30 cm，砂桩平面应按梅花形布置，其间距为 0.5~2.0 m。

四、路表排水设施施工质量控制

公路工程投入运营后，路面排水将成为公路工程维护和保养中的一项重要工作，也是确保公路使用功能和使用寿命的重要措施。公路路面排水主要包括路面表面排水和路面结构排水两项：前者包括路肩排水设施和中央分隔带排水设施；后者则包括路面结构的选择、盲沟、集水管沟等。

（一）路肩排水设施的质量控制

1. 路肩排水的组成

高速公路和一级公路的路肩由硬路肩、土路肩两部分组成。路面汇集的路面水通过硬路肩排水设施，由拦水带拦截路面表面水，通过间隔一定距离设置一个泄水口（俗称"水簸箕"），将水汇入边坡急流槽，引入路堤坡脚的排水沟内，最终排泄至附近的天然河流中。50～75 m宽的土路肩汇集的水一般直接漫流至边坡，然后汇至坡脚排水沟后排除。

一般公路的路基宽度不大、填土高度在8 m以下的路堤，往往直接将路面水漫流到边坡坡面进行排泄。对于多雨地区的高路堤，应参照高速公路设置拦水带、急流槽排泄路面上的汇水。一般公路由于受到建设资金的限制，即使路面是高级路面，传统的做法也是采用土路肩，这是一种不合理的路肩结构，最好把路肩结构等同于路面结构。

当一般公路采用土路肩结构时，如果超高路段路肩也设超高，横坡与路面超高值一致，土路肩汇集的水会渗入路面基层或路床，一方面下渗水停留在基层中而软化路基，另一方面过量的下渗水会在平曲线的中点附近区域形成汇水漏斗，水流若从道路中央路表面或内侧土路肩渗出，很容易引起路面产生早期损坏。

拦水带可由沥青混凝土现场浇筑，或者由水泥混凝土预制块铺筑而成。拦水带的顶面应略高于过水断面的设计水面高（水深）。在矮路堤不设防撞防拦的路段，拦水带的外露面高度不宜超过10 cm，其迎车面坡度不宜陡于1∶2。设置拦水带汇集路面表面水时，拦水带过水断面内的水面，在高速公路和一级公路上不得漫过右侧车道外边缘，在一般公路上不得漫过右侧车道的中心线。

拦水带的泄水口可设置成开口（喇叭口）式。设在纵坡坡段上的泄水孔，宜做成不对称的喇叭口，并在硬路肩的外侧设置逐渐变宽的低凹区。低凹区的铺面类型应与路肩相同。设在平坡或缓坡坡段上时，泄水口可做成对称式。

急流槽用于排出路肩的集水，其纵坡坡度与所在的路基边坡应一致，槽身的横断面做成槽形，多数由水泥混凝土预制构件拼装而成。进水口也做成喇叭口式的簸箕形，出水口处应设置消能设施。为便于进水口的汇水和泄水，在进口处可设置低凹区。

急流槽设置在计算路面表面水流量与路肩过水断面容许过水量相等的地方，或者在路线凹形竖曲线底部及构造物附近，并考虑地形、边坡状态与其他排水设施的连接，选取最佳位置。一般路段急流槽设置间距以20～50 m为宜，最大间距不宜超过100 m。

当硬路肩汇水量较大、硬路肩宽度狭窄，或爬坡车道占用了路肩过水断面等使得流水断面不足时，可在土路肩内侧边缘上设置路肩排水沟。路肩排水沟可采用"U"形水泥混凝土预制构件，也可采用8 cm管径的PVC管，类似渗沟结构砌筑，沟底纵坡与路线纵坡一致，并且不小于0.30%。

2. 路肩排水的施工质量要求

为确保路肩排水的功能，在路肩排水的施工过程中，其施工质量应达到以下要求。

（1）路肩的压实质量。

无论是土路肩还是硬路肩，如果压实度不符合要求，在使用过程中将产生工后沉降，从而形成局部积水。一旦出现这种质量缺陷，修补将异常困难。因此，路肩压实度等级应等同于路面相应层位的等级与要求。高等级公路路肩结构与路面结构相同时，路肩与路面各结构层连成整体，应同时进行施工。高速公路和一级公路土路肩按路床压实度要求进行碾压，并尽快植草防护。

一般公路如果采用土路肩结构，除压实要求达到路面等级外，还应在选择填料上得到保证。路肩填料应尽可能选用粗粒土，如砾石、碎石、碎砖等，禁止使用膨胀黏性土、盐渍土。

（2）平整度与横坡控制。

路肩平整度和路拱横坡直接影响到排水的效果，关系到将来是否出现积水现象，因此应从路床开始层层予以保证，使这两项指标达到设计要求。水泥混凝土路肩尽量与行车道连成整体并同时施工。如果为沥青类结构或土路肩时，混合料摊铺、整平、初压等一系列工序，均应及时用 3 m 直尺按土路肩 20 mm、硬路肩 10 mm 的标准检查，出现异常立即进行调整。

（3）测量放线的准确性。

为了保证路肩边线的直顺度，路肩边缘打桩、水准测量、挂线都是不可缺少的工序。在急流槽进水口段的水簸箕段，拦水带边缘曲线必须圆滑，水簸箕的曲面必须平顺。

（4）急流槽的基底及两侧回填。

路堤急流槽以人工填土为基础。泄水槽基底往往被冲刷掏空，其主要原因是拦水带没有发挥作用，消力池埋深不够，急流槽两侧回填土夯实不密实。在施工中除按设计进行外，必须保证拦水带路缘石与急流槽间的过渡段圆顺连接，确保无空隙。急流槽的基底必须是密实的压实土，槽两侧回填土要求以人工夯实，且比急流槽顶高出 5～10 cm。急流槽出水口处设置跌水，消力池埋置深度在冲刷线以下 0.5 m。

（5）沥青混凝土拦水带的制作。

沥青混凝土拦水带可以使用自动化缘石机或带缘石成型附件的沥青摊铺机现场滑模制作。在制作成型的过程中，沥青混合料温度应在 110 ℃以上。

（二）中央分隔带排水质量控制

1. 中央分隔带排水的组成

中央分隔带的排水方式与分隔带宽度、构造、绿化和交通安全设施的形式，以及分隔带表面处理方案等方面有关。中央分隔带排水设施由纵向排水明沟或暗沟、渗沟、雨水井、集水井、横向排水管组成。

2. 中央分隔带排水的施工质量

中央分隔带各组成部分在施工中应达到以下质量要求。

当中央分隔带宽度小于 3 m 且表面采用铺面封面时，如采用防撞墙作为中间带，在不设超高的路段上，防撞墙两边的左侧路缘带采用与行车道相同的结构层状、路拱横坡。在设超高的路段上，可在分隔带上侧边缘处设置缘石和泄水口，或者在分隔带内设置缝隙式圆形集水管或碟形混凝土浅沟和泄水口，以拦截和排泄上侧半幅路面的表面水。

雨水口、集水井、横向排水管在上侧行车道路床验收合格后路面施工前完成，并与路堤急流槽相配套。纵向明沟则可先按临时排水沟设置，待行车道路面完工后再安装混凝土预制集水管或浇灌碟形混凝土浅口。集水管基础可铺 10 cm 厚碎石垫层和防渗土工膜，用人工进行精平，砂浆坐浆后安装混凝土预制件。

当分隔带宽度大于 3 m 或小于 3 m 但未采用铺面封闭而采用绿化时，应通过内倾的横向坡度使表面水流向分隔带中央低凹处，并通过纵坡排泄到泄水口或横穿路界的桥涵水道中。分隔带的横向坡度不得陡于 1∶6；分隔带的纵向排水坡度在过水断面无铺面时不得缓于 0.25%，有铺面时不得缓于 0.12%。当水流速度超过地面上的最大允许流速时，应在过水断面宽度范围内对地面土进行冲刷处理，做成三角形或 U 形断面的水沟。防冲刷层可采用石灰稳定土或水泥稳定土，也可采用浆砌片石铺筑，层厚一般为 10 ~ 15 cm。

多雨地区表面无铺面且未采用表面排水措施的中央分隔带，多数采用分隔带种植草皮、低矮灌木的措施。为排除渗入分隔带内的表面水，可设置纵向排水渗沟，并隔一定间距通过横向排水渗沟内的水排引出路界，与路堤急流槽相连。

渗沟由泄水管、反滤层、防渗层组成。泄水管采用直径 70 ~ 150 mm 的 PVC 塑料管，类似地下渗沟。泄水管壁上交错钻孔，周围用渗水土工布进行包裹，以免渗入水携带的细粒将渗沟堵塞。渗管外的回填料多采用碎石、粗砂，使其起到反滤作用。与路面结构的交界处，应铺设涂双层沥青的土工布隔渗层。

（三）路面结构排水质量控制

在新建的水泥混凝土路面上需要设置各种纵、横接缝，而在路面使用期间又会出现各种缝隙、松散、坑槽等病害。降落在路面表面的雨水会通过路面接缝或裂缝、松散等病害处，以及面层空隙下渗到路面结构内部。地下水位升高时，地下水会通过毛细管上升进入路面结构下部。此外，道路两侧有临时滞水时，水分也有可能侧向渗入路面结构内部。

被围封在路面结构内的水分会软化各种结构层材料和土基，使其强度下降、变形增加，从而使路面结构的承载力降低，严重影响路面使用功能、行车安全和使用寿命。更为严重的是，由于路面是层状结构，层间接合处容易出现空隙，进入空隙内部的自由水在行车荷载的作用下，会成为高孔隙水压力和高流速的水流，冲刷层间材料并从缝隙处向上喷射出浆体（唧泥），促使沥青混凝土面层出现剥落和松散，或使水泥混凝土面层出现错台和板底脱空等病害，从而使整个路面结构的使用功能迅速变差。

大量的路面损坏状况调查和路面试验表明，进入路面结构内的自由水是造成或加速路面损坏的首要原因。如果在路面内部设置完善的排水系统，将积滞在路面结构内的水分迅速排出，不仅有利于改善路面的使用功能，而且可大大提高其使用寿命。由此可见，路面结构排水是路面排水的重要组成部分。

1. 路面结构排水的一般要求

为提高路面抵抗水毁的能力，可以从以下两个方面考虑：一方面从路面结构入手，选择水温稳定性好、抗冲刷能力强的结构，如贫混凝土基层、水泥碎石基层，设计防冻隔离层，路肩采用与行车道相同的结构；另一方面从"堵"和"排"入手，提高表面层的抗渗能力，将路表面的水及时排泄，同时把渗入结构内部的水迅速排出路面结构体外，后者就是路面结构内部排水。路面结构的内部排水设施主要采用两种方案：边缘排水方案和透水层排水方案。

（1）设置路面内部排水的条件

当遇到以下情况时，宜设置路面内部排水系统：①年降水量在 600 mm 以上的湿润和多雨地区，路基由透水性较差的细粒土（渗透系数不大于 10^{-5} cm/s）组成的高速公路、一级公路或重要的二级公路；②如果路基两侧有滞水，又不能在规定时间内排除，有可能渗入路面结构内时；③季节性冰冻地区，由粉性土填筑的路基，且处于潮湿、过湿地段；④现有路面进行改建或改善工程，需要排除积滞在路面结构内的水分；⑤行车道与路肩采用不同的结构形式时，为防止接缝处水的渗入需要设置路面内部排水系统。

（2）路面内部排水的基本要求

①路面内部排水系统中各项排水设施的泄水能力，均应大于渗入路面结构内的水量，且下游排水设施的泄水能力应超过上游排水设施的泄水能力；②渗水在路面结构内的最大渗流时间，在冰冻地区不应超过 1 h，其他地区不应超过 2～4 h，渗水在路面结构内的渗流路径长度不宜超过 45～60 m；③各项排水设施不应被渗流从路面结构、路基或路肩中央带来的细料堵塞，以保证系统的排水效率不随时间推移而很快丧失。

2. 路面边缘排水方案

沿路面外侧边缘设置类似于地下排水设施中的渗沟，即纵向集水沟或集水管。渗入路面结构的水分先沿路面结构层的层间空隙或某一透水层横向流入由透水性材料组成的纵向集水沟，并汇流入沟中的带孔集水管内，再由间隔一定距离布设的横向出水管排引出路基。透水性材料可由多孔隙贫混凝土、水泥处治、沥青处治、未处治的开级配碎石或砾石集料组成。这种方案常用于基层透水性小的水泥混凝土路面，特别适用于改善排水状况不良的旧水泥混凝土路面。

下渗的路表面水如果积聚在基层顶面与面板底面的脱空处，在行车荷载的反复作用下，易导致唧泥和错台等损坏。对于排水状况不良的旧水泥混凝土路面，采用边缘排水设施方案可以在不扰动原路面结构的情况下改善其排水状况，从而改善原路面的使用性能并增加使用寿命。

在非冰冻地区，新建路面基层、垫层不透水时，集水沟和管的底面通常与基层底面齐平或略低些；在改建路面时，为减少路面开挖量，集水沟可浅一些，但集水管中心应低于基层顶面。在冰冻地区，集水管应尽量设在冰冻深度线以下，集水沟底面的最小宽度应方便施工。新建路面时，集水沟底面宽度应不小于 25～30 cm；改建路面时，应能保证集水管两侧各有至少 5 cm 宽的透水填料。透水填料的底面和外侧围以反滤织物，以防止垫层、基层和路肩内的细粒土侵入而堵塞空隙或管孔。集水沟和集水管的纵向坡度应与路线纵坡相同，但不得小于 0.25%。

沿纵向集水管间隔适当距离设置不带孔的横向出水管，将汇集的水排引至路基外，集水管上游起端与横向通气管相接，下游终端与横向出水管相接。中间段的出水口采用单根或一对出水管。集水管与出水管端头要用半径不小于 30 cm 的弯管连接。埋设出水管和通气管所挖的沟须回填低透水性材料。出水管和通气管的外露端头用镀锌铁丝网或格栅罩住，以防止杂物进入。出水口的下方应铺设混凝土防溅垫板或对泄水道坡面进行浆砌抹面，以防止冲刷路基坡面和植物生长。出水水流尽可能排引至涵洞、边沟或排水沟中。

3.路面透水层排水方案

采用高透水性结构层做透水基层，渗入路面结构内的水分先通过竖向渗流进入透水层，然后横向渗流进入纵向集水沟或集水管，再由横向出水管引至路基。直接设置在面层下的透水基层，由于自由水进入透水层的渗流路径短，在高透水性材料中渗流的速率快，排水效果较好。在高速公路和一级公路新建路面时可采用此方案。透水性基层多采用孔隙贫混凝土、断级配碎石结构。为防止下渗水入侵土基，通常在透水基层底面铺设防渗土工膜。

透水基层可修筑成全宽式，将渗入基层内的水分横向排流到路基边坡坡面外。但是，这种方案存在排出的水流易冲刷路基坡面，还存在透水层外侧坡面的孔隙被植物或其他杂物堵塞的弊病。较好的解决方案是设置由纵向集水沟、管及横向出水管组成的排水系统。

透水基层的厚度按所需排放的水量和透水基层的渗透性确定，通常控制在7.5～15 cm内，其最小厚度不得少于6 cm。其宽度，在上侧方向应超出面层边缘至少30 cm，在下侧方向到达集水沟的外缘，并应超出面层边缘30～90 cm。纵向集水沟和集水管设置在路面横坡的下方。当行车道路面为双向坡路拱时，在路面两侧都应设置纵向集水管。集水沟的内侧边缘通常位于行车道面层边缘处，但有时为了避免集水管被面层施工机械压裂，或避免路面受集水沟沉降变形的影响，可将集水沟内侧边缘向外移出6～90 cm。路肩面层采用水泥混凝土时，集水沟内侧边缘可外移到路肩面层边缘处。

邻近透水基层底面的其他基层、垫层或路基含有细粒土时，应在其间设置由密级配集料组成的反滤层或者反滤土工布织物，以阻截下卧层中的细粒土进入，保护透水基层免因受污染而堵塞。集水沟的周边也应设置反滤土工布织物，以防止路肩、路面垫层或路基中的细粒土进入。

五、路基防护工程施工质量控制

在路基自重、行车荷载、路面荷载和自然因素的作用下，路基会产生各种损坏和变形，从而影响道路的使用功能和使用寿命。因此。做好公路路基的防护工程的施工与加固，对于确保道路的整体使用性能，保证高速行驶车辆的安全，具有非常重要的意义。

（一）土质路基边坡坡面防护工程

路基边坡应根据当地气候环境、工程地质和材料及坡面等情况，选择经济适用的防护类型。对于土质路基边坡的防护，主要采用植物防护和工程防护。

植物防护被称为"生命防护"和"绿色防护"，是目前我国大力提倡应用的路坡防护措施；灰浆防护和砌体防护被称为"无机物防护"和"工程防护"，是一种采取工程技术的防护措护。植物防护以土质边坡为主，灰浆防护和砌体防护以石质路堑边坡为主。

1. 植物防护

植物防护利用植被覆盖坡面，使植物的根系固结于表土中，不仅可防止水土流失和调节坡体中的湿温度，起到固结和稳定边坡的作用，而且还有绿化道路、协调环境和保护环境的作用，是土质坡面上一种简易有效的防护措施。植物防护的主要方法有两种：一是优先在土质边坡上采用种草、草皮、植树等，采用植物防护措施；二是采用拉伸网草皮、固定草种布或网格固定撒种，用人工合成材料进行边坡防护。

2. 工程防护

框格防护是工程防护的主要措施，采用混凝土、浆砌片（块）石、卵（砾）石等做成框格状的骨架，框格内种植适宜的植物或采用其他辅助措施，以保证路基边坡的稳定。对于土质边坡和风化岩石边坡，可采用预制混凝土砌块或栽砌卵石、干砌石等做骨架。骨架的宽度一般为 20～30 cm，嵌入边坡的深度为 15～20 cm。根据边坡的坡度、土质情况来确定框格大小，方形框格尺寸为（1×1 m）～（3×3 m）；也可做成拱形骨架，圆拱直径宜为 2～3 m；边坡坡顶与坡脚应采用与骨架相同的材料加固，加固条带的宽度宜为 40～50 cm。

其他土质边坡的工程类防护措施很多，如捶面、护面墙、喷射混凝土、石砌护坡等，它们的施工与石质路基边坡基本相同。

（二）石质路基边坡坡面防护工程

当路基的石质较差时，在雨水、风力、冰冻、温变等自然因素的作用下，很容易出现风化、剥落、掉落等病害，严重时还会出现溜方、变形、坍塌等破坏，威胁道路的正常使用和行车安全，因此应采取一定的技术措施保护路基边坡。一般应根据当地气候、水文、地形、地质条件，以及筑路材料分布情况等因地制宜地选择切实可行的防护措施。

根据工程经验，石质路基边坡的防护设施主要有抹面与捶面、喷浆及喷射混凝土、灌浆及勾缝、砌筑护面墙、浆（干）砌片石护坡、水泥混凝土预制块等。在防护工程施工前，应将坡面的杂质、草木、浮土、松动石块、表面风化层等清除干净。当坡面上有潜水露出时应进行引水或截水处理。

1. 抹面与捶面

抹面是用人工将水泥砂浆或多合土等材料抹覆在路基坡面上以封闭边坡，从而对坡面起到较好的保护作用的措施。抹面适用于尚未严重风化的软质岩石边坡，边坡坡度一般不受限制，但坡面应保持干燥状态。抹面的使用年限为 8～10 年，厚度为 3～7 cm。施工时应分两次进行，底层抹全厚度的 2/3，面层抹全厚度的 1/3。

捶面将是配制好的多合土等材料经捶击、拍打后紧贴于坡面上，形成比较紧密的保护层以保护路基边坡的措施。捶面适用于易风化剥落的岩石边坡及土质边坡，但边坡坡度不陡于 1:0.5。捶面的使用年限为 10～15 y，厚度为 10～15 cm，一般采用等厚式截面，当边坡较高时也可采用上薄下厚的截面形式。施工时应均匀地捶打多合土，使捶打面与坡面贴紧、粘牢，并做到厚度均匀、表面光滑、外形美观。

当抹面或捶面的面积较大时，应在适当位置设伸缩缝，间距一般不超过 10 m，缝宽度为 1～2 cm；与未防护边坡接触的四周应严密封闭，坡脚应设置一道 1～2 m 高的浆砌片（块）石护墙。抹（捶）面在施工前应将坡面上的杂物清理干净，表面要平整、密实、湿润。用于抹（捶）面的水泥砂浆或多合土，应经过试抹或试捶后确定配合比，能保证稳固地紧贴于坡面上。

2. 喷浆及喷射

混凝土喷浆及喷射混凝土是用喷射设备将水泥砂浆或混凝土喷射在需要防护的边坡上，从而形成喷浆或混凝土保护层，防止边坡产生风化的措施。这两种方法适用于易风化、裂隙和节理发育、坡面不平的岩石边坡。对于高且陡、上部岩层较破碎而下部岩层较完整的边坡及需要大面积防护的边坡，采用这种方法防护是比较经济的。

喷浆防护所用的水泥砂浆强度等级不应低于 M10，防护层厚度为 5～10 cm。喷射混凝土强度等级不应低于 C15，混凝土中集料最大粒径不超过 15 mm，防护层厚度为 10～15 cm，分 2～3 次喷射，喷射层厚度应均匀。喷浆及喷射混凝土护坡与未防护的衔接处应严格封闭，以免水分渗入造成防护层破坏。坡脚应设置一道 1～2 m 高的浆砌片（块）护坡。

喷浆及喷射混凝土护坡施工前，岩体表面应冲洗和清理干净，边坡上如有较大的裂缝及凹坑应嵌补牢固，在喷射混凝土内放置菱形金属网或高强聚合物土工格栅，用锚杆或锚钉将其固定在边坡上，可提高混凝土防护层的整体强度，增强喷射混凝土与边坡之间的黏结，改善和提高防护效果。将锚杆嵌入岩体时，应先将孔内冲洗干净，待孔内无水时插入锚杆，然后再灌入水泥砂浆。菱形金属网或高强聚合物土工格栅与锚杆的联结连接应牢固可靠，不得外露，并与坡面保持规定的间距。严禁在雨中或冰冻季节进行喷浆及喷射混凝土作业，喷射后一般应养护 7 ~ 10 d。

3. 灌浆及勾缝

对于坚硬的岩石边坡开挖后，应用水泥砂浆或混凝土对存在的裂隙进行灌浆或勾缝处理，以免水分渗入岩石裂隙中造成病害，同时也可改善边坡的外观。灌浆适用于较坚硬而裂缝较大、较深的岩石路堑边坡；勾缝则适用于较硬、不易风化、节理发育、裂缝多而细的岩石路堑边坡。

对岩体坡面进行灌缝或勾缝时，应先将缝内冲洗干净。灌浆用水泥砂浆的配合比为 1∶4 或 1∶5（水泥∶砂子），裂缝很宽时可用体积比为 1∶3∶6 或 1∶4∶6 的细石混凝土（水泥∶砂子∶石子）灌注并振捣密实，灌至缝口并抹平。勾缝时用 1∶2 或 1∶3 的水泥砂浆（水泥∶砂子）或 1∶0.5∶3 或 1∶2∶9 的水泥石灰砂浆（水泥∶石灰∶砂子）。施工后坡面应平整、密实、线形顺畅、美观。

4. 砌筑护面墙

工程实践充分证明，护面墙能有效防止比较严重的坡面变形，适用于易受侵蚀的土质边坡和易风化的软质岩石挖方边坡。护面墙可以用浆砌片石、块石、混凝土预制块砌筑，也可以采用现浇混凝土。砌筑砂浆强度等级在温和地区不应低于 M5，寒冷地区不应低于 M7.5；混凝土强度等级不应低于 C15。护面墙基础应设置在稳定的地基上，其埋深应根据地质条件确定。

护面墙可分为实体式、窗孔式和拱式。护面墙适宜防护坡度不陡于 1∶0.5 挖方边坡，孔内可采用干砌片石、草皮等辅助防护。窗孔宜采用半圆拱形，圆拱半径为 1.0 ~ 1.5 m，高度为 2.5 ~ 3.5 m，宽度为 2 ~ 3 m。单级护面墙高不宜超过 10 cm，顶宽一般为 40 ~ 60 cm，底宽为顶宽加 0.1 ~ 0.2 倍墙高。护面墙每隔 10 ~ 15 m 应设一道 2 cm 宽的伸缩缝，并每隔 2 ~ 3 m 交错布设泄水孔，以便排除坡中的水，泄水孔的孔径一般为 0.1 m。

5. 浆砌片石护坡

浆砌片石护坡常用于石料丰富、劳动力价格较低的地区。所用的砂浆强度等级不应低于 M5，砌体的厚度宜为 25～50 cm，每隔 10～15 m 设置一道 2 cm 宽的伸缩缝，间隔 2～3 m 设置 10×10 cm 的矩形泄水孔或孔径 10 cm 的圆形泄水孔，泄水孔后应设置反滤层。需防护的边坡坡体应稳定、干燥，必要时设置粒料类垫层，以防止因边坡过于潮湿、严重冻害而使护坡产生变形。

（三）沿河路基冲刷防护工程

沿河流路基由于受到地形限制，可能受到经常性或周期性水流的冲刷。为了保证路基的安全和稳定性，应根据实际情况采取必要的防护措施，以消除和减轻水流对路基的冲刷危害。路基冲刷防护一般可分为直接防护和间接防护两种形式。

1. 路基的直接防护

山区狭窄的河谷地段应优先考虑采用岸坡防护措施。路基防护是直接加固河岸路基边坡或基底的防护设施，直接承受水流的冲刷，因此，各种防护设施应当能经受最不利水流的考验，确保路基的稳定和安全。常用的岸坡防护措施有草皮防护、干砌片石防护、抛石防护、石笼防护、浆砌片石防护和挡土墙防护等。

草皮防护可用于水流速度不大于 1.2 m/s 的河岸防护；干砌片石防护用于周期性浸水的路基边坡或河岸；抛石防护可用于经常浸水且水较深的路基及洪水季节的防洪抢险；石笼防护适用于受水流冲刷的沟底和堤岸边坡；浆砌片石防护适用于经常浸水且受水主流冲刷或受较强波浪作用的路基边坡，也可用于有水流及封冻的河岸边坡的防护；挡土墙防护适用于土质河堤且防冲刷要求较高的路基边坡。

2. 路基的间接防护

路基的间接防护是利用在岸边修筑顺坝、丁坝、格坝、拦水坝等导流构造物来改变水流的方向，调节水流的速度，从而消除和减弱水流对路基边坡的直接作用。在修筑这些导流构造物时，应认真进行分析研究，制订合理的施工方案，避免因这些构造物的施工而导致沿岸农田、建筑物等遭受水流冲刷。工程实践证明，改移河道工程因造价较高，仅用于小规模工程，如局部裁弯取直、挖滩改道、清除孤石等，一般在较短的河流中进行。

第七节 路基工程质量常见检测项目及标准

一、工程质量评分方法

施工单位应在各分项工程完成后，按照《公路工程质量检验评定标准》中所列的基本要求、实测项目和外观鉴定进行自查，按"分项工程质量检验评定表"提交真实、完整的自查资料，对工程质量进行自我评分。监理工程师应按规定要求认真对工程质量进行检查，对施工单位的自查资料进行签认和评分。质量监督部门根据抽查资料和确认的施工自查资料及监理工程师的质量管理资料对工程质量逐级进行评定，作为交工和竣工验收评定等级的依据。

（一）工程评定方法

1. 分项工程评定方法

分项工程质量检验的内容包括基本要求、实测项目、外观鉴定和质量保证资料四个部分，只有在其使用的材料、半成品、成品及施工工艺符合基本要求的规定，且无严重外观缺陷和质量问题并保证资料真实并基本齐全时，才能对分项工程质量进行检验评定。分项工程的实测项目分值之和为 100 分，外观缺陷或资料不全时需予以扣分。

（1）基本要求检查。

各分项工程质量评分时，应按基本要求对工程进行认真检查。经检查不符合基本要求规定时，不得进行工程质量的检验和评定。

（2）实测项目评分。

对规定检查项目采用现场抽样方法，按照规定频率和计分方法对分项工程的施工质量直接进行检测评分。

2. 分部工程和单位工程评定方法

在《公路工程质量检验评定标准》中所列的分项工程和分部工程，可区分为一般工程和主要（主体）工程，分别给予 1 和 2 的权值。进行分部工程和单位工程评分时，采用加权平均值计算法确定相应的评分值。

分部（单位）工程评分 =∑［分项（分部）工程评分 × 相应权值］/∑［分项（分部）工程权值］

3. 建设项目工程质量评分方法

建设项目工程质量的评分，采用单位工程优良率和建设项目工程质量评分值两个指标。

单位工程优良率（%）= 被评为优良的单位工程数 / 建设项目中单位工程总数 ×100%

建设项目工程质量评分值按《公路工程竣（交）工验收办法与实施细则》进行计算。

（二）工程质量等级评定办法

工程质量等级评定分为优良、合格和不合格三个等级，应按照分项、分部、单位工程和建设项目逐级进行评定。

1. 分项工程质量等级评定

分项工程评分在 85 分及以上者为优良工程；70 分及以上、85 分以下者为合格工程；70 分以下为不合格工程。

经质量监督部门检查评为不合格的分项工程，允许进行加固、补强、返工或整修，当满足设计要求和评定标准后，可以重新评定其质量等级，但只可复评为合格。

2. 分部工程质量等级评定

如分部工程所属各分项工程全部合格，其加权平均分达 85 分及以上，且所含主要分项工程全部评为优良时，则该分部工程评为优良工程；如分项工程全部合格，但加权平均分为 85 分以下，或加权平均分虽在 85 分及以上，但主要分项工程未全部达到优良标准时，则该分部工程评为合格工程；如分项工程未全部达到合格标准时，则该分部工程为不合格工程。

3. 单位工程质量等级评定

单位工程所属各分部工程全部合格，其加权平均分达 85 分及以上，且所含主要分部工程全部评为优良时，则该单位工程评为优良工程；如分部工程全部合格，但加权平均分为 85 分以下，或加权平均分虽在 85 分及以上，但主要分部工程未全部达到优良标准时，则该单位工程评为合格工程；如分部工程未全部达到合格标准时，则该单位工程为不合格工程。

4.建设项目质量等级评定

建设项目（公路工程也可为标段）工程质量等级评定，采用单位工程优良率和建设项目工程质量评分值双指标进行控制。

建设项目（公路工程也可为标段）所含单位工程全部合格，其工程质量等级为合格；建设项目（公路工程也可为标段）所含单位工程全部合格，单位工程优良率不小于80%，且建设项目（公路工程也可为标段）的工程质量评分值不小于85分时，其工程质量等级可评为优良；所含任一单位工程不合格时，则建设项目（公路工程也可为标段）的工程质量为不合格。

对于路面工程也可参照以上方法进行质量评定。

二、路基的检查及验收

（一）路基的中间检查

为了保证路基的施工质量，在路基整个施工的过程中，在下列情况或阶段时，应当进行中间检查：①地基准备工作完成后（清除地面杂草、淤泥等，以及在斜坡上完成台阶后）；②边坡加固前，应对其加固方法、加固形式、填挖方边坡加固的适用性，以及边坡坡度是否适当进行检查；③当发现已完工的土方工程及竣工后的路基被地面水浸泡（暴雨、洪水等）损坏时；④当取土坑及弃土堆超过原设计的数量时；⑤遇到意外的填土下陷及填挖方的边坡坍塌，需要增加土方及边坡加固工程数量时；⑥进行计划以外的附加土方工程（排水沟、截水沟、疏导工程等）时。

（二）隐蔽工程的中间检查

遇到下列隐蔽工程时，必须按照设计要求和《公路路基施工技术规范》（JTG/T 3610—2019）中的有关规定进行中间检查验收，凡不符合要求的项目不得进入下一工序施工：①路基渗沟应在进行回填土以前进行隐蔽工程的中间检查；②填方或挖方地段，按设计规定所做的换土工作完成后应进行隐蔽工程的中间检查；③对于需要采取特殊措施才能保证填方稳定的路基，在地基处理后（如泉水、溶洞、地下水处理后）应进行隐蔽工程的中间检查；④路基的隔离层上填土以前进行隐蔽工程的中间检查；⑤各类防护加固工程基础开挖后，应检查基底的地质、标高和地下水情况。

(三)路基的检查标准

1. 土方路基的检查标准

(1)路基必须分层填筑压实,表面平整坚实,无软弹和翻浆现象,路拱合适,排水良好,压实度、土壤强度和路床的整体强度符合设计要求。

(2)挖方地段遇到有树根、洞穴等必须进行处理,上边坡要平整稳定。路床土质强度及压实度必须符合规定。

(3)填方地段应在进行填土前排除地面水和其他杂物、草皮、淤泥、腐殖土和冰块并平整压实。路堤边坡应修整密实、直顺、平整稳定、曲线圆滑,填料及路堤的整体强度必须符合设计要求。

(4)取土坑、弃土堆的位置适当、整齐,无水土流失和淤塞河道情况。

2. 石方路基的检查标准

(1)开炸石方不得超量爆破,上边坡应十分稳定;坡面的松石、危石应彻底清除干净。

(2)路基表面应当修整平整,边线直顺,曲线圆滑。

(3)填方路基表面不得有粒径大于 15 cm 的石块。

(4)在石方路基施工中,其纵断高程、中线偏位、宽度、平整度等指标应符合允许偏差的规定。

3. 路肩的检查标准

(1)路肩的表面必须平整密实,不存在积水现象。

(2)路肩的边缘必须直顺,曲线圆滑美观。

(3)在路肩施工的过程中,其压实度、平整度和宽度等指标应符合允许偏差的规定。

4. 边沟的检查标准

边沟(包括排水沟、截水沟)的检查标准如下:①边沟线条应直顺,曲线圆滑,沟底平整,排水通畅;②浆砌片石边沟,砂浆应当饱满密实,砂浆配合比应符合设计要求;③边沟勾缝平顺,缝宽均匀,无脱落现象;④边沟断面均匀平整,无凸凹不平现象,沟底无积水现象;⑤在边沟(排水沟)施工中,其沟底高程、坡面坡度、铺砌厚度等指标符合允许偏差的规定。

第四章 路面工程质量控制与管理

第一节 路面基层和底基层质量控制概述

公路路基是公路工程的基础部分，应根据公路要求的功能、公路等级和交通量等，结合沿线地形、地质及路用材料等自然条件进行设计，保证其有足够的强度、稳定性和耐久性，应能承受行车的反复荷载作用和抗御自然因素的影响。为保证各类型路面基层的施工质量，对路面基层材料的强度形成机理、特点及相关技术性能要求必须进行全面掌握，正确地选择适用于不同条件的路面基层，进行正确合理的施工。

一、公路工程基层的分类

常用公路工程的基层形式可分为石灰稳定类基层、水泥稳定类基层、石灰工业废渣基层、沥青稳定土基层和粒料类基层等。其中，石灰稳定类基层、水泥稳定类基层和石灰工业废渣基层又称为半刚性基层。半刚性基层的主要特点是整体性强、承载力高、刚度较大、水稳性好、原料丰富、经济性强。

1. 石灰稳定类基层

在粉碎的或原来松散的土中（包括各种粗粒土、中粒土和细粒土），掺加足够数量的石灰和水，通过充分拌和得到的混合料经摊铺压实及养生后，当其抗压强度或耐久性符合规定要求时，称为石灰稳定类基层。

用石灰稳定细粒土得到的混合料，简称为石灰稳定土。原材料为天然沙砾土时，简称为石灰沙砾土；原材料为天然碎石土时，简称为石灰碎石土。

另外，仅掺加少量的石灰改善各种土的塑性指数或提高土的强度，但达不到石灰稳定土规定的强度时，这种混合料称为石灰改善土。

2. 水泥稳定类基层

在粉碎的或原来松散的土中（包括各种粗粒土、中粒土和细粒土），掺加足够数量的水泥和水，通过充分拌和得到的混合料经摊铺压实及养生后，当其抗压强度或耐久性符合规定要求时，称为水泥稳定类基层。

用水泥稳定砂性土、粉性土和黏性土得到的混合料，简称为水泥稳定土；用水泥稳定砂得到的混合料，简称为水泥稳定砂。用水泥稳定粗粒土或中粒土得到的混合料，根据所用原材料，可简称为水泥稳定碎石、水泥稳定砂砾等。

在稳定各种土时，根据基层的设计强度、耐久性等要求以及地方材料的供应情况，同时用水泥和石灰、水泥和粉煤灰稳定某种土得到的混合料，简称为综合稳定类基层。

另外，仅掺加少量的水泥改善各种土的塑性指数或提高土的强度，但达不到水泥稳定土规定的强度时，这种混合料称为水泥改善土。

3. 石灰工业废渣基层

工业废渣是指工业生产过程中排放的固体废物，主要包括粉煤灰、炉渣、煤渣、高炉矿渣、钢渣、镁渣、煤矸石和其他粉状废渣。用一定比例的石灰与这些废渣中的一种或两种经加水拌和、压实和养生后得到的材料其强度和耐久性都有很大提高，并符合现行规范规定的要求时，称为石灰工业废渣稳定土，简称为石灰工业废渣。

石灰工业废渣材料可分为两大类：石灰粉煤灰类和石灰其他废渣类。同时用石灰和粉煤灰稳定细粒土（含砂）得到的混合料，简称为二灰土，这是我国公路基层施工中常用的混合料。同时用石灰和粉煤灰稳定级配砂砾和级配碎石时，分别简称为二灰沙砾和二灰碎石。

4. 沥青稳定土基层

将土粉碎，用沥青（液体石油沥青、煤沥青、乳化沥青、沥青膏浆等）为结合料，使其与土拌和均匀，摊铺平整并碾压密实形成的基层，称为沥青稳定土基层。

沥青在稳定土中起两方面的作用：一方面是包裹在土粒表面，保护土粒不受水的危害；另一方面是提高黏结力，把土粒黏结在一起。前者的作用主要发生在对水敏感的黏性土中，沥青被吸附在土颗粒的表面，阻碍了水分同土粒直接接触，同时还填充了土中部分孔隙，堵塞水分流动的通路。因而，采用沥青稳定土可降低土的吸水能力，从而提高了土的水稳定性。后者的作用是可提高混合料的强度，它在无黏性的粒料土中占主导地位。

工程试验证明，影响沥青稳定土稳定效果的因素主要有土的类型和性质、沥青的性质和剂量、基层压实的质量等。

5. 粒料类基层

粒料类基层根据强度构成可划分为嵌锁型与级配型。嵌锁型包括泥结碎石、泥灰结碎石、填隙碎石等；级配型主要包括级配碎石、级配砾石、符合级配的天然沙砾、部分砾石经轧制掺配而成的级配碎石、砾石等。国外有些高等级公路用级配碎石或级配砾石修筑基层或底基层，级配碎石也可用作沥膏面层与半刚性基层之间的联结层。

二、路面基层的技术要求

路面基层的强弱和好坏对整个路面的整体强度、使用质量、行车安全和使用寿命都有十分重要的影响。因此，作为路面的基层，在一般情况下必须满足以下几个基本条件。

（一）具有足够的强度和刚度

1. 强度

基层必须能够经受车轮的反复作用，即在预定设计标准轴载反复作用下，基层不会产生过多的残余变形，更不会产生剪切破坏或疲劳弯拉破坏。基层要满足上述的技术要求，除了具有必需的厚度外，主要取决于基层材料本身的强度。对基层材料的强度要求，在重交通道路上要比一般道路上的高。

材料的强度包括两个主要方面：一方面是石料颗粒本身的硬度或强度，可用集料压碎值或岩石的抗压强度表示；另一方面是材料整体（混合料）的强度和刚度，如回弹模量、承载比、抗压强度、抗剪切强度、抗弯拉强度或劈裂强度等。在我国路面基层施工技术规范中，采用其压碎值作为选择粒料的技术指标。

2. 刚度

基层的刚度（回弹模量）必须与面层的刚度相配。如果面层与基层的刚度差别过大，则面层会由于过大的拉应力或拉应变而过早出现开裂破坏。各种基层材料就其强度和刚度而言，大致可分为三个等级：强度和刚度最高的一级中包括水泥稳定粒料（土）、石灰粉煤灰稳定粒料（土）、石灰土稳定碎石或石灰稳定沙砾土、沥青碎石（混合料）及沥青贯入式碎石；强度和刚度中等的一级中包括水泥土、石灰粉煤灰土、石灰土、级配碎石和填隙碎石；强度和刚度最低的一级中包括级配砾石和级配碎砾石。当然，在同一等级中的不同材料，其强度和刚度也是有明显差别的。

在我国修筑的高等级公路，特别是高速公路和一级公路，无论是沥青面层还是水泥混凝土面层，几乎全部采用半刚性材料做基层。这是因为半刚性材料，特别是厚度大的半刚性材料，可以使路面具有很高的承载能力。

（二）具有足够的水稳性和冰冻稳定性

沥青面层，特别是层铺法的沥青表面处治和沥青贯入式面层，具有较强的透水性能，尤其在使用的初期，其透水性还是很大的。因此，如果沥青面层出现裂缝，表面水更易从裂缝透入路面结构层中。

在地下水位接近地表的路段，特别在路基填土不高时，地下水可通过毛细作用进入路面结构层。在冰冻地区，由于冬季水分重分布的结果，路面上层和路面底基层处于潮湿或过分潮湿的状态。沥青面层虽不是完全不透水的，却能阻碍路面结构层和土基中的水分蒸发。水泥混凝土面板由于横缝、纵缝及胀缝的存在，尽管广泛采用填缝料灌缝密封，但事实上表面水仍会不可避免地沿缝隙进入基层、底基层甚至路基。在通常情况下，水进入基层顶面并滞留在那里，在高速行车作用下产生高压水，对基层顶面产生冲刷，致使板下产生脱空、碎裂和断板等。

在冰冻地区，当石灰土用于过分潮湿的路段时，常发生的路面破坏就是因为石灰土的冰冻稳定性不好。因此，在冰冻地区的潮湿路段上，在路面的底基层或基层内有可能产生聚冰带时，应当采用冰冻稳定性好的材料。各种粒料、含土少的粒料土、结合料稳定粒料和稳定粒料土都是冰冻稳定性好的材料。在冰冻地区的潮湿路段上，当只能使用石灰土时应采用隔水措施，使冰冻期间水分不会明显进入石灰土层中。应特别注意，在重冰冻地区，即使在干燥路段上，石灰土和水泥土，特别是剂量不足或强度达不到要求的石灰土和水泥土，经过冬季的冰冻作用，其强度也会明显降低。

（三）具有足够的抗冲刷能力

现代高等级公路工程，随着交通量和轴线的增加，对路面的基层材料提出了新的抗冲刷要求。现行规范中规定，应根据道路的交通等级和路基抗冲刷能力选择基层材料。

1. 冲刷唧浆现象

表面水会通过多种途径进入沥青路结构层内，同样也会进入水泥混凝土路面结构层内。如果进入的水不能及时排出，而是停留在面层与基层的交界面上，就会使基层局部潮湿甚至接近饱和。例如，从沥青面层的裂缝进入的自由水，往往使裂缝附近的基层材料过分潮湿，特别是面层裂缝下无机结合稳定料中的自由水会产生相当大的水压力。这种水压力随行车荷载的增加而增加，同时冲刷量随行车反复作用的次数而增加。因此，在轻交通道路上易发生的冲刷唧浆现象，在重交通道路上也容易发生。

刚性基层沥青路面的唧浆现象在多雨地区较为常见，在干旱地区也有发生。我国的公路沥青路面几乎全部采用水泥稳定级配集料或石灰粉煤灰稳定级配集料做基层。大量调查资料表明，冲刷唧浆现象是一些高速公路沥青路面早期损坏的主要因素之一。

水泥混凝土路面的基层同样会产生冲刷现象。为了避免这种现象，改善水泥混凝土路面的使用性并延长其使用寿命，现在普遍采用水泥稳定碎石集料或水泥稳定砾石集料作为混凝土面的基层。

2. 影响冲刷程度的因素

基层的冲刷程度与进入路面结构的水量大小有很大关系。进入的水越多，冲刷程度越大。冲刷程度还与基层材料本身有很大关系，对于处治的级配集料来说，集料中小于 0.075 mm 的粉粒与黏粒越多，冲刷越严重。对于无机结合料处治基层材料，稳定细粒土（如石灰土、水泥土和石灰粉煤灰土）的冲刷最严重；稳定粒料土（中粒土或粗粒土）的冲刷程度随集料中 0.075 mm 以下的颗粒含量而变，细粒含量越多，冲刷越严重。对于同一种稳定粒料土而言，其冲刷程度随水泥剂量增加而减少，水泥剂量在 4% 甚至在 5% 以上时，抗冲刷能力大幅度提高。

应该特别指出，无机结合料处治材料用作基层时的冲刷问题是多个因素综合作用的结果，因此，它不是绝对的。对于稳定细粒土，如采用石灰土的基层，也并不是必然会产生冲刷和唧浆现象。

3. 提高基层抗冲刷性的措施

为了提高等级道路上路面基层的抗冲刷性能，应采取以下措施：①在采用水泥稳定粒料基层时，粒料的级配应依据基层施工规范中规定的级配碎石或级配砾石基层的集料级配范围而定，同时限制集料小于 0.075 mm 的颗粒含量不超过 3%（有塑性指数）或 5%（无塑性指数）；②在采用石灰粉煤灰粒料基层时，混合料中粒料的比例应是 80%~85%，同时粒料需具有良好的级配，且其中小于 0.075 mm 的颗粒含量应等于 0；③在采用石灰稳定级配粒料或石灰土稳定级配粒料时，混合料中粒料的比例应接近 85%。

（四）所用的基层材料收缩性小

对于高等级道路上的基层，特别是半刚性基层，还应该要求其收缩性小。半刚性材料的收缩性包括两个方面：一是由于水分减少而产生干缩的程度；二是由于温度降低而产生温度收缩的程度。

1. 干缩的影响

干缩性大的半刚性材料基层铺成后，在铺筑沥青面层就可以产生干缩裂缝。如石灰土、水泥土和水泥石灰土基碾压结束后，如果不及时养生或养生结束后未及时铺筑沥青封层或沥青面层，只要暴晒 2~3 d 就可能出现干缩裂缝。随曝晒时间的增长，裂缝会越来越严重，将基层表面切割成数平方米大小的小块。即使是用干缩性小的石灰粉煤灰粒料和水泥粒料铺筑的基层，在养生结束后，如果暴晒时间过久（时间长短随各地当时的气候条件而变），也会产生一般间距为 5~10 m 的横向干缩裂缝。

就各种半刚性材料的干缩裂缝以横向裂缝为主，大部分间距是 8~20 m；也有少数纵向裂缝，缝的顶宽为 0.3~0.5 mm。在沥青路面使用过程中，在某种条件下，裂缝会逐渐向上扩展并通过沥青面层出现在表面；在某种条件下，基层的裂缝会使沥青面层表面先开裂，并逐渐向下扩展与基层的裂缝相连。由这两种方式形成的沥青面层的裂缝俗称"反射裂缝"。因此，在铺筑沥青面层前，采取措施防止半刚性基层开裂是个十分重要的问题。

在采用干缩性的半刚性材料做沥青路面的基层时，如果沥青面层较薄而又处于较干旱地区，即使在铺筑沥青面层前并未开裂，在路面使用过程中基层混合料的含水量仍会明显减少并产生干缩裂缝（先于沥青面层开裂），从而促使沥青面层开裂，产生反射裂缝。如果施工碾压的含水量合适，且能保护基层在铺筑沥青面层前不开裂，一般情况下，基层就不会先于沥青面层开裂。

但是，如果施工碾压时的含水量偏大，即使已铺上一层或两层（6~12 cm）沥青面层，在旱季或冬季基层也会产生干燥缩缝，同时将沥青层拉裂或很快反映到沥青面层上。就半刚性材料的干缩而言，稳定细粒土的干缩性系数大于稳定中粒土和稳定粗粒土。在稳定细粒土（如水泥土和石灰土）中，稳定塑性指数大的黏性土混合料的干缩系数大于稳定塑性指数小的粉性或砂性土混合料的干缩系数。此外，石灰粉煤灰土的干缩系数小于石灰土和水泥土的干缩系数。在稳定中粒土和粗粒土时，稳定粒料土的干缩系数大于稳定不含细土的粒料的干缩系数，而且细土的含量越多，混合料的干缩系数越大。

2. 温缩的影响

半刚性基层内部的温度变化和温差会产生温度应力。在寒冷的冬季，半刚性基层表面的温度低，基层的顶部会产生拉应力；在暖和的春季，半刚性基层底部的温度低（特别是在薄沥青面层的情况下），在基层的底部可以产生温度应力（拉应力）。这个拉应力与行车荷载在基层底部产生的拉应力相结合，会促使基层底面开裂。因此，半刚性基层材料的温度收缩性（或程度）对沥青路面，特别是薄沥青面层的开裂有重要影响。

半刚性基层材料温缩性的大小有相同的规律，即稳定细粒土的温缩系数明显大于稳定中粒土和稳定粗粒土的温缩系数；石灰粉煤土的温缩系数明显小于石灰土的温缩系数；稳定粒料土的温缩系数明显大于稳定不含细土的粒料的温缩系数，而且中粒土或粗粒土中细土含量越多，混合料的温度系数越大。

（五）基层具有足够的平整度

基层的平整度对薄沥青面层的平整度有十分重大的影响，薄沥青面层的平整度取决于基层的平整度。基层的平整度对较厚沥青混凝土面层的平整度的影响虽不如对薄沥青面层影响那么大，但基层的不平整会引起沥青混凝土面层厚薄不匀，使沥青面层在使用过程中的平整度降低较快，并导致沥青混凝土面层产生一些薄弱面。它会成为路面使用期间产生温度收缩裂缝的起点。因此，基层的平整度对较厚沥青面层的使用性能也有很重要的影响。

（六）基层与面层结合良好

面层与基层的良好结合，对于沥青面层的使用质量是非常重要的。与层间结合比较差的情况相比，它可以明显减少面层底面由于行业荷载引起的拉应力和拉应变（一般情况下可减小50%以上，有时甚至减小到1/4），它还可以明显减小由温度变化引起的沥青面层内的拉应力和拉应变。基层与面层良好结合可以使薄沥青面层不产生滑动、推移等破坏。为此，基层表面应该稳定并且具有一定的粗糙度，表面还应该结构均匀，无松散颗粒。

对于无机结合料处治基层，不应有局部松散不结合的情况。基层上的局部松散常是沥青层碎裂破坏的祸根。含有石灰土或石灰粉煤灰的稳定粒料基层表面应使粒料颗粒外露，在喷洒透层沥青和下封层前，应将表面的浮尘及粒料颗粒表面的薄层石灰粉煤灰或石灰土扫除。级配碎（砾）石基层表面不能有薄层砂土，无机结合料处治基层的表面不应有薄层找补。薄层找补往往是薄沥青面层在使用过程中产生推移破坏的根源。

高等级公路和其他等级公路上的石灰粉煤稳定级配集料基和石灰土级配集料基层在竣工后，表面往往覆盖有一薄层石灰煤灰或石灰土。这种薄面细料通常与其下整体结合不好，即使在有透层沥青或下封层的情况下，它实际上也会妨碍沥青面层与基层间的黏结。开放交通后，雨水一旦浸入，此薄层细料容易形成浆，导致产生唧浆现象并使面层与基层脱开。

三、各种基层材料的适用范围

我国路面所用的基层材料已走向规格化和定型化，同时路面基层的设计和施工也更具科学性，这是公路和路面等级以及交通发展到一定水平的必然结果。

我国常用的基层材料包括六类，即水泥稳定土、石灰稳定土、石灰工业废渣稳定土、级配碎石、级配砾石或级配砂砾、填隙碎石，而且在同一类材料中有的还包括几种不同形式或"亚类"。例如，在水泥稳定土类中，有水泥土、水泥稳定（土）亚类，而且粒料（土）的颗粒组成范围相当宽。显然，这六类基层材料和不同的亚类材料做路面基层时不会具有同等的结构功能。换句话说，这些不同的基层材料并不是可以不加选择地用到任何等级道路上去的，它们具有各自适用的场合和条件。

1. 水泥稳定土

由于可被水泥稳定的土范围相当广泛，同时水泥剂量越多，水泥稳定土混合料的强度越高。因此，水泥稳定土的强度可以在大范围内进行调整，以适应不同等级道路以及不同路面结构层位对材料的强度要求。例如，水泥稳定土的 7 d 龄期无侧限抗压强度可以低到小于 1 MPa，也可以达到 10 MPa 以上。因此，单纯从强度而言，水泥稳定土可以用作各种等级道路路面的基层。但是，考虑不同水泥稳定土的干缩性能、温缩性能、抗冲刷性能等因素后，对于不同等级道路的路面以及不同的路面结构层位应选用技术经济都最合适的材料。例如，稳定细粒土，特别是稳定各种砂性土、粉性土和黏性土，不应直接用作高级路面的基层，而只应用作底基层。

作为高等级道路上的基层，不但应选用稳定粒料，而且粒料的级配应符合基层施工规范中规定的集料级配范围或级配碎石基层或级配砾石基层的集料级配范围，以改善水泥稳定粒料基层的干缩和温缩性并提高其抗冲刷能力。对于其他等级道路上的路面基层，则可以选用基层施工规范中水泥稳定土基层颗粒组成范围内的任何当地材料进行稳定。

2. 石灰稳定土

石灰稳定土的强度较水泥稳定土的强度低得多。例如，良好石灰土的 7 d 龄期无侧限抗压强度只有 0.8 ~ 1.0 MPa，3 个月龄期无侧限抗压强度仅 2.0 ~ 2.5 MPa，间接抗拉强度只有 0.19 MPa，此外，石灰土的强度没有大的可调整范围。但工程实践证明，石灰稳定土基层有很大的刚性和荷载分布能力，它仅略次于水泥稳定土基层，因此仍是一种较好的路面基层和底基层材料。它虽然可用作各种路面的基层和底基层，但将它用到高等级道路上时却要特别注意。即使是石灰土稳定良好的级配碎石，用于高等级道路时也应进行试验后再确定，其主要原因是这种材料的抗拉强度较低，抗冲刷能力较差，收缩性也较大。石灰土不应直接用作高级路面的基层，而只应做底基层。

作为高级路面的基层，不但应选用石灰稳定粒料土或石灰土稳定材料，而且粒料的比例应该为 80% ~ 85%。同时其级配应符合基层施工规范中规定的级配范围。由于石灰土的冰冻稳定性较差，且在过分潮湿情况下难于成型、强度发展较慢，因此在冰冻的潮湿和过分潮湿路段以及其他地区的过分潮湿路段，不宜采用石灰土做基层。在只能采用石灰土时，应该采取措施防止水分浸入大理石灰土层。

3. 石灰工业废渣稳定土

石灰工业废渣稳定土中具有普遍意义的主要材料是石灰粉煤灰稳定类，它包括石灰粉煤灰细粒土（如石灰粉煤灰、石灰粉煤灰土、石灰粉煤灰砂等）、石灰粉煤灰中粒土和粗粒土（如石灰粉煤灰沙砾或沙砾土、石灰粉煤碎石、石灰粉煤灰矿渣以及石灰粉煤灰其他粒料）。后两者也简称石灰粉煤灰粒料或二灰粒料。

就石灰粉煤灰土或二灰土而言，其强度随 3 个组成部分的配合比而变。但在原材料不变及压实度相同的情况下，其 7 d 龄期的无侧限抗压强度 R_7 变化不大。

当使用质量好的粉煤灰时，二灰沙砾和二灰碎石的 3 个月龄期的强度大致相当于水泥砂砾和水泥碎石的强度；二灰矿渣（铁渣）3 个月龄期的强度，特别是其抗拉强度甚至可超过水泥碎石的强度。因此，二灰粒料与水泥沙砾或水泥碎石一样可用作高等级道路上路面的基层。但是，作为高等级道路上路面的基层，宜采用粒料占 80% 以上的二灰粒料混合料，同时粒料应具有良好的级配，且其中 0.075 mm 以下的颗粒含量应接近于 0，以减小二灰粒料基层的收缩性并增强其抗冲刷性能。二灰粒料可用作各种等级道路上路面的基层。

4. 级配碎石

级配碎石是不用结合料的基层材料中最好的一种材料。很多国家采用加州承载比（CBR）作为检验基层材料是否合适的技术指标时，对级配碎石通常不提CBR的要求，也不进行CBR试验。因为当级配碎石的组成符合规定的级配范围且塑性指数小于规定的限值时，其CBR值完全满足要求。在用抗剪强度作为路面设计的技术指标之一时，也认为级配碎石是一种免检材料。

级配碎石实际上可用作各种等级路面的基层。但是，在重交通（指交通量大和重车比例多）的高等级道路上将其用作沥青路面的基层而基层下又无半刚性材料层时，其上往往需要铺筑厚层沥青面层。

在一些国家的重交通等级道路上，常采用级配碎石作为半刚性基层与沥青面层间的隔离层或应力消减层。在这种情况下，级配碎石层上的沥青面层可大大减薄，直到仅厚 5~10 cm。在石灰丰富的地区，采用级配碎石基层往往是比较经济的。在潮湿多雨地区，采用级配碎石基层更具有优势，因为在施工过程中降雨对其性质的影响很小。目前，至少在二级以下的公路上采用级配碎石基层时不需要厚沥青面层，只需采用与半刚性基层上相同厚度的沥青面层。

5. 级配砾石或级配砂砾

众多工程实践和试验证明，承载比、级配、塑性指数或塑性指数与 0.5 mm以下颗粒含量的乘积都满足规定要求的级配砾石用作薄沥青面层下的基层时，只能用在轻交通道路上。在某些国家，也有采用级配砾石做沥青路面基层（或实际上的底基层）的，但此时其上沥青材料层的总厚度常在 25~30 cm。只是在级配碎石层很厚（60~80 cm）的情况下或级配砾石层下有无机料处置层时，其上沥青材料层的厚度才稍薄（18~24 cm）。

在实际生产中，可用少量石灰或水泥改善级配砾石的塑性指数或强度，使其符合规定的基层材料的技术要求。这种改善材料的应用范围与级配砾石相同。

6. 填隙碎石

填隙碎石也是一种不用结合料的良好的基层材料，它的力学性质接近于级配碎石，优于级配砾石。干法施工的填隙碎石在国外（如英国、印度等）的施工规范中称为干结碎石，湿法施工的填隙碎石在国外的施工规范中称为水结碎石。

在二级以下的公路上，填隙碎石也可以用作各种路面的基层。填隙碎石也可以用作应力消减层。干法施工的填隙碎石特别适宜于干旱地区，因为它可以不用水。

第二节 路面基层和底基层施工质量初步控制

为了保证路面基层、底基层的施工质量符合现行规范的要求，在路面基层的施工前期阶段应做好下面的质量控制工作：原材料质量控制、混合料配合比设计质量控制、施工机械设备质量控制、施工技术方案和开工报告审批及铺筑试验路段等。

一、原材料质量控制

工程实践充分证明，原材料是构成公路工程实体的组成部分，其质量优劣直接影响到公路工程的总体质量。在一般情况下，基层和底基层所用的原材料主要包括土料、石灰、水泥、粉煤灰、煤渣、砾石、碎石等。

（一）原材料质量要求

1. 土料

用于基层和底基层的细粒土，其塑性指数应在 10 ~ 20 之内，土中不得含有污物和有害杂质，土中的有机质含量不得超达 8%；水泥稳定土有机质含量不得超过 2%，硫酸盐含量不得超过 0.25%。

2. 石灰

用于基层和底基层的生石灰粉质量应符合《建筑生石灰粉》（JC/T 480—1992）中的规定；用于基层和底基层的消石灰粉质量应符合《建筑消石灰粉》（JC/T 481—1992）中的规定。

3. 水泥

普通硅酸盐水泥、矿渣硅酸盐水泥、火山灰质硅酸盐水泥均可使用，但应选用终凝时间在 6 h 以上、强度等级较低的水泥。快凝水泥、早强水泥及受潮受质的水泥不得用于工程。用于基层和底基层的水泥质量应符合现行国家标准《通用硅酸盐水泥》（GB 175—2007/XG1—2009）中的规定。

4. 粉煤灰

粉煤灰是从煤燃烧后的烟气中收捕下来的细灰，是燃煤电厂排出的主要固体废物。用于基层和底基层的粉煤灰质量，应符合现行国家标准《用于水泥和混凝土中的粉煤灰》（GB/T 1596—2017）中的规定。粉煤灰不应含有凝固团块和其他杂质，其中二氧化硅、氧化铝和氧化铁的总含量应大于70%，烧失量不应超过20%，比表面积宜大于2 500 m²/g，湿排粉煤灰的含水量不宜超过35%。

5. 煤渣

煤渣是一种工业固体废物，是火力发电厂、工业和民用锅炉及其他设备燃煤排出的废渣，俗名炉渣。主要成分是二氧化硅、氧化铝、氧化铁、氧化钙、氧化铁镁等。根据成分的不同，可作为道路的基层和底基层材料，也可用于制造水泥、砖和耐火材料等。用于基层和底基层的煤渣，应不含有杂质，其主要成分应为二氧化硅、氧化铝，松散干密度在700～1 000 kg/m之间，最大粒径不应大于30 mm，颗粒组成宜有一定的级配。

6. 砾石

砾石用于基层的最大粒径不应超过40 mm，用于底基层时最大粒径不应超过50 mm。砾石颗粒中细长和扁平颗粒的含量不应超过20%。级配砾石用于基层时，其颗粒组成及级配要求应符合规定。级配砾石做基层与底基层时，集料的压碎值应满足下列规定：高速公路、一级公路的底基层和二级公路的基层不大于30%；二级公路的底基层不大于35%。

7. 碎石

碎石是指由各种类型的坚硬岩石，通过碎石机轧制出来，再通过不同筛孔筛分得出的不同粒径范围的石块。用于基层和底基层的碎石，扁平、细长的颗粒含量不应超过20%，也不得有土块和植物根茎等。用作路面基层和底基层的级配碎石，其颗粒组成及级配要求应符合规定。级配碎石做基层与底基层时，集料的压碎值应满足下列规定：高速公路、一级公路的基层不大于26%；高速公路、一级公路的底基层和二级公路的基层不大于30%；二级公路的底基层不大于35%。

8. 水泥稳定中粒土及粗粒土

水泥稳定中粒土及粗粒土，如级配碎石、未筛分碎石、砾石、碎石土、沙砾土和各种粒状矿渣等。水泥稳定土中碎石或砾石的抗压碎能力应符合下列要求：二级公路集料压碎值不应大于35%；高速公路、一级公路集料压碎值不应大于30%。

9. 石灰稳定中粒土及粗粒土

适宜做石灰稳定中粒土及粗粒土的基层、底基层材料有级配碎石、未筛分碎石、砾石、碎石土、沙砾土和各种粒状矿渣等。混合料集料的压碎值应满足下列规定：二级公路的底基层不大于40%；高速公路、一级公路的底基层和二级公路以下的基层不大于35%；二级公路的基层不大于30%。

10. 二灰稳定粒土及粗粒土

二灰稳定粒土及粗粒土，如砂砾、碎石、矿渣、煤矸石、碎石土。混合料集料的压碎值应满足下列要求：二级公路集料压碎值不应大于35%；高速公路、一级公路集料压碎值不应大于30%。

11. 施工用水

一般人或牲畜饮用的水源均可作为施工用水。

（二）原材料试验与审批

在路基工程正式开工前，要求施工单位在所选定的料场中取代表性样品进行下列规定的各项试验，并应将试验结果报监理工程师审批。经监理工程师审查质量合格的原材料才可用于工程中。

1. 水泥稳定类

试验项目主要包括土的颗粒分析，土的塑限、液限和塑性指数，重型击实试验，碎石、砾石筛分试验，集料压碎值试验，水泥样品物理力学指标及成分分析；必要时还应包括土的有机质含量，土的硫酸盐含量。

2. 石灰稳定类

试验项目主要包括土的物理指标试验、石灰活性分析、重型击实试验、集料压碎值试验、集料筛分试验、石灰剂量标定曲线；必要时还应包括土的有机质含量及土的硫酸盐含量。

3. 石灰、粉煤灰稳定类

试验项目主要包括石灰活性分析、粉煤灰成分分析、粉煤灰细度、重型击实试验、集料压碎值试验、集料筛分试验。

4. 级配碎石、级配砂砾类

试验项目主要包括碎石筛分试验、压碎值试验、重型击实试验。

二、混合料配合比设计质量控制

目前，我国高等级道路主要是沥青混凝土和水泥混凝土路面，高等级道路能否发挥其应有的作用，很大程度取决于路面基层、底基层的质量。优质路面基层、底基层不但要求有足够的强度、平整度，又要兼顾高温稳定性、低温抗裂性、水稳定性、抗滑性和耐久性等相互制约或矛盾的要求。工程实践证明，基层混合料配合比设计是路基施工过程中一项十分重要的工作，是建设优质公路的关键一步。

1. 基层、底基层混合料强度要求

施工单位应根据设计图纸所提供的设计配合比，结合选用原材料性质的试验结果，按照规定的试验方法进行混合料配合比试验。在室内制成 1∶1（直径∶高度）圆柱体试件，试件的压实度与施工要求达到的压实度应相同，在规定的标准养生条件下，应当湿养 6 d、浸水 1 d，然后进行饱水抗压强度试验。根据试验结果提出基层、底基层混合料施工配合比，并报监理工程师审批。

进行混合料配合比试验时，试件 7 d 龄期饱水抗压强度平均值应满足下式的要求：

$$R(1-Z_n C_v) \geqslant R_d$$

式中：R——7 d 龄期 n 个试件抗压强度平均值，MPa；

Z_n——标准正态分布表中随保证率而改变的系数，高速公路和一级公路取保证率 95% 时 $Z_n=1.645$，二级公路取保证率 90% 时 $Z_n=1.282$；

C_v——试验结果的偏差系数（以小数计）；

R_d——抗压强度标准值，MPa。

2. 审查混合料配合比

在基层、底基层工程开工前，应对经监理工程师批准使用的原材料进行混合料配合比试验，确定满足强度要求的目标配合比，并再报监理工程师审批。监理工程师对施工单位报检的混合料配合比经认真审核计算并通过试验予以验证后，批准目标配合比。施工单位应在审批目标配合比的基础上进行试拌和试验路铺筑，然后再确定生产配合比和施工配合比，当施工配合比确定后，应反馈给主管监理工程师。

三、施工机械设备质量控制

施工机械设备是实现施工机械化的重要物质基础，是现代化施工中必不可少的设备，对施工项目的进度、质量均有直接影响。为此，施工机械设备的选用必须综合考虑施工现场的条件、建筑结构形式、机械设备性能、施工工艺和方法、施工组织与管理、建筑技术经济等各种因素进行多方案比较，使之合理装备、配套使用、有机联系，以充分发挥机械设备的效能，力求获得较好的综合经济效益。

机械设备的选用应着重从机械设备的选型、机械设备的主要性能参数、机械设备的使用操作要求和施工机械设备安装调试4个方面予以控制。

（1）机械设备的选型机械设备的选择，应本着因地制宜、因工程制宜，按照技术上先进、经济上合理、生产上适用、性能上可靠、使用上安全、操作方便和维修方便的原则，贯彻执行机械化、半机械化与改良工具相结合的方针，突出施工与机械相结合的特色，使其具有工程的适用性、保证工程质量的可靠性以及使用操作的方便性和安全性。

（2）机械设备的主要性能参数是选择机械设备的依据，要能满足需要和保证质量的要求。

（3）合理使用机械设备正确地进行操作，是保证项目施工质量的重要环节。应贯彻"人机固定"原则，实行定机、定人、定岗位责任的"三定"制度。操作人员必须认真执行各项规章制度，严格遵守操作规程，防止出现安全质量事故。

（4）施工机械设备安装调试。在道路的基层、底基层试验路段铺筑前，应对主要施工机械设备和试验检测仪器设备进行调试，还应对个别机械设备和全部测试仪器进行计量标定，否则不能投入使用。

四、施工技术方案和开工报告审批

施工技术方案是根据一个施工项目指定的实施方案，主要包括施工的具体实施计划和所用的技术。编制科学的基层、底基层施工技术方案，是施工中进行快速度、高质量施工的主要依据，是确保工程质量的重要技术文件。

开工报告审批制度是加强基本建设前期工作、严格按照基建程序办事的重要措施之一。施工单位应在基层（或底基层）工程正式开工之前，按建设单位或监理工程师的要求办理开工报告审批手续。

1. 施工技术方案审批和试验路段方案审查

施工单位应根据所拟建基层（或底基层）工程实际情况编制施工技术方案和试验路段方案，一般应包括以下内容：施工方法与施工工艺、施工机械与主要设备、主要施工技术人员分工及劳力安排、施工技术难点和相应的质量保证措施、施工进度安排。

经监理工程师审查认为有必要试铺试验路段或开展施工前的试验时，方可实施其试验。如果没有必要进行试验时，则应按监理工程师批准的施工技术方案进行施工。

2.施工放样的数据审查与现场核实

监理工程师审查施工单位报检的施工放样报检单。报检单上的施工放样数据包括基层、底基层的边线宽度，下承层顶面高程，下承层表面的平整度等，同时根据审查的数据到施工现场核实。

3.开工报告的审批

经监理工程师认真审核，施工准备工作就绪，试验资料齐全，机具设备配置数量与施工项目及施工进度匹配，机具运行质量良好，施工放样数据符合设计要求，监理工程师认为确实具备开工条件方可批准施工。

五、铺筑试验路段

高速公路和一级公路的基层、底基层，在大面积正式施工前应铺筑试验路段。其他等级公路缺乏施工经验或初次使用重大设备时，也应铺筑试验路段。通过路基试验路段的试验，初步拟定公路路基所用机械设备类型和最佳组合、碾压遍数、碾压速度、施工工序及每层填料的松铺厚度与路基填料的碾压作用关系。

1.通过铺筑试验路段应确定的内容

应通过铺筑试验路段确定以下主要内容：①用于施工的集料配合比例；②材料的松铺系数；③科学合理的施工方法；④每一作业段的合适长度；⑤一次铺筑的合适厚度。

2.路基施工方案应包括的主要内容

确定的路基施工方案应包括如下主要内容：①集料数量的控制；②集料摊铺方法和适用机具；③合适的拌和机械、拌和方法、拌和深度和拌和遍数；④集料含水量的增加和控制方法；⑤整平和整形的合适机具和方法；⑥压实机械的选择和组合，压实的顺序、速度和遍数；⑦拌和、运输、摊铺和碾压机械的协调和配合；⑧密实度的检查方法，初定每一作业段的最少检查数量。

3.铺筑基层试验路段的主要目的

通过铺筑基层试验路段，除了确定上述所列的项目外，还应确定控制混合料数量和均匀性的方法。对于水泥稳定土基层，还应包括严密组织拌和、洒水、整形、碾压、养护等工序。

第三节 水泥稳定类基层施工质量实施控制

水泥是水硬性结合料，绝大多数土类都可以用水泥来稳定，以改善其物理力学性质，适应各种不同的气候条件与水文地质条件。水泥稳定土具有良好的整体性，也具有足够的力学强度、抗水性和耐冻性。水泥稳定土的初期强度高且强度随龄期增长，它的力学强度还可以根据需要进行调整。因此，水泥稳定土可以用作各种等级的公路基层或底基层。

一、水泥稳定土的材料

（1）用于二级及二级以下公路的集料，分为用作底基层时的集料和用作基层时的集料，它们的颗粒组成范围是不同的。

①用作底基层时的颗粒组成范围。对于二级和二级以下公路，水泥稳定土用作底基层时，单个颗粒的最大粒径不应超过 53 mm，同时土的均匀系数应大于 5。

细粒土的液限不应超过 40，塑性指数不应超过 17。对于中粒土和粗粒土，如土中小于 0.6 mm 的颗粒含量在 30% 以下，塑性指数可稍微大一些。在实际工程施工中，宜选用均匀系数大于 10、塑性指数小于 12 的土。塑性指数大于 17 的土，宜采用石灰稳定，或用水泥和石灰综合稳定。

②用作基层时的颗粒组成范围。水泥稳定土用作基层时，单个颗粒的最大粒径不应超过 37.5 mm。集料中不得含有塑性指数的土。

（2）用于高速公路和一级公路的集料，分为用作底基层时的集料和用作基层时的集料，它们的颗粒组成范围也是不同的。

①用作底基层时的颗粒组成范围。水泥稳定土用作底基层时，单个颗粒的最大粒径不应超过 37.5 mm，土的均匀系数应大于 5。

②用作基层时的颗粒组成范围。水泥稳定土用作基层时，单个颗粒的最大粒径不应超过 31.5 mm。

工程中，集料颗粒的最大粒径必须加以限制。因为集料中的粒径越大，拌和机、平地机和摊铺机等施工机械越容易损坏、混合料越容易产生粗细集料离析现象，摊铺层的平整度也越难达到较高的要求。但是，如果最大粒径过小会造成石料的加工量过大。高速公路和一级公路由于投资比较大，对道路使用性能的要求高，必须采用最大粒径较小的集料，以利于机械施工。

无论是采用碎石还是卵石，用于高速公路和一级公路时，均应事先筛分成3~4个大小不同的粒级，然后再用水泥一起采用集中工厂机械拌和。只有这样，才能保证碎石或砾石具有相应的级配，并保证水泥粒料不产生大的变化。

此外，为了减少基层材料的收缩性、减轻基层的裂缝，集料中不宜含有塑性指数的土。

（3）水泥稳定土采用粒径较均匀的砂时，宜在砂中添加小部分塑性指数小于10的黏性土或石灰土，也可以添加部分粉煤灰。加入比例可按使混合料的标准干密度接近最大值确定，一般为20%~40%。

（4）水泥稳定土中碎石或砾石的抗压碎值应符合下列要求。

①基层：对于高速公路和一级公路，不大于30%；对于二级和二级以下公路，不大于35%。

②底基层：对于高速公路和一级公路，不大于30%；对于二级和二级以下公路，不大于40%。

（5）有机质含量超过2%的土必须先用石灰进行处理。在闷料24 h后再用水泥稳定。

（6）硫酸盐含量超过0.25%的土，不应用水泥稳定。

（7）普通硅酸盐水泥、矿渣硅酸盐水泥和火山灰质硅酸盐水泥都可用于稳定土，但应选用初凝时间3 h以上和终凝时间在6 h以上的水泥。不应使用快硬水泥、早强水泥以及已受潮变质的水泥。水泥的强度等级宜为32.5 MPa和42.5 MPa。

（8）综合稳定土中所用的石灰应是消石灰粉或生石灰粉，而不能用石灰块或石灰膏。

（9）凡是饮用水（包括牲畜饮用水）均可用于水泥稳定土的施工。

二、混合料的一般规定

（1）水泥剂量以水泥质量占全部粗细土颗粒（砾石、砂粒、粉粒和黏粒）的干质量的百分率表示：水泥剂量＝水泥质量/干土质量。

（2）水泥稳定土中粒土和粗粒土用作基层时，水泥剂量一般不宜超过6%。必要时应首先改善集料的级配，然后再用水泥进行稳定。

在只能使用水泥稳定细粒土作为基层时，或水泥稳定集料的强度要求明显大于规定时，水泥剂量不受此限制。

（3）水泥土可适用于各级公路的基层和底基层，但水泥土有以下3个不利特征，不仅可用作二级和二级以上公路高级沥青路面和水泥混凝土路面的基层，可用作底基层：①水泥土的干缩系数和干缩应变以及温缩系数均较大，容易产生比较严重的干缩裂缝，并影响沥青面层的开裂；②水泥土的强度没有充分形成时，如果接触到水，表层易发生软化，导致沥青面层出现龟裂破坏；③水泥土的抗冲刷能力小，易使沥青面层变形，水泥混凝土路面出现边角断裂。

（4）在雨季施工的水泥稳定土，特别是水泥土结构层，应特别注意气候的变化，千万不可使水泥和混合料遭到雨淋。降雨时应停止施工，已经摊铺的水泥混合料应尽快碾压密实。采用路拌法施工时，应考虑排除下承层表面水的措施，勿使运到路上的集料过分潮湿。

（5）在水泥结构层施工时，应遵守下列规定。

①土块应尽可能地进行粉碎，在一般情况下，土块的最大尺寸不应大于15 mm。

②为确保基层或底基层的质量，水泥稳定土混合料的配料应当准确，配料误差应符合设计要求。

③采用路拌法进行施工时，水泥应当摊铺均匀，不得出现缺料和水泥过于集中现象。

④对混合料的洒水、拌和应均匀。

⑤应严格控制基层的厚度和高程，其每层的路拱横坡应与面层一致。

⑥应在混合料处于或略大于最佳含水量时进行碾压，如果气候炎热且比较干燥，混合料中的含水量可大于最佳含水量1%～2%，直至达到按重型击实试验法确定的要求压实度（最低要求）。

⑦水泥稳定土结构层应用12 t以上的压路机进行碾压。用12～15 t三轮压路机碾压时，每层的压实厚度不应超过15 cm；用18～20 t三轮压路机碾压时，每层的压实厚度不应超过20 cm；采用能量大的振动压路机碾压水泥稳定中粒土和粗粒土时，或采用振动羊足碾与三轮压路机配合碾压水泥稳定细粒土时，每层的压实厚度可以根据试验适当增加。压实厚度超过上述规定时，应当分层进行铺筑，每层的最小压实厚度为10 cm，下层可以稍厚一些。对于稳定细粒土以及用摊铺机摊铺的混合料，都应当采用先轻型、后重型的碾压方式。

⑧采用路拌法施工时，时间一般不应超过3～4 h，并应短于水泥的终凝时间；采用集中厂拌法施工时，延迟时间不应超过2 h。

⑨水泥稳定土基层施工时，如果压实层表面不平整，严禁用薄层贴补法进行找平。

⑩必须采用保湿养生，不能使稳定土层表面干燥，也不能使稳定土忽干忽湿。

⑪水泥稳定土基层上未铺封层或面层时，除施工车辆可慢速（不超过30 km/h）通行外，禁止一切车辆通行。

（6）对于二级以下的公路，水泥稳定土基层和底层可以采用路拌法施工。但对于二级公路，应采用专用的稳定土拌和机或使用集中拌和法制备混合料。对于高速公路和一级公路，直接铺筑在土基上的底层下层可以用稳定土拌和机进行路拌法施工，当土基上层已用石灰或固化剂处理后，底基层的下层也宜用集中拌和法拌制混合料。其上的各个稳定土层都应用集中厂拌法拌制混合料，并用摊铺机摊铺基层混合料。

（7）基层分两层施工时，在铺筑上一层之前，应在下层顶面先洒薄层水泥或水泥净浆。

（8）水泥稳定土结构层宜在春末和气温较高的季节组织施工。施工期的日最低气温应当在5℃以上。在有冰冻的地区，应在第一次重冰冻（-5℃~-3℃）到来之前 0.5~1 月内彻底完成。

三、路拌法施工质量控制要点

（一）施工工艺流程

在水泥稳定土施工时，必须采用流水作业法使各工序紧密衔接，特别是要缩短从拌和到碾压结束之间的延迟时间。同时应做延迟时间对水泥稳定土强度的影响试验，以确定合适的延迟时间，保证水泥稳定土在不影响其强度的情况下碾压密实。

一般情况下，每一作业段以 200 m 为宜，每天的第一个作业段宜稍短一些。在路拌法施工时，合理的作业长度应考虑到以下方面：水泥的终凝时间；延迟时间对混合料密实度和抗压强度的影响；施工机械和运输车辆的效率和数量；操作的熟练程度；尽量减少接缝处理；尽量避免施工季节和气候条件的影响等。

（二）主要工序的施工

水泥稳定土路拌法施工的主要工序有准备下承层、施工放样、施工备料、运输及摊铺集料、拌和、整形、碾压、接缝和"调头"处理、养生。

1. 准备下承层工序

（1）水泥稳定土的下承层表面应平整、坚实，具有规定的路拱，没有任何松散的材料和软弱的地点。通常应对下承层进行检查验收，主要项目有高程、宽度、横坡、平整度、压实度及弯沉值。

（2）要充分准备好施工的基础。当水泥稳定土用作基层时，要准备底基层；当水泥稳定土用作老路面的加强层时，要准备老路面；当水泥稳定土用作底基层时，要准备土基。

2. 施工放样工序

（1）在底基层或老路面或土基上恢复中线。在直线段每隔 15 ~ 20 m 设一个桩，平曲线段每隔 10 ~ 15 m 设一个桩，并在两侧路肩边缘外设指示桩。

（2）在两侧指示桩上用明显标记标出水泥稳定土层边缘的设计高，以便掌握施工标准。

3. 施工备料工序

根据道路工程的不同情况，施工备料分为利用老路面或土基上部材料，以及利用料场的土。

4. 摊铺集料的工序

（1）应事先通过试验确定土的松铺系数（或压实系数，它是混合料的松铺干密度与压实干密度的比值）。

（2）摊铺土在摊铺水泥的前一天进行。摊铺长度按日进度的需要量控制，满足次日完成掺加水泥、拌和、碾压成型即可。雨季施工时，如果预报第 2 天有雨，不宜提前摊铺土。

（3）应将土均匀地摊铺在预定的宽度上，表面力求平整，并有规定的路拱。

（4）在摊料过程中，应将土块、超径的颗粒及其他杂物拣除。如果土中存较多的土块，应当进行粉碎，使其达到要求的规格。

（5）检验松铺材料层的厚度，看其是否符合预计的要求。在铺料碾压的施工过程中，除洒水车外，严禁其他车辆在土层上通行。

5. 洒水闷料工序

（1）如果已经整平的集料（含粉碎的老路面）含水量过小，应在土层上洒水闷料。洒水要均匀，防止出现局部水分过多的现象。

（2）在洒水的过程中严禁洒水车在洒水段内停留和调头。

（3）细粒土应经过一夜闷料，中粒土和粗粒土根据其细土含量的多少可适当缩短闷料时间。

（4）如果为综合稳定土，应先将石灰和土拌和均匀后一起进行闷料。

6. 整平与轻压工序

对于人工摊铺的土层整平后，用6~8 t的两轮轻型压路机碾压1~2遍，使其表面平整并具有一定的压实度。

7. 摆放摊铺水泥工序

（1）按照前面所述规定计算出的每袋水泥的纵横间距，在土层上做出安放标记。应将水泥当日直接运送到摊铺路段，卸在做标记的地点，并检查有无遗漏和重复。运输水泥的车辆应当有防雨设备。

（2）用刮板将水泥均匀地摊开，并注意使每袋水泥的摊铺面积基本相等。水泥摊铺完毕后，表面应没有空白位置，也没有水泥过分集中的现象。

8. 混合料拌和工序

水泥稳定土的拌和，实际上是水泥稳定土混合料的现场干拌和，在拌和时一般应注意以下几个方面。

（1）对于二级及二级以上公路，应采用专用稳定土拌和机进行拌和，并设专人跟随拌和机，随时检查拌和深度并配合拌和机操作人员调整拌和深度。拌和深度应达稳定层底并宜侵入下承层5~10 mm，以利于上下层黏结。严禁在拌和层底部留有素土夹层。通常应拌和两遍以上，在最后一遍拌和之前，必要时可先用多铧犁紧贴底面翻拌一遍。直接铺在土基上的拌和层也应避免素土夹层。

（2）对于三、四级公路，在没有专用拌和机械的情况下，可用农用旋转耕作机与多铧犁或平地机相配合进行拌和，但应注意拌和的效果，拌和时间不能过长。

9. 加水和湿拌工序

（1）在上述拌和过程结束后，特别在用农业机械进行拌和的情况下，如果混合料的含水量不足，应用喷管式洒水车补充洒水。洒水车起洒处和另一端调头处都应超出拌和段2 m以上。洒水车不应在正进行拌和的以及当天计划拌和的路段上调头和停留，以防局部洒水量过大。在洒水后，应再次进行拌和，使水分在混合料中分布均匀。拌和机械应紧跟洒水车后面进行拌和，以减少水分的流失。

（2）在洒水及拌和的过程中，应及时检查混合料的含水量。含水量宜略大于最佳值，不应小于最佳值。对于稳定粗粒土，应比最佳含水量大0.5%~1.0%；对于稳定细粒土，应比最佳含水量大1%~2%。在洒水及拌和的过程中，应配合人工拣出超出要求尺寸的颗粒，消除粗细颗粒"窝"以及局部过分潮湿或过分干燥之处。

（3）混合料拌和均匀后应色泽一致，没有灰条、灰团和花面，即无明显粗细集料离析现象，且水分合适和均匀。

10. 基层整形工序

（1）混合料拌和均匀后，应立即用平地机初步进行整形。在直线段，平地机由两侧向路中心进行刮平；在平曲线段，平地机由内侧向外侧进行刮平。必要时，再返回刮一遍。用拖拉机、平地机或轮胎压路机立即在初步整形的路段上快速碾压一遍，以暴露出潜在的不平整之处。

（2）对于暴露出的局部不平和低洼处，应用齿耙将其表层5 cm以上耙松，并用新拌的混合料进行找平。再用平地机整形一次。应将高处料直接刮出路外，不应形成薄层贴补现象。

（3）每次整形都应达到规定的坡度和路拱，并应特别注意接缝处必须顺适平整。

（4）当采用人工整形时，应用锹和耙先将混合料摊平，用路拱板进行初步整形。用拖拉机初压1~2遍后，根据实测的松铺系数确定纵横断面的标高，并设置标记和挂线。利用锹、耙按线进行整形，再用路拱板校正成型。如为水泥土，在拖拉机初压之后可用重型框式路拱板（由拖拉机牵引）进行整形。

（5）在整个整形的过程中，严禁任何车辆在上面通行，并保持无明显的粗细集料离析现象。

四、水泥稳定土基层养生及交通管制

（1）水冲稳定土底基层分层进行施工时，下层水泥稳定土碾压完后，在采用重型振动压路机碾压时，宜养生7 d后铺筑上层水泥稳定土。在铺筑上层稳定土之前，应始终保持下层土的表面湿润。在铺筑上层稳定土时，宜在下层表面撒少量水泥或水泥浆。底基层养生7 d后，方可铺筑基层。水泥稳定级配碎石（或砾石）基层分两层用摊铺机铺筑时，下层分段摊铺和碾压密实后，在不采用重型振动压路机碾压时，宜立即摊铺上层，否则在下层顶面应撒少量水泥或水泥浆。

（2）每一段碾压完成并经压实度检查合格后，应立即开始养生。一般可采用湿砂进行养生，砂层厚度为7~10 cm。砂层摊铺均匀后应立即进行洒水，并在整个养生期间保持砂的潮湿状态。不得用湿黏性土覆盖。养生结束后，必须将覆盖物清除干净。

（3）当没有以上所述的养生条件时，也可以用洒水车经常洒水进行养生。

每天洒水的次数应根据气候而定。在整个养生期间应始终保持水泥稳定土层表层潮湿，随时注意表层情况，必要时可用两轮压路机压实。

（4）对于高速公路和一级公路，水泥稳定土基层的养生期不宜少于 7 d。对于二级及二级以下的公路，如养生期少于 7 d 即铺筑沥青面层，则应限制重型车辆通行。对于二级及二级以下的公路，如基层上为水泥混凝土面板，且面板是用小型机械施工的，则基层完成后可以较早铺筑混凝土面层。

（5）为保证铺筑好的路基不受损坏，在养生期间未采用覆盖措施的水泥稳定土层上，除了必需的洒水车外，应当封闭交通。在采用覆盖措施的水泥稳定土层上，不能完全封闭交通时，应限制重车通行，其他车辆的车速不应超过 30 km/h。

（6）养生期结束后，如果其上部为沥青面层，应先清扫基层，并立即喷洒透层或黏层沥青。在喷洒透层或黏层沥青后，宜在其上均匀撒布 5～10 mm 的小碎（砾）石，用量约为全铺一层用量的 60%～70%。如喷洒的适层沥青能透入基层，且运料车辆和面层混合料摊铺机在其上行驶不会破坏沥青膜时，也可以不撒小碎（砾）石。在撒小碎（砾）石的情况下，应尽早铺筑沥青面层的底面层。在清扫干净的基层上，也可先做下封层，以防止基层干缩开裂，同时保护基层免遭施工车辆破坏，宜在铺设下封层后的 10～30 d 内开始铺筑沥青面层的底面层。如面层为水泥混凝土时，也不宜让基层长期暴晒，以防出现开裂。

第四节　二灰稳定类基层施工质量实施控制

随着工业的迅速发展，工业废渣逐渐增多，如何利用工业废渣已引起各国的高度重视。近年来，我国在利用工业废渣修筑公路方面取得了明显的社会效益和经济效益，不仅提高了公路路面的使用品质，而且降低了工程造价，尤其在"绿色材料"和"变废为宝"方面，具有很大的现实意义。

工程实践和试验证明，工业废渣特别是粉煤灰和煤渣中含有较多的氧化硅、氧化钙和氧化铝等活性物质。用二灰稳定砂性土等低塑性土的效果要比单纯的石灰好得多。

一、石灰工业废渣稳定土一般规定

（1）石灰工业废渣稳定土可利用的工业废渣包括粉煤灰、煤渣、高炉矿渣、钢渣（已经过崩解达到稳定），以及其他冶金矿渣、煤矸石等。

（2）石灰工业废渣材料可分石灰粉煤灰类、石灰其他废渣类。

（3）石灰工业废渣可适用于各级公路的基层和底基层。但二灰、二灰土和二灰砂不应用作二级和二级以上公路高级路面的基层。

（4）石灰工业废渣混合料采用质量配合比计算，以石灰：粉煤灰：集料（或土）的质量比来表示。

（5）石灰工作废渣层宜在春末和夏季组织施工。施工的最低气温应在5℃以上，并在第一次重冰冻（-5℃～-3℃）到来之前1～1.5个月完成。

（6）石灰工业废渣结构层施工时，必须遵守下列规定：配料必须符合设计要求，计量必须准确；石灰摊铺应当均匀，不得出现过于集中或漏铺；石灰工业废渣混合料洒水、拌和应均匀；应严格掌握基层厚度，其路拱横坡要与面层一致；应在混合料处于或略大于最大含水量时进行碾压，直到达到按重型击实试行法确定的要求压实度。

（7）石灰工业废渣层采用12 t以上的压路机进行碾压。用12～15 t三轮压路机碾压时，每层的压实厚度不应超过15 cm；用18～20 t三轮压路机碾压时，每层的压实厚度不应超过20 cm；采用能量大的振动压路机碾压时，对于二灰土，或采用振动羊足碾与三轮压路机配合碾压二灰土时，每层的压实厚度可以根据试验适当增加。压实厚度如果超过上述规定时，应当分层进行铺筑，每层的最小压实厚度为10 cm，下层可以稍厚一些。对于二灰土，应当采用先轻型、后重型的碾压方式。

（8）必须进行保湿养生，不使石灰工业废渣层表面产生干燥。

（9）石灰工业废渣基层上未铺封闭层式面层时，应禁止开放交通，以保护表层不遭受破坏。当施工中断、临时开放交通时，必须采取保护措施。

（10）石灰工业废渣基层施工时，严禁用薄层贴补的办法进行找平。

（11）对于二级和二级以下的公路，用石灰工作废渣做基层和底基层，可以采用路拌法施工；但是，对于二级公路，宜采用专用的稳定土拌和机或采用集中厂拌法拌制混合料。

（12）对于高速公路和一级公路，直接铺筑在土基上的底基层下层可以用专用的稳定土拌和机进行路拌法施工。如果土基上层已用石灰或固化剂进行处理，则底基层的下层也应用集中厂拌法拌制混合料。其上的各个稳定土层都应用集中厂拌法拌制混合料，并应用摊铺机摊铺基层混合料。

二、对原材料的质量要求

1. 对石灰的要求

石灰工业废渣基层所用石灰的质量应符合《建筑生石灰》和《建筑生石灰粉》中规定的技术指标，应尽量缩短石灰的存放时间，如果存放时间较长，应采取覆盖封存措施。有效钙含量在20%以上的等外石灰、贝壳石灰、珊瑚石灰、电石渣等，当其混合料的强度通过试验符合设计要求的抗压标准时方可应用。

2. 对粉煤灰的要求

粉煤灰是火力发电厂燃烧煤粉产生的粉状灰渣，主要成分是二氧化硅和氧化铝，粉煤灰的质量好坏直接影响着二灰土的质量，因此，用于石灰工业废渣的粉煤灰应符合以下几方面的要求：粉煤灰中的二氧化硅、氧化铝和氧化铁的总含量应大于70%，其烧失量不应超过20%；粉煤灰的比表面积应大于 2 500 cm²/g（或90% 通过 0.3 mm 筛孔，70% 通过 0.075 mm 筛孔）。干粉煤灰和湿粉煤灰均可用于石灰工业废渣稳定土中，但用于地基加固工程的湿粉煤灰的含水量不宜超过35%。

3. 对煤渣的要求

用于石灰工业废渣稳定土的煤渣，其最大粒径不应大于 30 mm，颗粒组成宜有一定的级配，且不宜含有杂质。

4. 对土的要求

石灰工业废渣稳定土宜采用塑性指数 12～20 的黏性土（亚黏土）。土块的最大尺寸不应大于 15 mm。不宜选用有机质含量超过 10% 的土。

5. 中粒土和粗粒土

用石灰、粉煤灰稳定的中粒土和粗粒土，不宜用含有塑性指数的土。

6. 一般公路对二灰稳定土的要求

用于二级及二级以下公路的二灰稳定土应符合下列要求：①二灰稳定土用作底基层时，石料的最大粒径不应超过 53 mm；②二灰稳定土用作基层时，集料的最大粒径不应超过 37.5 mm；③碎石、砾石或其他粒状材料的质量宜占 80% 以上。

7. 高等级公路对二灰稳定土的要求

用于高速公路和一级公路的二灰稳定土应符合下列要求：①二灰稳定土用作底基层时，土中碎石、砾石颗粒的最大粒径不应超过 37.5 mm，各种细粒土、中粒土和粗粒土都可以用二灰稳定后用于底基层；②二灰稳定土用作基层时，二灰的质量应占 15%，最多不超过 20%，石料颗粒的最大粒径不应超过 31.5 mm，粒径小于 0.075 mm 颗粒的含量宜接近 0；③对所用的砾石或碎石，应预先筛分成 3~4 个不同粒级。

8. 对压碎值的要求

碎石或砾石的压碎值应符合下列要求。

（1）基层：高速公路和一级公路不大于 30%；二级和二级以下公路不大于 35%。

（2）底基层：高速公路和一级公路压碎值不大于 35%；二级和二级以下公路压碎值不大于 40%。

9. 对水的要求

凡饮用水（包括牲畜饮用水）均可用于石灰工业废渣稳定土。

三、石灰工业废渣稳定土施工要点

（一）路拌法施工控制要点

1. 准备下承层工序

准备下承层的基本要求与水泥稳定土的相关要求相同。

2. 施工放样工序

施工放样过程中的基本要求，与水泥稳定土的相关要求相同。

3. 材料准备工序

（1）运到施工现场的粉煤灰应含有足够的水分，以防止扬尘。在干燥和多风的季节，应使料堆表面保持湿润或者进行覆盖。如在堆放过程中部分粉煤灰凝结成块，使用时应将粉煤灰块打碎。场地集中堆放的粉煤灰应予覆盖，避免雨淋被冲和过分潮湿。

（2）集料和石灰的备料要求，与水泥稳定土的相关要求相同。

（3）计算材料用量。根据各路段石灰工业废渣层的宽度、厚度及预定的干密度，计算各路段需要的干混合料的重量；根据混合料的配合比、材料的含水量以及所用运料车辆的吨位，计算各种材料每车料的堆放距离。

(4)如果路肩用料与石灰工业废渣层用料不同,应当采取培肩措施,先将两侧的路肩培好,路肩料层的压实厚度与稳定土层的压实厚度相同。在路肩上,每隔5～10 m应交错开挖临时泄水沟。

(5)在预定的堆料的下承层上,在堆料前应先洒水,使其表面湿润。

4. 运输与摊铺工序

(1)在材料装车时应控制每车材料的数量基本相等,以保证混合料比例比较均匀、准确。

(2)采用地灰时,先将粉煤灰运到现场;采用二灰稳定土时,先将土运到现场。在同一料场供料的路段内,由远到近将料按计算的距离卸置于下承层表面中间或上侧。卸料距离应保持均匀。

(3)材料每隔一定距离应留一缺口。材料在下承层上的堆置时间不应过长。

(4)为确保摊铺和压实质量,应通过试验确定各种材料及混合料的松铺系数。

(5)采用机械路拌时,应采用层铺法,即每种材料摊铺均匀后,宜先用两轮压路机碾压1～2遍,然后再运送并摊铺下一种材料。摊铺每种材料时应力求平整,并具有规定的路拱。集料应比较湿润,必须事先洒上少量的水。

5. 拌和及洒水工序

(1)对于二级和二级以上公路,应采用专用稳定土拌和机进行拌和,并应当按规定先干拌两遍。用稳定土拌和机进行拌和时,拌和的深度应直到稳定层底,并宜侵入下承层5～10 cm,但也不宜过多,以加强上下层黏结。应设专人跟随拌和机,随时检查拌和深度并配合拌和机操作员调整拌和深度。直接铺在土基上的拌和层宜避免素土夹层,其余各层严禁在拌和层底部留有素土夹层。在进行最后一遍拌和之前,必要时先用多铧犁紧贴底面翻拌一遍。

(2)对于三、四级公路,在没有专用拌和机械的情况下,如为二灰稳定细粒土和中粒土,也可用农用旋转耕作机与多铧犁或平地机相配合拌和四遍。先用旋转耕作机拌和,后用铧犁式平地机将底部素土翻起,再用旋转耕作机拌和第二遍,用多铧犁或平地机将底部料再翻起,并随时检查调整翻犁的深度,使稳定土层全部翻透。严禁在稳定土层与下承层之间残留一层素土,但也应防止翻犁过深,过深会破坏下承层的表面。

(3)对于三、四级公路,在没有专用拌和机械的情况下,如为二灰稳定中粒土和粗粒土,也可用农用缺口圆盘耙与多铧犁或平地机相配合进行干拌。用平地机或多铧犁在前面翻拌,用圆盘耙跟在后面拌和,即采用边翻边耙的方法。圆盘耙的速度应尽量快,使二灰和集料拌和均匀。前后共翻拌四遍,开始的两遍不应翻犁到底,以防止二灰落到底部;后面的两遍应翻犁到底,随时检查调整翻犁的深度。

(4)用喷管式洒水车将水均匀地喷洒在干拌后的混合料上,洒水的距离应当长些,水车起洒处和另一端调头处都应超出拌和段 2 m 以上。洒水车不应在正进行拌和以及当天计划拌和的路段上调头和停留,以防止局部水量过大。

(5)拌和机械应紧跟在洒水车后面进行拌和,尤其在纵坡大的路段上应配合紧密,以减少水分流失。在洒水拌和的过程中,应及时检查混合料的含水量。水分宜大于最佳含水量的 1% 左右。

(6)在拌和过程中,要及时检查拌和的深度,要使石灰工业废渣层全深都拌和均匀。拌和完成的标志:混合料色泽一致,没有灰条、灰团和花面,没有粗细颗粒"窝"或"带",且水分合适和均匀。

(7)对于二灰级配集料,应先将石灰和粉煤灰拌和均匀,然后均匀地摊铺在集料层上,再一起进行拌和。

6. 整形工序

(1)平地机整形。平地机是公路土方工程中用于整形和平整作业的主要机械,广泛用于公路、机场等大面积的地面平整作业。

①混合料拌和均匀后,先用平地机进行初步整平和整形。在直线段及不设超高的平曲线段,平地机由两侧向路中心进行刮平;在设超高的平曲线段,平地机由内侧向外侧进行刮平。必要时,再返回刮一遍。

②用拖拉机、平地机或轮胎压路机快速碾压 1~2 遍,以暴露潜在的不平整。再用平地机进行整形,并用轮胎压路机械再碾压一遍。在整形过程中,应及时消除粗细集料离析现象。

③对于局部低洼处,应用齿耙将其表层 5 cm 以上耙松,并用新拌的二灰级配集料找补平然后再用平地机整形一次。

④每次整形都要按照规定的坡度和路拱进行,并应特别注意接缝顺适平整。

(2)人工整形。人工用锹和耙先将混合料摊平,用路拱板进行初步整形。用拖拉机初压 1~2 遍后,根据试验确定的松铺系数确定纵横断面的标高,并钉桩、挂线。利用锹和耙按线进行整形,并用路拱板校正成型。

(3)在整形的过程中必须禁止任何车辆通行。

(4)初步整形后,检查混合料的松铺厚度,必要时应进行补料或减料。二灰土的松铺系数为 1.5 ~ 1.7；二灰集料的松铺系数为 1.3 ~ 1.5；人工铺筑石灰煤渣土的松铺系数为 1.6 ~ 1.8；石灰煤渣集料的松铺系数为 1.4。用机械拌和及机械整形时，集料松铺系数为 1.2 ~ 1.3。

7. 碾压、接缝和调头工序

施工过程中的碾压、接缝和调头工序基本要求与水泥稳定土的相关要求相同。

（二）中心站集中厂拌法施工控制要点

（1）石灰工业废渣混合料可以在中心站用多种机械进行集中拌和，也可用路拌机械或人工在现场进行分批集中拌和。对于高速公路和一级公路，应采用专用稳定土集中厂拌机械拌制混合料。

在集中拌和时应符合下列要求。

①土块最大尺寸不应大于 15 mm；粉煤灰块不应大于 12 mm，且 9.5 mm 和 2.36 mm 筛孔的通过量应分别大于 95% 和 75%。

②不同粒级的砾石或碎石以及细集料都应分开堆放。石灰、粉煤灰和细集料都应有覆盖，防止雨淋过湿。

③配料应准确，拌和应均匀。混合料的含水量应略大于最佳含水量，使混合料运到现场摊铺后碾压时的含水量能接近最佳值。

（2）除满足下列要求外，其他要求同水泥稳定土相关要求。

①堆放时间要求。拌成混合料的堆放时间不宜超过 24 h，宜在当天将拌成的混合料运送到铺筑现场，不应将拌成的混合料长时间堆放。

②关于横向接缝。如压实层末端未用方木做支撑处理，在碾压后末端成一斜坡，则在第二天开始摊铺新混合料之前，应将末端斜坡挖除，并挖成一横向（与路中心线垂直）垂直向下的断面。挖出的混合料加水到最佳含水量拌匀后仍可使用。

（三）人工沿路拌和法施工控制要点

1. 适用范围

对于二级以下公路和不适宜采用机械施工的小工程，可以采用人工沿路拌和法施工。

2. 备料

（1）将细土或集料按事先计算的数量（或折算成体积）运到路上分堆堆放，且应每隔一定距离留一缺口。

（2）将粉煤灰或煤渣按事先计算的数量（或折算成体积）运到路上，直接卸在细土堆上或集料堆旁。

（3）将石灰按事先计算的数量（或折算成体积）运到路上，直接卸在粉煤灰或煤渣上。

3. 拌和

（1）筛拌法。将土、粉煤灰和石灰混合或交替过孔径 15 mm 的筛，筛余土块、粉煤灰块随打碎随过筛。过筛以后，适当加水至比最佳含水量大于 1% ~ 2%，并拌和均匀。

（2）翻拌法。将过筛的土、粉煤灰或煤渣和石灰先干拌 1 ~ 2 遍，然后加水拌和均匀，不宜少于 3 遍。

（3）对于二灰集料和石灰煤渣集料，应先将石灰和粉煤灰或煤渣拌和均匀，然后再与集料一起拌和均匀。

（4）为使混合料的水分均匀，宜在当天拌和后堆放闷料，第二天再进行摊铺。

4. 摊铺

将拌和好的混合料按规定的松铺厚度摊铺均匀。

5. 整形和碾压

人工沿路拌和法施工的整形和碾压与路拌法施工相同。

（四）其他方面

1. 路缘处理

如石灰工业废渣层上为薄沥青面层，基层每边应较面层展宽 20 cm 以上。在基层全宽上喷洒透层或粘层沥青或设下封层，沥青面层边缘向外侧做成三角形。

2. 注意排水

如设置路缘石，必须注意防止路缘石阻滞路面表面水和结构层中的水的排除。

四、养护及交通管制

（1）石灰工业废渣稳定土层碾压完成的第 2 天或第 3 天开始养护。每天洒水的次数应根据气候条件而定，应始终保持表面潮湿，也可用泡水养护法。对于二灰稳定粗、中粒土的基层，也可用沥青乳液和沥青下封层进行养护，养护期一般为 7 d。二灰层宜采用泡水养护法，养护期应为 14 d。在养护期间，为保护刚刚碾压好的稳定土层，除洒水车外，应当一律封闭交通。

（2）对于二灰集料基层，养护期结束后，宜先让施工车辆慢速通行 7 ~ 10 d，磨去表面的二灰薄层，或用带钢丝刷的机械扫刷去表面的二灰薄层。清扫和冲洗干净后再喷洒透层或粘层沥青。在喷洒透层或粘层沥青后，宜撒布 5 ~ 10 mm 的小碎（砾）石，小碎（砾）石均匀撒布 60% ~ 70% 的面积。然后应尽早铺筑沥青面层的底面层。如喷洒的透层沥青能透入基层，当运料车辆和面层混合料摊铺机在上行驶不会破坏沥青膜时，可以撒小碎（砾）石。

（3）在清扫干净的基层上，也可先做下封层，防止基层干缩开裂，同时保护基层免遭施工车辆的破坏。宜在铺设下封层后的 10 ~ 30 d 内开始铺筑沥青面层的底面层。如为水泥混凝土面层，也不宜让基层长期暴晒，以免开裂。

（4）石灰工业废渣底基层分层施工时，下层碾压完毕后，可以立即铺筑上一层，不需专门的养生期；也可以养生 7 d 后再铺筑另一层。

第五节　石灰稳定类底基层施工质量实施控制

石灰稳定土具有较高的抗压强度、一定的抗弯强度和抗冻性，也有较好的稳定性，但干缩性和温缩性较大。因此，石灰稳定土适用于各级公路路面的底基层，可以做三级和二级以下的公路的基层，但石灰土不应用作高级路面的基层。在冰冻地区的潮湿路段以及其他地区的过分潮湿路段，不宜用石灰土做基层。必须用石灰土做基层时应采取隔水措施，防止水分浸入石灰土层。

一、石灰稳定土的一般规定

根据行业标准《公路路面基层施工技术细则》（JTG/T F20—2015）中的规定，石灰稳定土的一般规定如下。

（1）按照石灰稳定土中单个颗粒的粒径大小和组成，将土分为细粒土、中粒土和粗粒土三种。

（2）石灰剂量以石灰质量占全部粗细土颗粒干质量的百分率表示，即石灰剂量 = 石灰质量 / 干土质量。

（3）石灰稳定土适用于各级公路的底基层，以及二级和二级以下公路的基层，但石灰土不得用作二级公路的基层和二级以下公路高级路面的基层。

（4）在冰冻地区的潮湿路段以及其他地区的过分潮湿路段，不宜采用石灰土做基层。当只能采用石灰土时，应采取措施防止水分浸入石灰土层。

（5）石灰稳定土层应在春末和夏季组织施工。施工期的日最低气温应在5℃以上，并应在第一次重冰冻（-35℃~-5℃）到来之前1~1.5个月完成。稳定土层宜经历半个月以上温暖和热的气候养生。多雨地区应避免在雨季进行石灰土结构层的施工。

（6）在雨季进行石灰稳定中粒土和粗粒土施工时，应采用排除表面水的措施，防止运到路上的集料过分潮湿，并应采取措施保护石灰免遭雨淋。

（7）石灰稳定土层施工时，应遵守下列规定：①细粒土应尽可能粉碎，土块最大尺寸不应大于15 mm；②配料应准确；③采用路拌法施工时，石灰应摊铺均匀；④洒水、拌和应均匀；⑤应严格控制基层的厚度和高程，其路拱横坡与面层一致。

（8）在混合料处于最佳含水量或略小于最佳含水量（1%~2%）时进行碾压，直到达到按重型击实试验法确定的要求压实度。

（9）石灰稳定土基层施工时，严禁用薄层贴补的办法进行找平。

（10）在采用石灰土做基层时，必须采取措施防止表面水透入基层，同时应经历一个月以上的温暖和热的气候养生。作为沥青路面的基层时，还应采取措施加强基层与面层的联结。

（11）石灰改善土的施工方法，可按行业标准《公路路面基层施工技术细则》（JTG/T F20—2015）中的有关规定执行。

（12）对于二级以下的公路，石灰稳定土基层和底基层可以采用路拌法施工。对于二级公路，宜采用专用的稳定土拌和机路拌或用集中厂拌法拌制混合料。

（13）对于高速公路和一级公路，直接铺筑在土基上的底基层下层可以用专用稳定土拌和机进行路拌法施工，如土基上层已用石灰或固化剂处理，则底基层的下层也应用集中拌和法拌制混合料。其上的各个稳定土层都应用集中厂拌法拌制混合料并用摊铺机摊铺混合料。

二、对原材料的基本要求

（一）对混合料的要求

1. 土的性质和粒径

（1）塑性指数为15~20的黏性土以及含有一定数量的黏性土的中粒土和

粗粒土均适宜用石灰稳定。用石灰稳定无塑性指数的级配砂砾、级配碎石和未筛分碎石时，应添加15%的黏性土。塑性指数在15以上的黏性土更适宜于用石灰和水泥综合稳定。

（2）塑性指数在10以下的亚砂土和砂土用石灰稳定时，应采取适当的技术措施或采用水泥稳定。

（3）塑性指数偏大的黏性土应加强粉碎，粉碎后土块的最大尺寸不应大于15 mm。一般可以采用两次拌和法，第一次加部分石灰拌和后闷放1~2 d，再加入其余的石灰进行第二次拌和。

2.对石灰稳定土的要求

（1）石灰稳定土用作高速公路和一级公路的底基层时，颗粒的最大粒径不应超过37.5 mm；用作其他等级公路的底基层时，颗粒的最大粒径不应超过53mm。

（2）试验证明，石灰稳定土用作基层时，颗粒的最大粒径不应超过37.5 mm。级配碎石、未筛分碎石、砂砾、碎石土、沙砾土、煤矸石和各种粒状矿渣等均宜用作石灰稳定土的材料。石灰稳定土中的碎石、沙砾或其他粒状材料的含量应在80%以上，并应具有良好的级配。

（3）石灰稳定土中碎石或砾石的压碎值应符合下列要求。

①基层：对于二级公路不大于30%；对于二级以下公路不大于35%。

②底基层：对于高速公路和一级公路不大于35%；对于二级和二级以下公路不大于40%。

（4）硫酸盐含量超过0.8%的土和有机质含量超过10%的土，不宜用石灰稳定，可用水泥稳定。

（二）混合料组成设计

1.一般规定

（1）通过试验选取最适宜于稳定的土，确定必需的或最佳的石灰剂量和混合料的最佳含水量，在需要改善混合料的物理力学性质时，还应确定掺加料的比例。

（2）采用综合稳定土时，如水泥用量占结合料总量的30%以下，则应按照本节中的有关技术要求进行组成设计。

（3）石灰稳定土的各项试验应按照现行行业标准《公路工程无机结合料稳定材料试验规程》（JTG E51—2009）进行。

2.原材料试验

（1）在石灰稳定土层施工前，应取所定料场中有代表性的土样进行下列试验：颗粒分析试验、液限和塑性指数试验、击实试验、碎石或砾石的压碎值试验、有机质含量试验（必要时做）以及硫酸盐含量试验（必要时做）。

（2）如碎石、碎石土、砂砾、沙砾土等的级配不好，宜先改善其级配。

（3）应检验石灰的有效钙和氧化镁含量。

（三）混合料的设计步骤

（1）确定混合料的最佳含水量和最大干密度，至少做3个不同石灰剂量混合料的击实试验，即最小剂量、中间剂量和最大剂量，其余两个混合料的最佳含水量和最大干密度用内插法进行确定。

（2）按规定的压实度，分别计算不同石灰剂量的试件应有的干密度。

（3）按最佳含水量和计算干密度制备试件。如果试验结果的偏差系数大于表中规定的值，则应重做试验，并找出原因，加以解决。如不能降低偏差系数，则应增加试件的数量。

（4）试件在规定温度下保湿养生6 d、浸水24 h后，按照行业标准《公路工程无机结合料稳定材料试验规程》（JTG E51—2009）进行无侧限抗压强度试验。

（5）计算试验结果的平均值和偏差系。

（6）工地实际采用的水泥剂量应比室内试验确定的剂量多0.5%~1.0%。采用集中厂拌法施工时，可以增加0.5%；采用路拌法施工时，宜增加1.0%。

（7）石灰稳定不含黏性土的级配碎石、未筛分碎石和级配砂砾用作高级沥青路面的基层时，碎石和沙砾的颗粒组成应符合有关级配的规定，或未筛分碎石或级配砾石的级配范围，并应添加黏性土。石灰和所加土的总质量与碎石或沙砾的质量比为（1:4）~（1:5），即碎石或砾石在混合料中的质量应不少于80%。

（8）综合稳定土的组成设计与上述步骤相同。

（四）混合料设计注意事项

（1）工地现场使用的石灰多数是消石灰，也可能是磨细生石灰粉。进行混合料的击实试验和抗压强度试验时，使用的石灰应与工地现场使用的石灰相同。

（2）如石灰土混合料的强度达不到规定的抗压强度标准，应掺加适量的水泥或改用另一种土。塑性指数过小的土通常不适宜用石灰稳定，应改为水泥稳定。

（3）配比为1:4的石灰土集料7 d的抗压强度比较小，而实际道路路面的承载能力却并不差。为便于试验，可仅对石灰土做组成设计，此时石灰土的 7 d 抗压强度应大于 0.8 MPa。在选定配含比后，应再进行石灰土集料 7 d 的抗压强度试验，以积累资料。在确定石灰砂砾（或碎石）土的计算回弹模量和强度时，也应用选定配合比的石灰土混合料制备试件。

三、石灰稳定土的施工要点

石灰稳定土的施工方法主要包括路拌法施工、集中厂拌和法施工和人工沿路拌和法三种，它们各自适用于不同的情况，具有不同的施工要点。

（一）路拌法施工质量控制要点

1. 工艺流程

路拌法施工石灰稳定土的工艺流程比较简单，主要包括准备下承层、施工放样、备好集料和石灰、洒水闷料、摊铺整平和轻压、卸置和摊铺石灰、干拌与湿拌、整形和碾压、接缝和调头处处理、养生。

2. 准备下承层工序

（1）准备下承层。

当石灰稳定土用作基层时，要准备底基层；当石灰稳定土用作底基层时，要准备土基。对于石灰稳定土的下承层总的要求：表面应平整、坚实，具有规定的路拱，没有任何松散材料和软弱处。因此，对底基层或土层，必须按有关规定进行验收。凡验收不合格的路段，必须采取一定措施，使其达到标准后方能在其上铺筑石灰土基层。

（2）处理下承层。

当石灰稳定土用作基层时，要准备底基层；当石灰稳定土用作老路面的加强层时，要准备老路面；当石灰稳定土用作底基层时，要准备土基。

（3）做好排水。

在槽式断面的路段，两侧路肩上每隔 5 ~ 10 m 的距离交错开挖泄水沟（或盲沟），以便及时排出积水，保证底基层或土基的干燥。

3. 施工放样工序

（1）在底基层或老路面或土基上恢复中线。在直线段每隔 15 ~ 20 m 设一个桩，平曲线段每隔 10 ~ 15 m 设一个桩，并在两侧路肩边缘外设指示桩。

（2）进行水平测量，在两侧指示桩上用明显标记标出石灰稳定土基层边缘的设计标高。

4. 施工备料工序

备料应根据各段石灰稳定土层的宽度、厚度及预定的压实度（换算为压实密度），计算出各路段需要的干集料质量。根据料场集料的含水量和运输车辆的吨位，确定每车料的摊铺面积和堆放距离。

（1）集料的储备。

在储备集料前，应先将树木、草皮和杂土清除干净，并在预定采料深度范围内自上而下采集集料，但不宜分层进行采集，不应将不合格材料采集在一起。如果分层采集集料，则应将来料先分层堆放在场地上，然后从前到后（上下层一起装入汽车）将料运到施工现场。集料中的超尺寸颗粒应予以筛除。对于塑性指数大于 12 的黏性土，可根据土质情况和机械性能确定是否需要过筛。

（2）石灰的储备。

石灰应选在公路两侧宽敞、邻近水源且地势较高的场地集中进行堆放。预计堆放时间较长时，应用土或其他材料覆盖封存。石灰堆放在集中拌和场地时，需要搭设防雨棚。石灰在使用前 7～10 d 充分消解。消解后的石灰应保持一定的湿度，以防止过于干燥产生飞扬，但也不能过湿成团，且消石灰宜过孔径 10 mm 的筛。

5. 运料与摊铺

（1）运输料物。

在进行运料前，应先洒水，使其表面保持湿润，但不应过分潮湿而造成泥泞。在同一料场供料的路段内，由远到近将料按本计算的距离卸置于下承层表面的中间或上侧，应严格掌握卸料距离，避免有的路段土料不够或过多。土料装车时，应控制每车土料的数量基本相等，以使每路段卸料均匀。料堆每隔一定的距离留下一个缺口。土在下承层上的堆置时间不应过长，运送土应宜比摊铺土工序提前 1～2 d。

（2）摊铺集料。

在摊铺集料时，应事先通过试验确定土的松铺系数。对于能封闭交通的道路，摊铺集料应在摊铺石灰的前一天进行。摊料长度应与施工日进度相同，以次日施工需要量为准。对于不能封闭交通的道路以及雨季，应在当天摊铺集料。用平地机或其他合适的机具将集料均匀摊铺在预定的宽度上，表面应力求平整，并满足规定的路拱。在摊铺过程中，应注意将土块、超尺寸颗粒及其他杂物拣除。如果集料中有较多的土块，应进行粉碎。

（3）摊铺石灰。

在摊铺石灰时，如果黏性土过干，应事先洒水进行闷料，使其含水量略小于最佳值。在人工摊铺的集料层上，用 6～8 t 的两轮压路机碾压 1～2 遍，使集料层的表面平整，并具有一定的密实度。然后按计算的每车石灰的纵横间距，用石灰在集料层上做卸置石灰的标记，同时画出摊铺石灰的边线，用刮板将卸置的石灰均匀地摊开。石灰摊铺完毕后，表面应没有空白位置。然后量测石灰的松铺厚度，根据石灰的含水量和松铺密度，校核石灰用量是否合适。

6. 拌和与洒水

（1）对于二级及工级以上公路，要求同水泥稳定土的相关规定。当使用生石灰粉时，宜先用平地机或多铧犁将石灰翻到土层中间，但不能翻到底部。

（2）对于三、四级公路的石灰稳定细粒土和中粒土，在没有专用拌和机械的情况下，也可用农用旋转耕作机与多铧犁或平地机相配合拌和四遍。先用旋转耕作机拌和，后用铧犁式平地机将底部素土翻起。再用旋转耕作机拌和两遍，用多铧犁或平地机将底部料再翻起，并随时检查调整翻犁的深度，使稳定土层全部翻透。严禁在稳定土层与下承层之间残留一层素土，但也应防止翻犁过深而破坏下承层的表面。也可以用缺口圆盘耙与多铧犁或平地机相配合拌和石灰稳定细粒土、中粒土和粗粒土。其要求与水泥稳定土相关部分相同。

（3）在拌和过程中，混合料的含水量及检查同水泥稳定土相关要求。

（4）如为石灰稳定加黏性土的碎石或沙砾，则应先将石灰和黏性土拌和均匀，然后均匀地摊铺在碎石或砂砾层上，再一起进行拌和。

（5）用石灰稳定塑性指数大的黏土，应采用两次拌和法。第一次加 70%～100% 预定剂量的石灰进行拌和，闷放 1～3 d，此后再补足需用的石灰，进行第二次拌和。

7. 整形工序

（1）混合料拌和均匀后，应立即用平地机初步进行整形。在直线段上，平地机由两侧向路中心进行刮平；在平曲线段上，平地机由内侧向外侧进行刮平。如果必要时，再返回刮一遍。

（2）用拖拉机、平地机或轮胎压路机立即在初步整形的路段上快速碾压一遍，以暴露出潜在的不平整之处。

（3）再用平地机按照（1）进行整形，整形前应用齿耙将轨迹低洼处表层 5 cm 以上耙松，并按照（2）的方法再碾压一遍。

（4）对于暴露出的局部不平和低洼处，应用齿耙将其表层 5 cm 以上耙松，并用新拌的混合料进行找平。

（5）再用平地机整形一次。应将高处料直接刮出路外，不应形成薄层贴补现象。

（6）每次整形都应达到规定的坡度和路拱，并应特别注意接缝处必须顺适平整。

（7）当采用人工整形时，应用锹和耙先将混合料摊平，用路拱板进行初步整形。用拖拉机初压 1～2 遍后，根据实测的松铺系数，确定纵横断面的标高并设置标记和挂线。利用锹、耙按线进行整形，再用路拱板校正成型。如为水泥土，在拖拉机初压之后，可用重型框式路拱板（由拖拉机牵引）进行整形。

（8）在整个整形的过程中，严禁任何车辆在上面通行，并保持无明显的粗细集料离析现象。

8. 碾压工序

（1）根据路宽、压路机的轮宽和轮距的不同，制订切实可行的碾压方案，应使各部分碾压到的次数尽量相同，路面的两侧应多压 2～3 遍。

（2）在整形之后，当混合料中的含水量为最佳含水量（+1%～+2%）时，应立即用轻型压路机并配合 12 t 以上压路机在结构层全宽内进行碾压。直线和不设超高的平曲线段，由两侧路肩向路中心碾压；设超高的平曲线段，由内侧路肩向外侧路肩进行碾压。碾压时，应重叠 1/2 轮宽，后轮必须超过两段的接缝处，后轮压完路面全宽时，即为一遍。一般需要碾压 6～8 遍。压路机的碾压速度，头两遍以采用 1.5～1.7 km/h 为宜，以后以采用 2.0～2.5 km/h 为宜。采用人工摊铺和整形的稳定土层，宜先用拖拉机或 6～8 t 两轮压路机或轮胎压路机碾压 1～2 遍，然后再用重型压路机进行碾压。

（3）严禁压路机在已完成的或正在碾压的路段上调头或急刹车，应保证稳定土层表面不受破坏。

（4）在碾压过程中，水泥稳定土的表面应始终保持湿润，如果水分蒸发过快，应及时补洒少量的水，但严禁洒大水碾压。

（5）在碾压过程中，如果出现"橡皮土"、松散、起皮等现象，应及时翻开重新进行拌和（加适量的水泥）或用其他方法处理，使其达到质量要求。

（6）经过拌和、整形的水泥稳定土，宜在水泥初凝前并应在试验确定的延迟时间内完成碾压，并达到要求的密实度，同时没有明显的轨迹。

（7）在碾压结束之前，用平地机再终平一次，使其纵向顺适，路拱和超高符合设计要求。终平应仔细进行，必须将局部高出部分刮除并扫出路外；对于局部低洼之处不再进行找补，可留待铺筑沥青面层时处理。

9. 施工中应注意的问题

（1）接缝的处理。两个工作段的搭接部分，应采用对接形式。前一段拌和后，留出 5~8 m 长度不进行碾压。在后一段施工时，将前段未碾压部分一起再进行拌和。这样可以使前后两段成为一个整体。

（2）"调头"的处理。拌和机械及其他机械不宜在已压成的石灰稳定土层上调头。如必须在上面进行调头时，应采取措施保护调头部分，使石灰稳定土表层不受损坏。

（3）路缘的处理。当石灰稳定土层上为薄沥青面层时，基层每边应较面层宽出 20 cm 以上。在基层全宽上喷洒透层沥青或设下封层，沥青面层边缘以三角形向路肩抛出 6~10 cm。如果设路缘块时，必须注意防止路缘块阻滞路面表面水和结构层中的水。

（4）纵缝的处理。纵缝的处理同水泥稳定土相关要求。

（5）特殊土的处理。用石灰稳定低塑限指数的砂性土和粉性土时，在碾压过程中容易起皮松散，成型比较困难，施工时需要洒大量的水，一般应分两个阶段进行碾压：第一阶段，洒水后用履带拖拉机先压 1~3 遍，使其达到初步稳定；第二阶段，待水分接近最佳含水量时，再继续用 12 t 以上压路机进行压实。当缺少履带拖拉机时，洒水后先用轻型压路机碾压两遍，然后覆盖一层素土，继续用 12 t 以上压路机压实，在养生后将素土层清除干净。

（二）集中厂拌和法施工质量控制要点

石灰稳定土可以在中心站用多种机械集中拌和，如强制式拌和机、双转轴桨叶式拌和机等。集中拌和是目前石灰稳定土基层施工中提倡采用的方法，有利于保证配料的准确性和拌和的均匀性。集中厂拌和法施工主要可分为备料、拌制、运输、摊铺、整形与碾压等工序。

1. 备料

对于土块要加以粉碎，最大尺寸不应大于 15 mm。集料的最大粒径和级配都应符合要求，必要时应先筛除集料中不符合要求的颗粒，配料要准确。在潮湿多雨地区施工时，还应采取措施保护集料，特别是细集料和石灰应避免遭受雨淋和水浸。

2. 拌制

在正式拌制石灰稳定土混合料之前，必须先调试所用的厂拌设备，使混合料的颗粒组成和含水量都能达到规定的要求。集料的颗粒组成发生变化时，应重新调试设备；应根据集料和混合料的含水量及时调整加水量，拌和要均匀。

3. 运输

已拌和完毕的混合料应尽快运送到铺筑现场。如果运距较远、气温较高，车上的混合料应加以覆盖，以防水分过多蒸发。

4. 摊铺

（1）可用稳定土摊铺机、沥青混凝土摊铺机或水泥混凝土摊铺机摊铺混合料；如果没有上述摊铺机，也可用摊铺箱进行摊铺。如石灰土层分层摊铺时，应先将下层顶面拉毛，再摊铺上层混合料。

（2）拌和机与摊铺机的生产能力应互相协调。如拌和机的生产能力较低，在用摊铺机摊铺混合料时，应尽量采用最低速度摊铺，减少摊铺机停机待料的情况。

（3）石灰土混合料摊铺时的松铺系数应根据摊铺机械类型而异，必要时应通过试铺碾压求得。

5. 整形

（1）石灰土混合料运至现场经摊铺达到预定的松铺厚度时，应立即进行初整形。在直线段，平地机由两侧向路中进行刮平；在平曲线超高段，平地机由内侧向外刮平。

（2）初步整形的灰土可用履带拖拉机或轮胎式压路机稳压1~2遍，再用平地机进行整形，并用上述压实机械再碾压一遍。

（3）对局部低洼处，应用齿耙将其表层5 cm以上耙松，并用新拌和的石灰土混合料找补平整，再用平地机整形一次。

（4）在整形施工过程中，禁止任何车辆通行。

6. 碾压

（1）混合料表面整形后应立即开始压实。混合料的压实含水量应在最佳含水量的±1%范围内。如因整形工序导致表面水分不足时，应当根据实际适当洒水。

（2）用12~15 t三轮压路机碾压时，每层压实厚度不应超过15 cm；用18~20 t三轮压路机或相应功能的滚动压路机碾压时，每层压实厚度不应超过20 cm。压实厚度超过上述规定时，应分层进行铺筑，每层的最小压实厚度为10 cm。

（3）直线段由两侧路肩向路中心碾压，超高段由内侧向外侧路肩碾压，碾压时后轮应重叠 1/2 的轮宽，后轮必须超过两段的接缝处。后轮（压实轮）压完路面全宽时，即为一遍。一般碾压 6~8 遍。压路机的碾压速度，头两遍采用 1.5~1.7 km/h 为宜，以后可采用 2.0~2.5 km/h，为确保路的最薄弱部位的压实质量，路的两侧可多压 2~3 遍。

（4）严禁压路机在已完成的或正在碾压的路上调头和急刹车，以保证灰土表面不受破坏。如确有必要时，应采取措施（如覆盖 10 cm 厚的砂或沙砾）保护调头部分的灰土表面。

（5）在碾压过程中，石灰土的表面应始终保持规定的湿度，如果表面水分蒸发太快，应及时补充洒水，以防其表面出现开裂。

（6）石灰土在碾压中，如果出现"弹簧"、松散、起皮等质量问题，应及时将其翻开晾晒，或者更换新混合料重新拌和碾压。

（7）在碾压结束之前，用平地机将石灰土表面再终平一次，使其纵向顺畅、路拱和超高符合设计要求。在进行终平时，必须将局部高出部分刮除，并清理出路面以外。

（8）一个作业段完成之后，应按照规定的方法和频率检查石灰土的压实度。在一般情况下开始阶段每一作业段检查 6 次，然后用碾压遍数与检查相结合，每 1 000 m 为 6~10 次。如果在铺一层或工程验收之前，被检验的石灰土未达到规定的压实度，必须进行返工。

（9）为保证石灰土的施工质量，在施工过程中，其拌和和碾压的间隔时间不得超过 2 d。

7. 养生

（1）刚压实成型的石灰土底基层，在铺筑基层之前，至少要在保持潮湿状态下养生 7 d。养生的具体方法可根据具体情况采用洒水、覆盖等。在整个养生期间，石灰土表层不得出现忽干忽湿，每次洒水后应用两轮压路机将表层压实。

（2）在养生期间未采用覆盖措施的石灰土底基层上，除洒水车外严禁其他车辆通行。

（三）人工沿路拌和法施工质量控制要点

1. 适用场合

对于二级以下公路的小工程或零星工程，可以采用人工沿路拌和法施工。

2. 备料工序

（1）将需稳定的土料按事先计算的数量运到路上分堆进行堆放，并按需要每隔一定距离留一缺口。

（2）将消石灰按事先计算的数量运到路上，直接卸在土堆上或卸在土堆的一旁，以便石灰与土料进行混合。

3. 拌和工序

人工沿路拌和法施工，在将石灰和土料拌和时可根据实际分别采用筛拌法和翻拌法。

（1）筛拌法。如果发现土料和石灰中有较大颗粒，可将土和石灰混合或交替过孔径为 15 mm 的筛，筛余土块随打碎随过筛。过筛以后，适当加水，拌和到均匀为止。

（2）翻拌法。如果土料和石灰中没有较大颗粒时，可直接将土料和石灰先干拌 1~2 遍，然后再加入适量的水进行拌和，至少拌和 3 遍，直至拌和均匀为止。

（3）为使混合料的水分充分均匀，可在当天拌和后堆放闷料，第 2 天再进行摊铺。

4. 摊铺工序

将拌和均匀的石灰土混合料按照设计的松铺厚度摊铺均匀，以便对其进行整形和碾压。

5. 整形与碾压

石灰稳定土的整形与碾压与路拌法相同，这里不再赘述。

（四）养护及交通管制

（1）石灰稳定土在养护期间应保持一定的湿度，但不应过湿或忽干忽湿。养护的时间在一般气候条件下不宜少于 7 d。每次洒水后应用两轮压路机将表层压实。石灰稳定土基层碾压结束后 1~2 d，当其表层较干燥（如石灰土中的含水量不大于 10%，石灰粒料土中的含水量为 5%~6%）时，可以立即喷洒透层沥青，然后做下封层或铺筑面层，但初期应禁止重型车辆通行。

（2）在养护期间未采用覆盖措施的石灰稳定土层上，除洒水车外，应封闭交通。在采用覆盖措施的石灰稳定土层上，不能封闭交通时，应当限制车速不得超过 30 km/h，禁止重型卡车通行。

（3）养护期结束后，在铺筑沥青面层前，应清扫基层并喷洒透层沥青或做下封层。如果面层是沥青混凝土，在喷洒透层沥青后，应撒布 5~10 mm 的小碎（砾）石，小碎（砾）石应均匀撒布约 60% 的面积。如果喷洒的透层沥青能透入基层，其上作业车辆不会破坏沥青膜时，可以不撒布小碎（砾）石。在喷洒沥青时，石灰稳定土层的上层应比较湿润。

（4）石灰稳定土分层施工时，下层石灰稳定土碾压完成后，可以立即铺筑上一层石灰稳定土，不需要专门的养护期。

第五章　桥面及其附属工程质量控制

第一节　桥面及其附属工程基本规定

一、桥面及其附属工程的一般规定

（1）支座、伸缩装置、桥面防水与排水、桥面铺装、桥面防护设施及桥头搭板、金属防撞护栏的施工应符合现行行业标准《公路交通安全设施施工技术规范》的有关规定。

（2）支座、伸缩装置等桥梁专用产品应由具有相应资质的专业厂家制造，且在进场时应按相应产品标准的要求进行抽样检测。桥面防水材料的进场抽样检测应按相应产品标准的要求进行。

（3）桥面铺装施工时，运料车辆的等候排队应按施工组织设计的规定保持足够的距离，应避免车辆过于集中导致超载或偏载，损伤桥梁结构。

二、桥面及其附属工程具体规定

（一）支座

（1）支座的规格、性能应符合设计要求，并应符合相应产品标准及桥梁工程施工质量控制手册的规定。

（2）支座在使用前应对其规格和技术性能进行核对检查，不符合设计要求的不得用于工程中。对于有包装箱保护的支座，在安装前方可拆箱，并不得随意拆卸支座上的固定件。

（3）支座在安装前应对支座垫石的混凝土强度、平面位置、顶面高程、预留地脚螺栓孔和预埋钢垫板等进行复核检查，确认符合设计要求后方可进行安装。支座垫石的顶面高程应准确，表面应平整、清洁。对于先安装后填灌浆料的支座，其垫石的顶面应预留出足够的灌浆料层的厚度。

（4）安装支座时，应分别在垫石和支座上标出纵横向的中心十字线。安装完成后，支座应与梁在顺桥向的中心线相平行或重合，且支座应保持水平，不得有偏斜、不均匀受力和脱空等现象。

（5）板式橡胶支底应符合现行行业标准《公路桥梁板式橡胶支座》的规定，其安装施工应符合下列规定。

①支座在顺桥向和横桥向的方向、位置应准确，安装时应进行检查核对，避免反置。

②当顺桥向有纵坡导致相邻墩（台）的高程不同时，支底安装对高程的控制应符合设计规定，且同一片梁（板）在考虑坡度后其相邻墩垫石顶面高程的相对误差不得超过 3 mm。

③梁、板吊装时，就位应准确且其底面应与支座密贴，否则应将梁、板吊起，重新调整就位、安装。安装时不得采用撬棍移动梁、板的方式进行就位。

（6）盆式支座应符合现行行业标准《公路桥梁盆式支座》的规定，其安装施工应符合下列规定。

①梁、板底面和垫石顶面的钢垫板应埋置稳固。垫板与支座间应平整密贴，支座四周不得有 0.3 mm 以上的缝隙，并应保持清洁。

②活动支座的聚四氟乙烯板和不锈钢板不得有刮伤、撞伤。氯丁橡胶板块应密封在钢盆内，应排除空气，保持紧密。

③活动支座安装前应采用适宜的清洁剂擦洗各相对滑移面，擦净后应在四氟滑板的储油槽内注满硅脂类润滑剂。

④盆式支座的顶板和底板可采用焊接或锚固螺栓拴接在梁体底面和垫石顶面的预埋钢板上。采用焊接时，应对称、间断焊接，并应防止温度过高对橡胶板、聚四氟乙烯板以及周边混凝土产生影响；焊接完成后，应在焊接部位做防锈处理。安装锚固螺栓时，其外露螺杆的高度不得大于螺母的厚度。

⑤对于跨数较多的连续梁的支座顶板纵桥向的尺寸，应考虑温度、压力、混凝土收缩与徐变等影响因素引起的梁长变化，保证支座能正常工作。

（7）球形支座应符合现行国家标准《桥梁球型支座》的规定，其安装施工应符合下列规定。

①支座的安装高度应符合设计要求，安装时应保证支座平面的水平，支座支承面的四角高差不得大于 2 mm。

②安装支座板及地脚螺栓时，在下支座板四周宜采用钢楔块进行调整，使支座水平。支座在安装过程中不得松开上顶板与下底盘的连接间定板。

③灌浆料应采用质量可靠的专用产品，灌浆应饱满、密实。灌浆料硬化并达到规定的强度后，应及时拆除支座四角的临时钢楔块，模块抽出的位置应采用相同的灌浆料填塞密实。

④在梁体安装完毕或现浇混凝土梁体形成整体并达到设计强度后，张拉梁体预应力之前，应拆除支座上顶板与下底盘的连接固定板，解除约束，使梁体能正常转动和位移。

⑤拆除连接固定板后，应对支座进行清洁，检查无误后灌注硅脂，并应及时安装支座外防尘罩。

⑥当支座采用焊接连接时，应在支座准确定位后，采用对称、间断的方式焊接。焊接时应采取适当措施防止损伤支座的钢构件、聚四氟乙烯板、硅脂以及周边的混凝土等；焊接后应对焊接部位做防锈处理。

（8）拉力支座、海洋环境桥梁防腐支座、竖向和横向限位支座等具有特殊功能和规格的支座，除应符合现行行业标准《公路桥涵施工技术规范》的相关规定外，还应按照相应产品推荐的方法进行安装施工。

（二）伸缩装置

（1）伸缩装置的规格、性能应符合设计要求，并应符合现行行业标准《公路桥梁伸缩装置通用技术条件》的规定。

（2）伸缩装置安装预留槽口的尺寸应符合设计规定，锚固钢筋的位置应准确，伸缩装置安装前应将预留槽口清理干净。

（3）伸缩装置宜在桥面铺装完成后，采取反开槽的方式进行安装。当采取先安装再铺装桥面的方式时，应采取有效措施对安装好的伸缩装置进行妥善保护。

（4）安装伸缩装置前，应按照现场的实际气温调整其定位值。安装固定后，两侧过渡段的混凝土宜在接缝伸缩开放状态下进行浇筑，浇筑时应采取措施防止已定位固定的构件移位，并应在浇筑后及时养护，养护时间应不少于 7 d。

（5）梳齿板式伸缩装置安装时，应采取措施防止产生梳齿不平、扭曲和变形等现象，并应对梳齿间隙的偏差进行控制，在气温最高时，梳齿的横向间隙应不小于 5 mm，齿板的间隙应不小于 15 mm。

（6）橡胶伸缩装置的安装施工应符合下列规定。

①安装前应检查桥面端部预留槽口的尺寸及钢筋，确认无误后方可进行安装。采用后嵌式橡胶伸缩体时，应在桥面混凝土干燥收缩完成且徐变亦大部分完成后再进行安装。

②安装前应将预留槽口的混凝土表面清理干净，并涂防水胶黏材料。应根据气温和缝宽进行必要的调整后，再将伸缩装置安装就位，且安装后应使其处于受压状态。

③应根据安装时的环境温度计算并设置伸缩装置的模板宽度与螺栓间距，将加强钢筋与螺栓焊接就位后，再浇筑过渡段的混凝土并洒水养护。

④向伸缩装置螺栓孔内灌注防蚀剂后，应及时盖好盖帽。

（7）模数式伸缩装置所用的异形钢梁沿长度方向的直线度应满足 1.5 mm/m 的要求，全长应满足 10 mm/10m 的要求；钢构件外观应光洁、平整、不得扭曲变形，且应进行有效的防腐处理。伸缩装置应在工厂进行组装，出厂时应附有效的产品质量合格证明文件。吊装位置应采用明显颜色标明。在运输和存放过程中应避免阳光直接暴晒或雨淋，并应保持清洁，防止变形。其安装施工应符合下列规定。

①安装前应检查核对预留槽口尺寸和预埋锚固筋，不符合设计要求时应进行处理，满足设计要求后方可进行安装，并应根据安装时的气温确定安装的定位值。

②安装时宜采用专用卡具将其固定，伸缩装置的中心线应与桥梁中心线重合，顶面高程应与设计高程相吻合。绑扎其他钢筋和铺设防裂钢筋网等工作，应在按桥面横坡定位、焊接固定后进行。

③浇筑过渡段混凝土前应将间隙填实；浇筑时应防止混凝土渗入伸缩装置的位移控制箱内，或撒落在密封橡胶带缝中及表面，如发生此现象，应立即清除；浇筑后应将填塞物及时取出。

④伸缩装置两侧的过渡段混凝土应覆盖洒水养护不少于 7 d，其强度满足设计要求后，方可开放交通。

（8）其他特殊形式和特殊规格的伸缩装置，宜按照产品推荐的方法进行安装施工。

（三）桥面防水与排水

（1）桥面防水层的层数和采用的材料应符合设计要求，材料的性能和质量应符合产品相应标准的规定。

（2）铺设桥面防水层时应符合下列规定。

①铺设桥面防水层材料应在进场时进行检测，符合产品的相应标准后方可使用。

②铺设防水材料前应清除桥面的浮浆和各类杂物。

③防水层在横桥向应闭合铺设，底层表面应平顺、干燥、干净。防水层不宜在雨天或低温下铺设。

④防水层通过伸缩缝或沉降缝时，应按设计规定铺设。

⑤水泥混凝土桥面的铺装层采用织物与沥青黏合的防水层时，应设置隔断缝。

⑥防水层施工完成后，在未达到规定的时间内不得开放交通。

（3）泄水管的施工应符合设计规定。泄水孔的顶面不应高于水泥混凝土铺装层的顶面。

（四）混凝土桥面铺装

（1）沥青混凝土桥面铺装的施工应符合下列规定。

①铺装的层数和厚度应符合设计规定，铺装前应对桥面进行检查，桥面应平整、粗糙、干燥、整洁。铺筑前应洒布沥青。

②当采用刻槽方式增加沥青混凝土铺装层与混凝土桥面的啮合，提高其抗滑能力时，刻槽的宽度宜为 20 mm，槽间距宜为 20 m，槽深宜为 3～5 mm。

③沥青混凝土的配合比设计、铺筑及碾压等施工，应符合现行行业标准《公路沥青路面施工技术规范》的有关规定。

（2）水泥混凝土桥面铺装的施工应符合下列规定。

①铺装的厚度、材料、铺装层结构、混凝土强度、防水层设置等均应符合设计规定。

②桥面铺装工作在梁体的横向连接钢板焊接工作或湿接缝浇筑完成后方可进行。

③铺装施工前应使梁、板顶面粗糙，将其清洗干净，并应按设计要求铺设纵向接缝钢筋和桥面钢筋网。

④水泥混凝土桥面铺装，其做面应采取防滑措施，并宜分两次进行，第二次抹平后，应沿横坡方向拉毛或采用机具压槽，拉毛或压槽的深度应符合现行行业标准《公路水泥混凝土路面施工技术细则》的有关规定。

⑤水泥混凝土桥面铺装如设计未防水混凝土，施工时应按照防水混凝土的相关规定执行。

⑥纤维水泥混凝土桥面铺装的施工，可参考现行行业标准《纤维混凝土结构技术规程（附条文说明）》的规定执行。

（五）钢桥面铺装

（1）钢桥面铺装的结构层、厚度、材料等应符合设计规定。

（2）钢桥面铺装施工前应制订专项施工技术方案，并应做好人员培训、材料的调查试验以及机具设备的检查、维护等准备工作。

（3）钢桥顶面在出厂时应按设计要求涂防锈漆，在桥面铺装施工前应喷丸除锈并做防锈处理。

（4）铺装施工前应做试验段，试验段的铺设应包括钢桥面铺装的全部主序。

（5）铺装施工在一道工序完成之后，下一道工序应连续进行；上一层铺装施工前，其下一层应保持干燥、整洁，不得有尘土、杂物、油污或损坏，当不符合要求时应予处理。铺装层完工后，应规定时限，其间严禁车辆通行。

（6）钢桥面铺装宜避开雨季施工，施工中遇雨必须立即停工，在消除雨水所带来的危害后，方可重新施工。钢桥面铺装施工的环境温度在15℃以上，且不宜在夜间施工。

（7）对钢桥面沥青混凝土铺装进行检测时，不得采用钻孔法，而应采用无损检测法。

（六）桥面防护设施

（1）混凝土防撞护栏的施工应符合下列规定。

①对于结构重心位于梁体以外的悬臂式防撞护栏，在主梁横向联络或拱上结构完成后方可施工。

②对于就地现浇的防撞护栏，宜在顺桥向每间隔5～8m设一道断缝或假缝。

③防撞护栏的钢筋应与梁体的预留钢筋可靠连接。

④模板宜采用钢模，支模时宜在其顶部和底部各设一道对拉螺杆，或采用其他固定模板的装置。

⑤宜采用坍落度较小的干硬性混凝土，浇筑时应分层进行，分层厚度不宜超过200℃。振捣时应采取适当的措施使模板表面的气泡逸出。

⑥对于预制安装的防撞护栏，在搬运和安装时，应采取适当的保护措施，防止损伤棱角处的混凝土。连接钢板的焊接质量应符合设计要求和现行行业标准《公路桥涵施工技术规范》的相关规定。

⑦施工完成后的防撞护栏,其顶面高程和位置应准确,位于弯道上的护栏的线形应平顺。

(2)栏杆构件在人行道板铺设完毕后方可安装。安装栏杆柱时,应全桥对直、校平,弯桥、坡桥应平顺。

(3)人行道的安装施工应符合下列规定。

①悬臂式人行道构件在与主梁横向联结系或拱上结构完成后方可安装。

②行道板在人行道梁锚固后方可铺设。对于设计无锚固的人行道梁、人行道板,应按照由里向外的次序铺设。

(4)桥面安全带和缘石的安装施工应符合下列规定。

①悬臂式安全带构件在与主梁横向联结系或拱上结构完成后方可安装。

②安全带梁应采用M20稠水泥砂浆坐浆安装,并应使顶面形成设计规定的横向排水坡。

③缘石宜采用现浇混凝土。

(七)桥头搭板

(1)桥头搭板下台后填土的填料宜以透水性材料为主,并应分层填筑、压实。

(2)台后地基如为软土,应按设计要求对地基进行处理并对台后填土进行预压,预压应在搭板施工前完成。

(3)钢筋混凝土桥头搭板的施工应符合下列规定。

①钢筋混凝土搭板及枕梁宜采用就地浇筑的方式施工。

②搭板钢筋与其下的垫层间宜设置垫块并应交错布置。在上、下两层钢筋之间应设置支撑以保证其位置的准确。

③浇筑搭板混凝土时应按照搭板的坡度由低处向高处进行,振捣时应避免碰撞钢筋、模板。

第二节 桥面及其附属工程案例分析与防范

下面从桥面及其附属工程出现的水泥混凝土桥面平整度达不到质量要求、桥面混凝土表面粗糙度不一致、水泥混凝土桥面铺装表面龟裂、桥面混凝土不平整且未拉毛这3个案例进行分析,并提出防范措施和治理方法。

一、水泥混凝土桥面平整度达不到质量要求的案例

（一）案例现象

（1）外观坑洼不平，雨后有水洼。

（2）桥面平整度超过了规定值。

（二）案例原因分析

（1）混凝土材料规格要求不严格、配合比不准确。

（2）未使用有效的机械施工，而是人工找平，操作不当。

（3）施工时混凝土面板上洒水、撒水泥粉、烈日曝晒或干旱，风吹时无遮阳棚。

（4）没有控制好标高或未按控制标高施工。

（5）抹面时间控制不当、混凝土水灰比控制不严格、坍落度过大、表面浮浆过多或干缩后出现洼迹。

（三）案例防范措施

（1）应采用机械摊铺施工。

（2）严格控制混凝土材料规格、配合比和水灰比。

（3）人工摊铺混凝土时，严禁抛掷和搂耙混合料以防离析，必须按控制标高施工，要随时检查模板有无下沉、变形或松动等情况。

（4）采用振捣梁振捣每一位置的持续振捣时间应以混合料停止下沉、不再冒气泡并泛出砂浆为准，不能过振或漏振。

（5）表面整平时，严禁用砂浆、水泥浆找平。

（6）做好养护工作，达不到设计强度要求不允许开放通车。

（四）案例治理方法

对坑洼严重部位进行规则切缝、凿除后用混凝土找平（厚度不小于 1 cm），加沥青混凝土。

二、桥面混凝土表面粗糙度不一致的案例

（一）案例现象

（1）混凝土部位有的光滑，有的粗糙，压纹宽窄不一。
（2）抗滑构造深度不符合设计要求。

（二）案例原因分析

（1）浇筑混凝土时粗细料分布不均匀，搅拌机上料不准确。
（2）混凝土表面不平整，压纹宽窄、深浅不一。
（3）车辆磨损，混凝土石料硬度不够、抗磨性能差，粗集料磨损趋向光滑。

（三）案例防范措施

（1）水泥混凝土桥面铺装材料的配合比要符合设计要求，浇筑前桥面板表面要粗糙并清洗干净。
（2）采用拌和站自动计量上料，并控制坍落度和水灰比。
（3）采用三滚轴机械找平、收水后，表面要拉毛或用机具压槽，掌握好压纹时间，应在初凝之前、收水之后完成。

（四）案例治理方法

清理干净桥面做防水连接层，加铺沥青混凝土。

三、水泥混凝土桥面铺装表面龟裂的案例

（一）案例现象

混凝土表面出现龟壳状，粗细不一的裂纹。

（二）案例原因分析

（1）所用水泥不稳定、强度不足，混凝土早期过快失水、养护不及时。
（2）坍落度过大。混凝土表面浮浆层多、骨料少，干缩后出现龟裂。
（3）水泥用量过多，当时表面光洁，时间较长后混凝土表面产生龟裂。

（三）案例防范措施及治理方法

（1）水泥地应经过稳定性测试，水泥进场时应有产品合格证书及合格化验单才能使用。

（2）应采用硅酸盐水泥或普通硅酸盐水泥，水泥强度等级不低于 42.5 MPa。

（3）严格控制混凝土坍落度和水泥用量，通过试验进行混合料组成配合比设计。

（4）避免过振或水泥浆过于集中。

（5）在夏天烈日曝晒或干旱风吹时，要遮阳挡风，及时养护。

四、桥面混凝土不平整且未拉毛的案例

（一）案例现象

（1）雨后混凝土表面坑洼积水。

（2）行车有颠簸感。

（二）案例原因分析

（1）桥面混凝土施工控制不准，混凝土初凝前被踩压。

（2）桥面混凝土平整度差、沥青混凝土铺装平整度难以达到设计要求。

（3）表面拉毛不好、不粗糙、混凝土桥面摩阻力小，沥青混凝土与桥面水泥混凝土两层结合不好，使其形不成整体，易产生推移，形成涌包。

（三）案例防范措施

（1）严格控制标高，采用机械摊铺混凝土。

（2）加强施工过程检查，掌握好混凝土坍落度，混凝土初凝前禁止踩压、通行。

（3）采用新材料增强水泥混凝土与沥青混凝土两个面的黏结力。

（四）案例治理方法

对于形成涌包的桥面，采用混凝土铣刨机清理至混凝土桥面顶，喷洒防水粘接层，重新铺装沥青混凝土。

第三节 桥面及其附属工程质量检验和质量标准

一、桥面防水层的质量检验和质量标准

(一) 桥面防水层基本要求

(1) 防水材料的规格和性能必须符合设计要求,防水层至少应有不低于桥面沥青混凝土铺装层使用年限的寿命,并能适应动荷载及混凝土桥面开裂时不损坏的特点。

(2) 在喷涂防水涂料前,应清除混凝土表面的垃圾、杂物、油污与浮浆,并保持干净和干燥。

(3) 喷涂应严格按规定的工艺施工。

(4) 防水层的抗渗性应符合设计要求,必要时应现场做抗渗试验。

(5) 预计涂料表面在干燥前会下雨,则不应施工。施工过程中,严禁踩踏未干的防水层。防水层干燥后,可行驶 10 t 以下汽车,但不得在其上急转弯或急刹车。

(二) 桥面防水层外观鉴定

(1) 防水涂料应喷涂整个混凝土表面,如有遗漏,必须进行处理,并减 1~3 分。

(2) 防水层应表面平整,无空鼓、脱落、翘边等缺陷。不符合要求时必须进行处理,并减 3~5 分。

二、桥面铺装的质量检验和质量标准

(一) 桥面铺装基本要求

(1) 水泥混凝土桥面的基本要求同水泥混凝土路面,沥青混凝土桥面的基本要求同沥青混凝土路面。

（2）桥面泄水孔进水口的布置应有利于桥面和渗入水的排除，其数量不得少于设计要求。在出水口不得使水直接冲刷桥体。

（二）桥面铺装外观鉴定

桥面排水良好，不符合要求时减 3~5 分。

三、钢桥面板上防水粘接层的质量检验和质量标准

（一）钢桥面板上防水粘接层基本要求

（1）防水粘接材料的质量要求和技术性能应符合设计和有关技术规范的要求。

（2）在钢箱梁架设完毕后，应对所有防护层表面进行清洗，去除灰尘、油污和其他污物，对桥面锈蚀部分进行处理，对现场焊缝及其相邻部分进行防护，达到要求的清洁度后，方可进行防水粘接层施工。

（3）当桥面潮湿或环境温度低于露点时，严禁洒布粘接层。

（4）严格控制防水粘接层材料的加热温度和洒布温度。

（二）钢桥面板上防水粘接层外观鉴定

（1）防水粘接层的洒布厚度应均匀，不符合要求时减 1~5 分。

（2）防水粘接层应平整、密实，无破损、气孔和起皱现象，不得有油污和其他污染现象，不符合要求时减 1~3 分。

四、钢桥面板上沥青混凝土的铺装质量检验和质量标准

（一）钢桥面板上沥青混凝土铺装基本要求

（1）沥青混合料的矿料质量及矿料级配应符合设计要求和施工规范的规定。

（2）沥青材料及混合料的各项指标应符合设计和施工规范的要求，对每日生产的沥青混合料应做抽提试验。

（3）严格控制各种矿料和沥青的用量，各种材料和沥青混合料的加热温度、碾压温度应符合要求。

（4）拌和后的沥青混合料应均匀一致，无花白、粗细料分离和结团成块现象。

（5）桥面泄水孔进水口的布置应有利于桥面和渗入水的排除，其数量不得少于设计要求，在出水口不得使水直接冲刷桥体。

（二）钢桥面板上沥青混凝土铺装外观鉴定

（1）表面应平整密实，不应有泛油、裂缝、粗细料集中等现象。有上述缺陷的面积（单条裂缝则按其长度乘以 0.2 m 宽度，折算成面积）之和不得超过受检面积的 0.03%。不符合要求时，每超过 0.03% 减 2 分。

（2）表面无明显碾压轨迹。不符合要求时，每处减 1~3 分。

（3）搭接处应紧密、平顺。不符合要求时，累计每 10 m 减 1 分。

（4）面层与其他的构筑物应接顺，不得有积水现象。不符合要求时，每处减 1~2 分。

五、支座垫石和挡块的质量检验和质量标准

（一）支座垫石和挡块基本要求

（1）混凝土所用的水泥、砂、石、水、外掺剂及混合材料的质量和规格，必须符合有关技术规范的要求，按规定的配合比施工。

（2）支座垫石不得出现露筋、空洞、蜂窝、麻面现象及任何裂缝。

（二）支座垫石和挡块外观鉴定

（1）混凝土表面平整、光洁，棱角线平直，不符合要求时减 1~3 分。

（2）挡块如出现蜂窝、麻面，必须进行修整，并减 1~4 分。

（3）挡块出现非受力裂缝时减 1~3 分，裂缝宽度超过设计规定或设计未规定时，超过 0.15 mm 必须处理。

六、支座安装的质量检验和质量标准

（一）支座安装基本要求

（1）支座的材料、规格和质量必须满足设计和有关规范的要求，经验收合格后方可安装。

（2）支座底板调平砂浆性能应符合设计要求，灌注密实，不得留有空洞。

（3）支座上下各部件纵轴线必须对正。安装时如果温度与设计要求不同，应通过计算设置支座顺桥向预偏量。

（4）支座不得发生偏歪、不均匀受力和脱空现象。滑动面上的四氟滑板和不锈钢板不得刮伤，安装前必须涂上硅脂油。

（二）支座安装外观鉴定

支座表面应保持清洁，支座附近的杂物及灰尘应及时清除。不符合要求时必须进行处理，并减 1~3 分。

七、斜拉桥与悬索桥的支座安装质量检验和质量标准

（一）斜拉桥与悬索桥的支座安装基本要求

（1）支座的材料、规格和质量必须满足设计和有关技术规范的要求，支座垫石应检验合格。

（2）支座成品必须有产品合格证。

（3）支座成品必须按设计和有关技术规范的规定进行试验和检测，其结果必须满足要求。

（4）支座底板调平砂浆性能应符合设计要求，灌注密实，不得留有空洞。

（5）安装时如果温度与设计要求不同，应通过计算设置支座顺桥向预偏量。

（6）支座不得发生偏歪、不均匀受力现象。滑动面上的四氟滑板和不锈钢板不得刮伤，安装前必须涂上硅脂油。

（二）斜拉桥与悬索桥的支座安装实测项目外观鉴定

（1）支座安装后应及时清理杂物，去除污物，不符合要求时减 3~5 分。

（2）做好防护，确保灰尘和有害物质不会造成污染，不符合要求时减 1~3 分。

（3）漆膜如有损伤应进行处理，并减 1~3 分。

八、伸缩缝安装的质量检验和质量标准

（一）伸缩缝安装基本要求

（1）伸缩缝必须满足设计和有关技术规范的要求，必须有合格证，并经验收合格后方可安装。

（2）伸缩缝必须锚固牢靠，伸缩性能必须有效。

（3）伸缩缝两侧混凝土的类型和强度必须符合设计要求。

（4）大型伸缩缝与钢梁连接处的焊缝应做超声检测，检测结果必须合格。

（5）伸缩缝处不得积水。

（二）伸缩缝安装实测项目外观鉴定

伸缩缝无阻塞、渗漏、变形、开裂现象。不符合要求时必须进行整修，并减1~3分。

九、混凝土小型构件预制的质量检验和质量标准

（一）混凝土小型构件预制基本要求

（1）所用的水泥、砂、石、水和外掺剂的质量和规格必须符合有关规范的要求，按规定的配合比施工。

（2）不得出现露筋和空洞现象。

（二）混凝土小型构件预制外观鉴定

（1）构件外形轮廓清晰，线条直顺，不得有翘曲现象，不符合要求时减1~3分。

（2）混凝土表面平整、无蜂窝、色泽一致，不符合要求时减1~3分。

十、人行道铺设的质量检验和质量标准

（一）人行道铺设基本要求

（1）悬臂式人行道必须在横向与主梁牢固连接。

（2）人行道板必须在人行道梁锚固后方可铺设。

（二）人行道铺设外观鉴定

人行道应牢固、直顺、平整，不符合要求时减 1 ~ 3 分。

十一、栏杆安装的质量检验和质量标准

（一）栏杆安装基本要求

（1）栏杆杆件不得有弯曲或断裂现象。

（2）栏杆必须在人行道板铺完后方可安装。

（3）栏杆安装必须牢固，其杆件连接处的填缝料必须饱满平整，强度应满足设计要求。

（二）栏杆安装外观鉴定

（1）栏杆安装应直顺、美观，不符合要求时减 1 ~ 3 分。

（2）杆件接缝处应无开裂现象，不符合要求时减 1 ~ 3 分。

十二、混凝土防撞护栏的质量检验和质量标准

（一）混凝土防撞护栏基本要求

（1）所用的水泥、砂、石、水和外掺剂的质量和规格必须符合有关规范的要求，按规定的配合比施工。

（2）不得出现露筋和空洞现象。

（3）防撞护栏上的钢构件应焊接牢固，焊缝应满足设计和有关规范的要求，并按设计要求进行防护。

（二）混凝土防撞护栏外观鉴定

（1）防撞栏线形应直顺、美观，不符合要求时减 1 ~ 3 分。

（2）混凝土表面应平整，不应出现蜂窝、麻面。如出现必须修整完好，并减 1 ~ 4 分。

（3）防撞栏浇筑节段间应平滑顺接，不符合要求时减 1 ~ 3 分。

十三、桥头搭板质量检验和质量标准

（一）桥头搭板基本要求

（1）所用的水泥、砂、石、水和外掺剂的质量和规格必须符合有关规范的要求，按规定的配合比施工。

（2）桥头搭板下的地基、垫层或路面基层的强度和压实度必须满足设计要求。

（3）不得出现露筋和空洞现象。

（二）桥头搭板外观鉴定

（1）板的表面应平整，不符合要求时减 1～3 分。

（2）板的边缘应顺直，不符合要求时减 1～2 分。

第六章　桥梁工程施工全面安全管理保障体系

第一节　全面安全管理组织

一、桥梁工程项目安全管理组织参与方关联性分析

要构建多方参与的项目安全管理体系，就需要理清各参与方之间的关系，从而构建出合理的整体框架。

（一）政府与各参与方的关联性分析

1. 政府与施工单位的关系

施工单位作为桥梁工程项目的修建者，受到政府相关法律和机构的直接监督。一方面，政府作为监督者要加强对施工单位安全生产的监督，另一方面，政府也要明确安全责任的划分，并营造宏观环境使施工单位通过安全生产所取得的效益能够量化。

2. 政府与设计、监理单位的关系

政府需要通过各种手段明确设计、监理单位的安全责任，并对设计、监理单位是否履行安全责任进行监督。

（二）施工单位与各参与方的关联性分析

1. 施工单位与设计单位的关系

由于工程项目的复杂性与高风险性，只有通过前期合理的安全设计才能消除一些施工阶段的安全隐患，施工单位也需要专业的设计人员在技术上提供必要的

帮助。然而，现阶段施工单位只是被动接受方，难以影响到设计单位的行为，从某种意义上还承担了设计单位一些不当行为导致的安全风险。

2. 施工单位与监理单位的关系

施工单位与监理单位是一种被监管与监管的关系。

二、全面安全管理组织结构及各参与方安全管理职责

（一）桥梁工程施工全面安全管理组织结构

桥梁工程施工全面安全管理工作的技术性、制度性、群众性都很强，需要各参与方协同配合，设置系统的安全管理组织结构，配备专门的安全管理人员，明确各参与方、各参与方内部的岗位职责，以利于提高安全管理效率，进行全面安全管理。

（二）桥梁工程施工阶段各参与方的安全管理职责

1. 政府主管部门

政府属于项目安全管理宏观主体，是安全规范的制定者，也是外部监管主体。政府的安全管理职责一方面是制定并组织贯彻执行安全法律法规、规章制度，指导项目的安全管理；另一方面是依据国家法律法规、标准规范，通过一系列行政手段对工程项目安全生产进行监督管理。

2. 建设单位的安全生产责任

（1）建设单位应当向施工单位提供有关资料。

建设单位应当向施工单位提供施工现场及毗邻区域内供水、排水、供电、供气、供热、通信、广播电视等地下管线资料，气象和水文观测资料，相邻建筑物和构筑物、地下工程的有关资料，并保证资料的真实、准确、完整。

（2）不得向有关单位提出影响安全生产的违法要求。

建设单位不得对勘察、设计、施工、工程监理等单位提出不符合建设工程安全生产法律、法规和强制性标准规定的要求，不得压缩合同约定的工期。

（3）建设单位应当保证安全生产投入。

建设单位在编制工程概算时，应当确定建设工程安全作业环境及安全施工措施所需费用。

（三）桥梁工程施工单位的安全生产责任

施工方是工程项目责任主体，也是安全管理的主要实施者。施工方根据国家有关安全施工的法律法规、安全技术标准与规范等，对施工全过程进行管理。施工方主要的安全管理职责包括以下方面。

1. 施工单位应当具备安全生产资质条件

施工单位从事建设工程的新建、扩建和拆除等活动，应当具备国家规定的注册资本、专业技术人员、技术装备和安全生产等条件，依法取得相应等级的资质证书，并在其资质等级许可的范围内承揽工程。

桥梁工程专业承包企业资质分为一级、二级、三级三个资质等级。一级企业可承担各类桥梁工程的施工；二级企业可承担单跨 150 m 以下或桥梁总长 1 000 m 以下桥梁工程的施工；三级企业可承担单跨 40 m 及总长 100 m 以下桥梁工程的施工。

2. 施工总承包单位与分包单位安全责任的划分

建设工程实行施工总承包的，由总承包单位对施工现场的安全生产负总责。总承包单位应当自行完成建设工程主体结构的施工。

总承包单位依法将建设工程分包给其他单位的，分包合同中应当明确各自的安全生产方面的权利、义务。总承包单位和分包单位对分包工程的安全生产承担连带责任。分包单位应当接受总承包单位的安全生产管理，分包单位不服从管理导致生产安全事故的，由分包单位承担主要责任。

3. 建立企业内部安全生产责任制度

施工单位主要负责人依法对本单位的安全生产工作全面负责。施工单位应当建立、健全安全生产责任制度和安全生产教育培训制度，制定安全生产规章制度和操作规程，保证本单位安全生产条件所需资金的投入，对所承担建设工程进行定期和专项安全检查并做好安全检查记录。

4. 采取安全生产基本保障措施

施工单位对列入建设工程概算的安全作业环境及安全施工措施所需费用，应当用于施工安全防护用具及设施的采购和更新、安全施工措施的落实、安全生产条件的改善，不得挪作他用。

施工单位应当设立安全生产管理机构，配备专职安全生产管理人员。专职安全生产管理人员负责对安全生产进行现场监督检查。发现安全事故隐患应当及时向项目负责人和安全生产管理机构报告；对违章指挥、违章操作的，应当立即制止。

5. 对安全施工技术要求的交底

建设工程施工前，施工单位技术负责任人要对安全施工方案进行详细说明，并由双方签字确认。

6. 危险部位安全警示标志的设置

施工单位应在危险部位设置明显的安全警示标志。安全警示标志必须符合国家标准。

（四）工程监理单位的安全生产责任

工程监理方属于外部监管主体。它对工程施工全过程进行安全施工监督和管理，其主要职责包括以下方面。

1. 安全技术措施及专项施工方案审查义务

工程监理单位应当审查施工组织设计中的安全技术措施或者专项施工方案是否符合工程建设强制性标准。

2. 安全生产事故隐患报告义务

工程监理单位在实施监理过程中，发现存在安全事故隐患的，应当要求施工单位整改；情况严重的，应当要求施工单位暂时停止施工，并及时报告建设单位。施工单位拒不整改或者不停止施工的，工程监理单位应当及时向有关主管部门报告。

3. 应当承担监理责任

工程监理单位和监理工程师应当按照法律、法规和工程建设强制性标准实施监理，并对建设工程安全生产承担监理责任。

第二节　安全生产管理制度

安全管理制度包含安全生产法律法规、建筑工程安全生产管理基本制度、项目内部安全生产制度及安全管理制度的落实措施四个层次。

一、安全生产法律法规

安全生产的法律法规是为了确保工程项目良好运行，由政府及相关管理机构所颁布的，与工程项目安全生产直接相关的，项目的所有参与方以及社会有关各方要共同遵守的一系列法律文件。其主要是有关安全生产的法律、法规和技术规范。

1. 法律

为了保证安全生产、规范生产行为，国家制定了一系列法律来指导安全生产，主要有《中华人民共和国建筑法》《中华人民共和国安全生产法》。

《中华人民共和国建筑法》规定了国务院建设行政主管部门对全国的建筑活动实施统一监督管理，以规范整个建筑行业的市场行为。其中第五章"建筑安全生产管理"从行业管理的角度，对建筑安全管理做出了详细规定，明确指出"建筑工程安全生产管理必须坚持安全第一、预防为主的方针，建立健全安全生产的责任制度和群防群治制度"。在提出施工企业安全生产责任制的同时，还明确提出了建设单位、设计单位的安全生产责任制，为建立安全生产责任制奠定了法律基础。《中华人民共和国建筑法》把多年行之有效的管理办法明确为法律制度，使建筑安全生产工作走上法制轨道，为维护广大建筑职工的合法权益提供了重要的法律保障。

《中华人民共和国安全生产法》是各类生产经营单位及其从业人员实现安全生产所必须遵循的行为准则，是各级人民政府及其有关部门进行监督管理和行政执法的法律依据。

2. 法规

为了加强建设工程安全生产监督管理和质量的管理，保障人民群众生命和财产安全，根据《中华人民共和国建筑法》和《中华人民共和国安全生产法》，国家制定了一系列法规，主要有《建设工程安全生产管理条例》《建设工程质量管理条例》《公路水运工程安全生产监督管理办法》《公路建设监督管理办法》等。

其中《建设工程安全生产管理条例》是《中华人民共和国建筑法》和《中华人民共和国安全生产法》颁布实施后制定的一部在建设工程安全生产方面的配套性行政法规。它明确提出有关各方都应在建筑工程的全过程对建筑安全负责的思路，是建筑安全管理方面的重大进步，它将各种法律法规的要求和多年积累的经验进行了较系统的归纳。

二、建设工程安全生产管理的基本制度

（一）《中华人民共和国安全生产法》中明确的安全生产基本制度

1. 安全生产监督管理制度

《中华人民共和国安全生产法》中提供了 4 种监督途径，即工会民主监督、社会舆论监督、公众举报监督和社区服务监督。通过这 4 种监督途径，使许多安全隐患得以被及时发现，也使许多安全管理工作中的不足得以被改善。同时也明确了监督管理人员的权利和义务，有利于监督工作的顺利进行。

2. 生产经营单位安全保障制度

在《中华人民共和国安全生产法》中明确了生产经营单位必须做好安全生产的保证工作，既要在安全生产条件上、技术上符合生产经营的要求，也要在组织管理上建立健全安全生产责任并将其有效落实。

3. 从业人员安全生产权利义务制度

在《中华人民共和国安全生产法》中，不仅明确了从业人员为保证安全生产所应尽的义务，也明确了从业人员进行安全生产所享有的权利。这样，在正面强调从业人员应该为安全生产尽职尽责的同时，赋予从业人员的权利也从另一方面有效保障了安全生产管理工作的有效开展。

4. 生产经营单位负责人安全责任制度

在《中华人民共和国建筑法》中已经强调了安全生产责任制，这是从组织管理的角度采取的重要措施。在《中华人民共和国安全生产法》中，强调了单位负责人的安全责任。因为一切安全管理归根到底是对人的管理，只有生产经营单位的负责人真正认识到安全管理的重要性并认真落实安全管理的各项工作，安全管理工作才能真正有效地进行。

5. 安全生产责任追究制度

违法必究是我国法律的基本原则，任何单位或个人违反了我国的法律，都将受到法律的制裁。所以，《中华人民共和国安全生产法》中明确了违反该法的单位和个人所应当承担的法律责任。

6. 事故应急救援和处理制度

在安全事故中，经常伴随着对生命财产的抢救，如果没有应急的救援措施和科学合理的处理制度，人民的生命财产安全和公民的正当权利将无法得到保障。

同时，正确处理安全事故也可以起到警醒世人、教育员工的作用。所以，健全事故的应急救援和处理制度是十分重要的。

（二）《中华人民共和国建筑法》中明确的安全生产基本制度

1. 安全生产责任制度

安全生产责任制度是建筑生产中最基本的安全管理制度，是所有安全规章制度的核心。安全生产责任制度是指将各种不同的安全责任落实到负有安全管理责任的人员和具体岗位人员身上的一种制度。这一制度是"安全第一、预防为主"方针的具体体现，是建筑安全生产的基本制度。安全责任制的主要内容如下：一是从事建筑活动主体的负责人的责任制；二是从事建筑活动主体的职能机构或职能处室负责人及其工作人员的安全生产责任制；三是岗位人员的安全生产责任制。岗位人员必须对安全负责；从事特种作业的安全人员必须进行培训，经过考试合格后方能上岗作业。

2. 群防群治制度

群防群治制度是职工群众进行预防和安全治理的一种制度。这一制度也是"安全第一、预防为主"的具体体现，同时也是群众路线在安全工作中的具体体现，是企业进行民主管理的重要内容。这一制度要求建筑企业职工在施工中应当遵守有关生产的法律、法规和建筑行业安全规章、规程，不得违章作业；对于危及生命安全和身体健康的行为有权提出批评、检举和控告。

3. 安全生产教育培训制度

安全生产教育培训制度是对广大建筑企业职工进行安全教育培训，提高安全意识，增加安全知识和技能的制度。安全生产，人人有责。只有对广大职工进行安全教育、培训，才能使广大职工真正认识到安全生产的重要性、必要性，才能使广大职工掌握更多、更有效的安全生产的科学技术知识，牢固树立安全第一的思想，自觉遵守各项安全生产和规章制度。分析许多建筑安全事故，其发生的重要原因就是有关人员安全意识不强、安全技能不够，这些都是没有搞好安全教育培训工作的后果。

4. 安全生产检查制度

安全生产检查制度是上级管理部门或企业自身对安全生产状况进行定期或不定期检查的制度。通过检查可以发现问题，查出隐患，从而采取有效措施，堵塞漏洞，把事故消灭在发生之前，做到防患于未然，是"预防为主"的具体体现。通过检查，还可总结出好的经验加以推广，为进一步搞好安全工作打下基础。安全检查制度是安全生产的保障。

三、项目内部安全生产制度

企业内部安全生产管理制度是工程项目组织为实现安全生产，依照安全生产法规、基本管理制度和项目实际情况及安全目标而制订的在项目系统和企业内部具有指导性与约束力的管理方法。如安全生产检查制度、例会制度、岗位责任制度、安全奖罚制度、施工现场安全管理制度、卫生管理制度、施工用电管理制度、安全施工作业管理制度、施工机具进场验收与保养维修制度、班组站班会管理制度、施工现场环境管理制度等等。

四、安全管理制度的落实措施

各项安全生产管理制度制定得再全再细，如果不能加以贯彻落实，也只是形同虚设。因此，要保证制度的贯彻和执行，还必须要有能够将其落实的措施。

1. 管理人员要以身作则

管理人员是安全生产管理制度的制定者，对制度有着更加清晰的理解，也是安全生产的主要责任人。只有管理人员以身作则，带头执行安全生产管理制度，落实安全生产责任制，才能增强自身及其他人员的安全意识。这对执行安全生产管理制度是至关重要的。

2. 成立安全生产管理组织

施工项目管理要成立专门的安全管理组织和部门，及时修订、补充和完善安全生产管理制度，保证安全生产管理制度的针对性、可操作性和完整有效性。同时要加强安全生产管理制度的宣传和学习，使劳动者掌握安全生产管理制度的内容，提高劳动者对安全生产管理制度的认知程度，从而自觉遵守。

3. 要加强监督检查

要保证安全生产管理制度的贯彻落实，必须要定期监督检查其落实情况，监督检查的方式有：定期公开检查、不定期检查、随机抽查、专项跟踪检查等。对各项安全生产管理制度执行得好的部门给予表扬和奖励，对安全生产管理制度落实不到位的部门要及时地提出批评，对多次指出不改的部门要给予处罚，并及时追踪制度的执行效果，适时地加以修改、补充。

第三节　安全生产文化

一、安全文化的内涵

安全文化主导着一个组织的安全意识、安全价值观念、安全职业道德和安全行为规范,从而能够强烈地影响人的安全行为。安全文化是一切有形和无形的安全管理活动的重要环境因素,是生成有效的安全技术措施和管理方案的土壤,是实施安全法规、政策、规章、作业指导书的氛围。

安全文化建设的关键在于不是孤立地去解决问题,而是系统化地解决问题。安全文化要把握两个重点:一是要总结和学习安全文化建设的成功模式,形成一套方法理论,有效地指导企业的安全管理实践;二是把安全文化建立在激发组织上下各层次员工积极性的基础之上,确保每个员工都能对安全做出承诺,让每个人都承担起预防事故的责任。

二、安全文化的内容

安全文化是指企业在长期的安全生产和经营活动中逐步形成的或有意识塑造的,并为全体职工所接受和遵循的各种安全物质因素和安全精神因素的总和。它主要由四部分组成:安全物质文化、安全制度文化、安全行为文化和安全观念文化。

安全物质文化是安全生产的基础。企业通过优化工作环境、改善劳动条件、建设文化设施等来满足员工追求安全生产的需要,还采用合理的安全奖励机制来满足员工自身利益最大化的需要,激励员工安全工作的积极性。

安全制度文化是企业为保证生产活动安全进行,完善保障人和物的安全而形成的各种安全规章制度、操作规程、防范措施、安全宣教培训制度、安全管理责任制以及奉公守法、遵守纪律的自律态度等。它明确了各级人员的责任、义务和权利,只有责任明确,责权一体,在安全管理中才能做到敢抓敢管,才能落实执行力度,使员工逐步形成良好的安全行为习惯。

安全行为文化是指在安全精神文化的指导下,工人在生产过程中的安全行为准则、思维方式、行为模式的表现。行为文化既是精神文化的反映，同时又作用和改变精神文化。

安全观念文化是用来规范工人安全生产工作规范，增强群体意识和价值观念的文化，主要指安全思想意识、安全理念、安全价值标准。在安全生产上，它们是企业安全文化的核心。它们的表现形式体现在安全生产宗旨、方针、目标、体制等方面，包括预防为主、安全第一、安全就是效益、风险最小化等观念，同时还有自我保护、防患未然的意识等。

三、安全文化的实施

安全文化既是企业内部安全管理的历史积淀，又受到企业内外环境的影响，因而具有持久性、社会性和相对独立性的特点，所以必须对当前安全文化建设的实际水平进行正确的分析和评价，在突出本行业特点的基础上进一步提高安全文化建设水平。

桥梁施工项目安全文化的实施可分为决策层、管理层和操作层三个层次。实践证明，只有不断提高决策层、管理层和操作层的安全文化素质，才能全面提升企业的整体安全素质。

（一）决策层

1. 提高安全决策知识素养

决策者首先要掌握国家安全生产的法律法规、方针以及政策，增强法律意识和法制观念，确保员工安全生产的第一责任；其次，要掌握安全工程技术，密切关注国际国内安全管理的成功经验和新方法、新思路，以提高企业安全管理水平；最后，要系统地评价企业安全状况，掌握事故发生的规律，为正确决策提供依据。

2. 提高安全决策能力素养

安全决策能力的强弱直接影响安全管理水平，其决策能力素养主要包括：对重大事故隐患的评估能力，对全局的综合安全管理能力，对事故的调查、分析、研究以及预测分析能力，解决安全生产及系统安全工程等复杂问题的能力等。

3. 提高安全决策组织管理素养

安全决策的难点在于决策的推行和实施，因此，决策者必须具有出色的组织协调各部门、各级人员的能力。在不同意见、多种方案的情况下，决策者不仅应具有果断寻求一致意见的素质，还应多方倾听反面意见，才能避免决策的盲目性和片面性。

4.形成安全工作从领导做起的氛围

高层领导要自觉参加安全训练，定期召开安全工作例会，评估安全管理的有效性，做出有针对性的措施，执行严格的安全管理制度。

（二）管理层

1.组织安全培训，掌握安全方针

通过学习，提高安全管理技能，不断更新观念，应用现代化管理的新技术、新方法，使安全管理科学化、规范化。

2.完善安全管理制度，探索安全教育模式

为了适应生产工艺技术不断革新改造的要求，安全管理层要不断地补充完善安全规章制度，使其更加切合实际，对日常安全工作认真负责；还要从实际出发，探索新的安全教育模式，彻底改变形式单一、枯燥无味、教育效果差的老办法，使安全教育工作落实到全员。

3.建立一套完整的安全管理措施并确保实施

安全管理在很大程度上要求建立一个有效的管理组织机构，因此，企业应对每一个人的职责权限清晰无误地予以说明。首先，管理者要使每个人不仅了解自己的职责，而且要了解周围其他同事的职责，从而实现员工之间的无缝连接；其次，管理者要合理安排安全工作的进行，确保安全运营工作能够严格按要求完成，并通过合适的控制和检查来保证其执行的有效性；最后，要建立有效的激励机制，鼓励那些在安全方面有突出表现的人员，对于工作中的不足之处，要及时地指出并积极地予以改进。

4.进行有效的检查和对比

管理者在贯彻安全保证措施外，还要负责实施一整套的监督措施。安全管理体系的有效性检查，最好能邀请专家予以评价并提出建议改进措施。企业内应有专人负责收集和研究有关部门的经验、研究成果、技术开发、运行数据和对安全有重大意义的事件，以便从中获益。

（三）操作层

操作层的安全文化和技术素质是安全文化建设的基石，从某种意义上来讲，它决定着安全管理的效果，也决定着安全生产的命运。只有提高全体员工的安全文化素质，才能提高企业的整体素质和安全管理水平。

1. 积极提高各种安全技能

操作人员要在生产中不断提高安全文化素质和技术素质，增强对事物的判断技能和分析能力。在积累操作经验以提高生产技能的基础上，要不断去总结新的安全生产变化规律，在实际操作中保持敏捷的安全思维。

2. 提高预防预控的综合技能

预防预控的目的是把各类安全事故消灭在萌芽状态，应用系统论、控制论、信息论的理论和方法，利用班组或个人丰富的实践经验，做好预测预防工作。提高综合技能是指提高分类、归纳、总结、处理安全生产的综合能力，把生产过程中各种状态参数的变化同产品质量、事故触发的可能性有机地联系起来，形成科学因果关系，进而对工艺偏差、事故预防提出对策，并认真付诸实施。

3. 创造一种安全文化氛围

只有通过安全文化的渗透，开展形式多样的安全文化活动，才能形成企业安全文化建设的氛围和环境，建立起切实有效的企业安全文化氛围。

4. 每个员工要注意自身安全意识的培养

每个员工在开始任何一项与安全有关的工作之前，都应该要慎重考虑工作中与安全相关的所有问题，严格按程序办事，认真对待工作中的所有意外，互相之间要充分交流并传递信息，随时掌握新情况。

第四节　全面安全管理信息化

为了更好地实现安全监管管理，在安全管理过程中运用信息化管理的先进手段很重要。安全管理信息化的主要功能就是收集各种安全方面的信息，对安全管理现状及有关资料进行调查和研究，然后通过安全信息传递渠道，及时反馈安全信息，为安全管理工作提供切实有效的依据。

一、数据来源

安全管理信息化的实现需要大量相关的资料数据，数据主要包括以下几个方面。

1. 安全活动数据

安全活动数据是利用信息化管理系统对安全教育培训、各级安全会议的信息数据进行收集的得来的。它主要包括登记培训班的培训内容和时间、参加培训的人员名单，记录培训考核的结果，并登记复查情况和复查结果。另外，对决议的执行情况进行跟踪，确保会议的内容得到切实执行。

2. 安全检查数据

安全检查数据主要包括建设单位安全检查数据、监理单位安全检查数据、施工单位安全自检数据和施工安全技术规程条例等。

3. 安全技术数据

从工程的安全技术角度出发，定期记录安全措施执行情况，确保安全措施的可执行性，安全技术数据主要包括施工组织设计、施工图核对和安全技术交底数据等。

4. 风险及安全事故管理数据

风险及安全事故管理数据主要包括危险源辨识与风险评价表、应急救援预案、安全事故调查与处理记录等。

5. 安全综合分析数据

安全综合分析数据主要包括安全评价数据、安全通病管理数据和安全自控率数据等。

二、数据采集

（一）数据采集原则

桥梁工程安全管理信息化数据采集应遵循以下原则。①数据采集要及时准确。安全管理信息化系统作为一种辅助管理的工具，必须能够及时准确地反映工程的真实情况，帮助管理者做出及时准确的判断，实现对桥梁工程安全管理的有效控制。②尽量采集最底层的数据，用最底层的数据生成所需数据。最底层的数据具有真实性和可靠性，真实可靠的数据才能对工程进行全面客观的分析。③对输入的数据需进行验证，因为在数据输入过程中很难保证录入的每一项数据都是正确的，而错误的数据往往会造成系统出现致命的错误。④数据录入的设计尽量符合使用习惯。比如，类似的数据要能够复制，这样能节省工作时间和人员精力。⑤减少工作量，变输入为选择。信息系统的正常运转需要依靠大量的数据作为支撑，而这些数据需要输入，所以必须尽可能减少数据录入的工作量，以保证数据能够被及时准确地录入。

（二）数据采集方法

1. 网络传输方式

数据采集是实现施工安全信息化管理的基础，各参与单位应及时上传工程安全管理的数据和信息，保证建设单位对整个工程建设安全状况的全局掌握。在建设单位内部、各监理站点、施工点配备办公用计算机，在建设过程中按要求上传工程建设安全管理数据，并保证数据的准确性和及时性。

2. 单机版数据采集方式

桥梁建设工程施工点中，有的网络不畅通，导致信息不能及时上报，基于此开发了专门采集数据的单机版系统。利用单机版数据采集系统可以保证及时完整地录入所需数据，采集建设过程中产生的各类安全管理数据，按统一格式存入数据库。

3. 数据输入方法

根据桥梁工程的特点，桥梁工程安全管理数据可以通过表单和文件的方式上传到数据库中。对于因施工安全需要统计分析的数据信息，要进行结构化存储，一般需要先通过填写可以结构化的表格再上传到数据库。对于不需要结构化的数据信息，一般以文件的形式上传到数据库。

三、数据分析及处理

桥梁工程安全管理的实施有赖于对安全管理数据的合理分析和及时处理。安全管理数据承载着施工安全的有效信息，对数据进行有效的综合分析，能客观地反映施工现场安全管理的情况，并作为桥梁工程安全管理的辅助决策和评比考核依据，及时纠正安全管理中不合理的地方，保证施工安全。

桥梁工程安全管理数据综合分析过程，一般包括数据需求分析、数据采集、数据综合分析。结合安全管理的需要，确定数据需求是首要工作，只有明确了数据需求，才能保证采集的数据符合实际的需要；安全管理依赖于客观全面的数据，数据的采集成为关键环节，根据实际情况采集不同的数据，保证安全管理对数据的需求；数据分析是核心，对大量的数据进行综合分析，对工程做出客观的评价是数据价值的最终体现。

通过安全管理信息化，定期对项目进行安全检查评比并公布评比结果，下发整改通知，同时根据评比结果进行奖罚，促进项目各参与方重视安全工作。

第七章　桥梁工程项目施工全面安全管理的实施

第一节　施工方的全面安全管理

一、危险源的识别

危险源的识别是安全管理工作的基础和核心。通过对工程项目中重大危险源的识别，全面掌握重大危险源的分布状况及可能造成的危害，及时采取防范措施，对关键部位、关键环节进行重点控制，是预防施工重大安全事故发生、实现全面安全管理的关键。

（一）危险源识别的方法

常见的危险源识别的方法有经验分析法、材料性质和生产条件分析法、作业条件危险性评价法、系统安全分析方法。

1. 经验分析法

经验分析法包括对照分析法和类比分析法。

对照分析法是对照有关法律法规、标准、检查表或依靠分析人员的观察能力，借助于经验和判断能力直观地对评价对象的危险因素进行分析的方法。其缺点是容易受到分析人员的经验和知识等方面的限制，对此，可采用安全检查表的方法加以弥补。

类比分析法是利用相同或类似工程或作业条件的经验和劳动安全卫生的统计资料来类推、分析评价对象的危险因素。总结以往的生产经验，对发生过的事故或未遂事故的原因进行分析，找出危险因素。桥梁工程施工现场的危险源主要通过经验分析方法来辨识。

2. 材料性质和生产条件分析法

了解生产或使用的材料性质是危害辨识的基础，危害辨识中常用的材料性质有毒性、物理化学性质、燃烧和爆炸特性等。生产条件也会产生危险，使生产过程中的材料的危险性质加剧。

3. 作业条件危险性评价法

对于一个具有潜在危险性的作业条件，K.J. 格雷厄姆和 J.F. 金尼认为，影响危险性的主要因素有三个：发生事故的可能性大小（L）、人体暴露于危险环境的频繁程度（E）、发生事故可能产生的后果（C）。

在实际生产条件中，事故或危险事件发生的可能性范围非常广泛。因而，可将完全出乎意料、极少可能发生的情况的分值规定为 1；能预料将来某个时候会发生事故的分值规定为 10；在这两者之间再根据可能性的大小相应地确定几个中间值，如将"不常见，但仍然可能"的分值定为 3，"相当可能发生"的分值规定为 6。

作业人员暴露于危险作业条件的次数越多、时间越长，则受到伤害的可能性也就越大。因此，规定连续出现在潜在危险环境的暴露频率分值为 10，一年仅出现几次非常稀少的暴露频率分值为 1。以 10 和 1 为参考点，再在其区间根据在潜在危险作业条件中暴露情况进行划分，并对应地确定其分值。造成事故或危险事故的人身伤害或物质损失可在很大范围内变化。因此，将需要救护的轻微伤害的可能结果，分值规定为 1，以此为一个基准点；而将造成许多人死亡的可能结果规定为分值 100，作为另一个参考点。在两个参考点 1~100 间，插入相应的中间值。

作业条件危险性分值用符号 D 表示，$D = L \times E \times C$，D 值越大，说明危险性越大，当 D 值超过不可容许或不可接受的风险时（D 值大于 120），就认定为重大危险源。

4. 系统安全分析方法

系统安全分析方法是从安全角度对系统中的危险因素进行分析，主要分析导致系统故障或事故的各种因素及其相互关系，常用于复杂、没有事故经历的新开发系统。常用的系统安全分析法有预先危害分析、事故后果分析、故障类型和影响分析、危险性和可操作性研究分析、事故树分析、故障树分析、管理疏忽和危险树等。

（二）危险源识别的步骤

1. 危险源的初步识别

施工企业成立危险源识别组织，由企业主管负责人任组长，技术负责人、专职安全管理人员、项目负责人、设备负责人、工会等为组织成员，根据工程特点和施工内、外部条件，以及类似工程安全风险统计资料信息，以工序为单位，对所在区域的有害物质、不安全的行为、不安全的设备设施等进行认真的辨识，并登记建档。安排不同区域的人员对其他区域的危险源进行交叉检查，对汇总的危险源识别清单进行核实、增补。

2. 危险源的筛选和风险评估

对搜集到的危险源，按工程实施阶段、工程内容和风险因素进行分类。对确认的危险源，按照安全事故发生的概率和损失严重程度进行评价分类。

3. 危险源清单的编制

经过风险评价，判断出重大危险源和一般风险，并编制危险源清单。

二、安全施工方案和应急预案的编制

（一）安全施工组织设计

在项目正式开工之前，施工单位要进行安全施工组织设计、安全专项施工方案及安全事故应急预案的编制。

1. 安全施工组织设计的主要内容

桥梁工程安全施工组织设计是施工组织设计的重要组成部分，其主要内容包括以下几个方面：①工程概况；②安全生产保证体系；③危险源与不利环境因素识别评价和控制措施；④安全教育与培训；⑤施工现场安全生产保证措施；⑥分包控制；⑦施工过程检查控制；⑧内部审核与文件控制；⑨安全物资采购和进场验证；⑩事故应急预案、事故报告与处理程序、安全记录、安全管理制度、专项施工方案编制计划等。

2. 安全施工组织设计审批的流程

（1）施工单位在接到开工通知书后的 7 d 内，应编制完成单独的安全施工组织设计，经施工单位项目负责人、技术负责人审核签字后报监理单位审查批准。

（2）安全施工组织设计报监理单位后，监理单位可根据需要组织专家评审论证，建设单位派人参加，相关费用由监理单位承担。

（3）安全施工组织设计未通过监理单位批准的，施工单位不得开工。

（4）监理单位应在 7 d 内完成施工组织设计审批，如需组织专家评审论证，可延长 15 d。

（二）专项安全施工方案

施工单位应在分部分项工程开工前 10 天，按照中华人民共和国住房和城乡建设部《建设工程安全生产管理条例》《危险性较大的分部分项工程专项安全管理规定》《公路水运工程安全生产监督管理办法》的规定，对危险性较大的分部分项工程编制专项施工方案并附安全验算结果，经施工单位项目负责人、技术负责人审核签字后报监理单位审批；对需组织专家论证审查的危险性较大的分部分项工程由监理单位负责组织实施论证，建设单位派人参加。

同时，施工单位在分项工程开工前 10 天，还应编制完成施工安全技术操作规程，经项目负责人、技术负责人审核签字后报监理单位审查批准，监理单位在 5 天内完成审批，并将审批意见及规程报备建设单位。施工安全技术操作规程应不限于施工机械设备、工具、施工作业等方面。当施工过程中采用新技术、新工艺、新材料或新设备时，必须制定相应的安全技术操作规程，报监理单位审批后方可使用或实施。施工单位要组织作业人员进行施工安全技术操作规程的教育培训；作业人员必须熟练本岗位和所操作设备的安全操作规程，规范作业。安全监理工程师要定期、不定期地对作业人员进行施工安全技术操作规程方面的检查。

（三）桥梁工程施工安全应急预案

1. 应急预案的内容

应急预案是为工程项目在施工时发生突发事件准备的应急处理方案。其核心内容主要包括以下方面。

（1）预测、预警。

预测、预警是指对突发事故及其后果的预测、辨识、评估。其分析结果作为启动该应急预案的条件，以及根据不同的级别采取相应措施的依据。

（2）职责分配。

职责分配是指在分级处理的原则指导下，明确应急管理相关部门、人员的职责哪些部门负责应急救援行动的指挥和协调，哪些部门负责现场的救援行动，救援人员的组成、隶属关系、职责等。

(3)处置的基本方案。

根据不同级别的应急预案,其详略程度是不同的。对于总体事故应急预案,应对方案要求提出一些基本的指导原则;对于专项事故应急预案和岗位应急预案,则必须明确具体的应对措施。

(4)资源调配。

资源调配里的"资源"指的是在应急管理中所有涉及的人员、设备、设施、物资、经费保障以及其他资源。应急资源调配要尽可能详细,根据不同类型的事故对资源的需求,设定保障有力的资源调度方案。

(5)善后处理。

善后处理指在突发事故处理结束后的一系列恢复秩序、消除影响的工作。突发事故在救援结束后的一段时间内仍会存在一定的负面影响,因此要对其制订详细的恢复计划。同时,在事故的处理过程中所出现的资源消耗、征用等现象,同样也需要进行补给、赔偿等处理。

2. 应急预案的编制流程

(1)成立预案编制小组。

预案编制小组成员主要来源于预案制定和实施中有重要作用或是可能在事故中受影响的部门,如安全、生产、环保、检修等部门。此外,还要包括来自政府或相关政府部门的代表。这样可消除项目事故应急预案与政府应急预案的不一致性,同时也可明确紧急事故影响到项目之外时涉及的单位及其职责,有利于事故应急救援时的协调配合。

(2)资料收集和初始评估。

收集制定应急预案的必要信息并进行初始评估,相关资料主要包括:适用的法律、法规和标准;项目安全记录、事故情况;国内外同类项目事故资料以及相关的应急预案等。

(3)危险点辨识与风险评价。

危险点辨识主要分析可能发生的事故后果,同时识别出可能引发事故的各方面因素。在辨识危险点的基础上,还需要进一步评价各种危险点转化为事故的风险。

(4)处置措施设计。

根据前面分析的结果,结合项目现有预案、安全记录、事故情况,针对不同事故设计具体的应对措施。这些措施可以采用标准操作,也可以采用建议形式。

（5）机构及其人员职责确定。

突发事故应急预案编制过程中，人员职责的确定是一个重要环节，明确人员职责是成功实行事故应急救援工作的重要保证。机构及其人员职责的确定可以依据相关法律、法规政策进行制定。

（6）应急能力评估。

应急能力评估主要是在事故发生时对应急机构的应急救援处理能力，应急资源的调配、介入范围、类型、强度以及资源使用的有效性等进行的评估。

（7）评审与公布。

应急预案的评审包括内部评审和外部评审两类。内部评审是指预案编制小组成员内部实施的评审，应保证预案语言简洁通畅、内容完整。外部评审是由同级机构、上级机构、公众及有关政府部门实施的评审，其主要作用是确保预案被各阶层接受。

三、施工过程全要素安全管理

依据事故致因分析，结合桥梁工程项目的具体特点，影响桥梁施工安全管理的要素可以归纳为五个方面，即人、设备、结构构件、工序、环境。

（一）施工人员的安全管理

这里的人员包括操作工人、管理人员、事故现场的在场人员和其他相关人员等。他们的不安全行为是安全事故的重要致因。加强施工人员安全管理的主要措施包括以下几点。

1. 安全教育培训

安全教育培训包括作业技能培训与人员的安全教育培训。

（1）作业技能培训。

针对所操作机械设备的特点、大小、难度、技术含量、作业环境，选择合适的操作人员。技术含量高、结构复杂的机械设备应选择文化水平高的专业人才，以便容易掌握设备结构性能，实施安全操作。

操作人员培训后应经劳动部门或有关部门考核颁发证书后，方可上岗操作。坚决杜绝无证作业和持超过复审期的作业证件操作机械，同时，对于那些虽然持有机械设备操作证件，但已经连续六个月以上没有从事过本机械操作的人员，应对其进行上岗前的再培训。

（2）安全教育培训。

安全教育培训要做到有计划、有部署、有检查、有考核、有针对性：一要抓好施工项目机械操作人员的准入关，将上岗前的三级安全教育工作做到位；二是编制相应的安全生产知识与安全操作规程手册，发给现场的每一位作业人员；三是做好机械设备管理人员的安全培训工作。同时，对相关人员的安全教育培训工作应树立"全员安全教育培训"的理念。无论什么人，只要直接或间接地参与机械设备相关生产活动，就必须受到安全教育培训。

2. 提高作业机械化和自动化程度

提高作业机械化和自动化程度，是减少施工人员、提高劳动生产率、减轻人员疲劳、提高生产安全水平的有力措施。

3. 员工的绩效考核中引入安全考核

我们要引入安全指标的考核，如果在考核期内违章行为过多，对自己或他人的安全造成影响，其绩效奖金应当根据违章的后果情况适当进行缩减，以促使员工在生产中注意安全问题，这样对于减少事故的发生是有利的。

（二）施工机械、设备的安全管理

随着科学技术的发展，设备在施工过程中的运用越来越频繁，作用也越来越重要。这些设备在运用过程中，假如管理不严、操作不当，极易形成不安全状态。现场施工员加强施工设备的安全管理对预防和控制伤害事故的发生十分必要。具体措施包括以下几点。

1. 设备安全防护技术措施的编制和落实

项目经理部及技术部门应在工程项目开工前编制主要施工机械设备安全防护技术的安全技术措施，并报管理部门审批。各部门技术员及施工人员认真贯彻执行经审批的安全技术措施。项目经理部应对分包单位、机械租赁方执行安全技术措施的状况进行监督。分包单位、机械租赁方应接受项目经理部的统一管理，严格履行各自机械设备安全技术管理方面的职责。

2. 要为机械运行提供良好的施工场地

普通机械的装置场地必需平整坚实，周围要有排水沟。需要构筑根底的机械，要预先构筑好契合规则请求的轨道根底或固定根底。机械施工必需的暂时设备主要有停机场、机修所、油库，以及固定运用的机械工作棚等。还应依据施工机械作业时的最大用电量和用水量，设置相应的电、水输入设备，保证机械施工用电、用水的需求。

3. 机械设备在进场前要进行机械验收

项目经理部负责对进入施工现场的机械设备的安全安装和操作人员的资质进行审验。大型机械设备装置前,项目经理部应依据设备租赁方提供的参数进行装置设计架设,经验收合格后的机械设备可由资质等级合格的设备装置单位组织装置。装置完成后,报请主管部门验收,验收合格后方可办理移交手续。关于塔式起重机、施工升降机的装置、拆卸,必须由具有资质证件的专业团队承当,要按有针对性的安拆计划进行作业,装置完成应按规则验收合格后方可托付运用。中、小型机械由分包单位组织装置后,项目部机械管理部门组织验收,验收合格后方可运用。一切机械设备验收材料均由机械管理部门统一保管,并交安全部门一份备案。

(三) 工程结构、构件的安全管理

工程结构、构件的严重质量缺陷如结构或构件的位移、挠度、应力、裂缝等会给桥梁工程施工过程带来极大的安全隐患。加强工程实体质量安全管理,是安全生产管理不可或缺的一项内容。为保证工程实体的质量安全,确保构成构件的材料质量、加强形成构件的工序安全管理及采取施工监控技术手段是主要的措施。

1. 材料的安全保障

材料(包括原材料、成品、半成品、构配件)是工程施工的物质条件,材料安全包括两个方面:一是材料在组成工程实体前的保管安全,防止在使用前发生被盗、缺损、人为破坏等不安全事件;二是在使用过程中的操作安全,比如水泥的水化过程不充分、钢筋未按设计规定摆放等。所以加强材料的质量控制,是提高工程质量安全、杜绝安全隐患的重要保证。因此,从材料员、质检员、具体操作的工人班组、工人到项目经理都要重视材料的安全管理工作。

2. 健康监测技术在桥梁施工中的应用

桥梁施工构件的安全管理主要是指对桥梁构件材料缺损状况的安全管理。桥梁构件材料缺损状况是指桥梁各部分结构及各构件材料裂缝、变形、位移等缺陷的严重程度。它是衡量桥梁技术状况的主要指标,也是评价桥梁各分部分项工程合格与否的重要参数。

结构的健康监测是利用现场无损测量信息分析系统的特性参数,包括结构的响应,以识别结构的变化,从而揭示结构可能的损伤或质量退化。它通过测量结构的应变、位移、转角、速度等参数,评估结构,及时发现异常,并发出预警信号,为桥梁施工安全管理工作提供依据和指导。

健康监测主要采用三种方式。①表面硬度试验。对混凝土表面硬度测试，较为常用的是回弹仪法，它根据测得的回弹值和材料硬度之间的关系来工作，使用较为方便，可测不同部位。在正确使用的情况下，误差范围可满足一定要求，但回弹值影响因素较多，使用不当会使误差增大。②超声波探测。混凝土超声波探测仪通过测定超声波的纵波在混凝土中的传播速度，间接推算与判断混凝土某些性能，如强度、匀质性、弹性模量、密实度等，尤其是混凝土内部裂纹发展、表面裂缝深度及钢筋位置。③声发射法。声发射法是利用混凝土的"发声"特点来确定混凝土结构整体性。它可评估单个微裂缝的位置、大小、方向和开裂形式。

桥梁的健康监测是在桥梁许多关键节点布设传感器，用于监测大桥施工阶段在荷载作用下结构所产生的振动、挠度和应变等，同时监测环境风和结构温度场，实现实时监测和分析。桥梁健康监测运用现代传感技术，实时分析各种环境下的结构响应与信息评估的可靠性，为桥梁的安全管理提供科学依据。

（四）施工工艺的安全控制

桥梁工程的施工工序有很多，任何一道工序的失误都有可能导致安全事故的发生。这里从桥梁的基础工程施工、墩台工程施工、上部结构施工、重点工序施工四个方面来阐述工序工艺施工中应该注意的安全问题。

1. 基础工程施工

（1）明挖基础。

开挖基坑时，应采取安全防护措施：挖掘机作业时，机身距坑边的安全距离应视基坑深度、坡度、土质情况而定，一般不小于 1.0 m；桅杆吊斗或皮带运输出土时，应检查吊斗绳索、挂钩、机具等是否完好牢固；吊斗升降时，坑内人员应躲避吊斗升降范围；吊斗不使用时，应及时摘下，不得悬挂；在水中开挖要设有爬梯等安全措施；在开挖过程中，如发现坑沿顶面裂缝、坑壁松塌或涌水、涌砂等现象，要立即加固防护；寒冷地区采用冻结法开挖时，应根据实际情况，分层冻结，逐层开挖等。

（2）钢板桩围堰。

在施工前，应先进行试吊插打等试验工作，并检验机具设备及施工操作方法是否适宜；钢板桩起吊前，钢板桩凹槽部位要清扫干净，锁口应进行修整或试插；组拼的钢板桩组件应采用坚固的夹具夹牢，不得将吊具拴在钢板桩夹具上；钢板桩吊环的焊接由专人检查，必要时进行试吊；打桩机和卷扬机设专人操作，钢板桩起吊应听从信号指挥；钢板桩在锤击下沉时，初始阶段应轻打，桩帽（垫）变形时应及时更换。

（3）套箱围堰。

套箱围堰一般用于深水施工中，套箱的结构及形式应按照设计制造，并经检查验收后方可交付使用；在浮运或装配中，套箱要有足够的稳定性和刚度，并制定吊运、组装、拆卸时的安全规程；在采用船组辅助定位时，应先将定位船、导向船或其他导向设施就位；在施工过程中应经常检查锚碇浮标是否流失或沉没，浮标漏水不能全部浮出水面时应及时更换；当沉浮式双壁钢套箱注水下沉或排水上浮时，必须对称均衡施工，防止产生过大的倾斜。

2. 墩台工程施工

（1）就地浇筑墩台施工。

施工前必须搭好脚手架及作业平台，并仔细检查；在平台外侧设置可靠的栏杆，墩台 10 m 以上时要加设安全网；吊斗升降应设专人指挥，落斗前，下部的作业人员必须躲开，不得推动吊斗，严禁吊斗碰撞模板或脚手架。

（2）砌筑墩台施工。

人工、手推车推（抬）运石块或预制构件时，脚手跳板应铺满，其宽度、坡度、强度等应满足安全要求，脚手架和作业平台上堆积的物品不得超过设计荷载，砌筑材料应随运随砌；砌筑材料吊运到砌筑面时，作业人员应避让，待停稳后再继续砌筑；吊机、桅杆吊运砌筑材料时应听从信号指挥。

（3）滑模施工。

滑模和提升架都需要足够的刚度，防止模板侧向变形；爬升架体系、操作平台、脚手架等要保证具有足够的刚度和安全度，架体提升时要另设保险装置，模板爬升时，作业人员不得站在爬升的模板或爬架上；模板升到 2 m 高以后，要安装好内外吊架、脚手架，铺好脚手板，挂好安全网，并检查可靠性；混凝土浇筑时不得用大罐漏斗直接灌入，不得冲击模板，振捣时不得振动支架杆、钢筋及模板；模板提升前应进行检查，观察偏斜指数，提升时千斤顶同步作业，提升模板时不得进行振捣；施工中发现支撑杆有弯曲变形时应及时加固。

3. 上部结构施工

（1）预制构件安装。

吊装偏心构件时，应使用可调整偏心的吊具进行吊装，安装的构件应平起稳落；导梁组装时，各节点应连接牢固，在桥跨中推进时，悬臂部分不得超过已拼好导梁的 1/3；单导梁上的轨道应平行等距铺设，在接近导轮时要采用渐进的方法进入导轮，导梁到位后，用千斤顶顶升到稳定的木垛上；构件在起重装车后，牵引至导梁时行进速度不得大于 5 m/min；千斤顶在使用前，要做承载实验，顶升 T 梁、箱梁等大吨位构件时，必须在梁两端加设支撑；龙门架、架桥机等设备拆除前应切断电源；安装涵洞预制板时，应用撬棍等工具拨移就位，单面配筋的盖板上应注明起吊标志。

（2）悬臂浇筑法施工。

悬臂浇筑法采用斜拉托架及挂篮施工时，应遵守高处作业的有关规定；挂篮行走的速度应控制在 0.1 m/min 以内，滑道要铺设平整、顺直，不得偏移，挂篮桁架行走和浇筑混凝土时的稳定系数均不应小于 1.5；使用水箱作平衡施工时，其位置、加水量等应符合要求；底模荡移前要详细检查挂篮位置、后端压重、后锚及吊杆安装情况；箱梁混凝土接触面的凿毛作业人员要有安全防护措施。

（3）悬臂拼装法施工。

起重吊机的定位、锚固应按设计进行并进行静载试验；构件起吊前要进行全面检查，构件应垂直起吊，并保持平衡稳定，吊装构件下面不得有人活动或作业；天气突然变化，卷扬机、电机过热，或其他机械设备出现故障时，应暂停吊装作业；拆除硫黄砂浆临时支座时，操作人员应站在上风处，并佩戴安全防护用具。

（4）缆索吊装法施工。

吊装前要制定安全措施，安装时要有统一指挥信号，登高作业人员要佩戴安全带，且安全带不得挂在主索、扣索、缆风绳等上面；牵引卷扬机启动要缓慢，行进速度要平稳；缆索吊装大型构件时，应根据使用要求和受力大小选择钢丝绳，且其安全系数应达到规定要求；缆索跨越公路、铁路时，应搭设架空防护支架，在靠近街道和村屯的地方，应设立警告标志。

（5）顶推及滑移模架法施工。

顶推法施工时，桥台后面应设有足够的预制场地，且平整、无杂物，所使用的机具设备、材料在使用前应进行全面检查，必要时应做试验；多台千斤顶共同作用时，应使用同一型号；水平千斤顶的总顶推力不得小于设计顶推力的 2 倍，在顶推中各桥墩的纵向位移值不得超过设计值；采用滑移模架法浇筑时，钢箱梁及格架梁下弦底面应装设不锈钢带，浇筑前应进行全面安全检查，滑移模架行走时要听从信号指挥。

（五）施工环境的安全管理

1. 自然环境的安全管理

（1）气候条件。

对于可以预见的气候变化，应提前做好准备，制定应对方法，保证安全作业。

对于突发情况，则尽量采取措施规避风险，保证人员安全。如在炎热的夏季，中午高温时段，应停止作业，以防中暑事故发生。在高处吊装施工时，密切注意、掌握季节气候变化，遇有暴雨、六级及以上大风、大雾等恶劣气候，应停止露天作业，并做好吊装构件和机械的稳固工作。

（2）地理环境。

地理环境是指工程所在地的位置及周围的环境。沼泽、地下溶洞、地质断层等不良的地理环境可能对安全施工造成严重影响。开工前应对当地地理环境进行详细调查，在此基础上预测地理环境可能对施工产生的影响，制定应急方案，并对人员进行防灾、减灾教育，对设备采取必要的防护措施。施工时务必谨慎、仔细，避免事故的发生。

（3）环境温度。

环境温度不仅对施工人员造成影响，也会对工程实体产生影响。气温接近体温时，人体热量难以散发就会感到不适、头昏、气喘，活动稳定性差，手脑配合失调，对突发情况缺乏应变能力，可能会导致安全事故；反之，在低温环境下，人体散热量大，动作灵活性差，也易导致事故发生。

温度变化，特别是日照温差的变化，对于桥梁结构内力和变形的影响是复杂的。在施工阶段，日照温差对主梁挠度和塔柱水平位移的影响尤其显著。温度监测主要包括大体积混凝土浇筑过程中水化热温度监测及日常温度监测。

2.施工现场环境管理

脏、乱、差的施工现场条件是引起安全隐患的一个方面。不良的声环境和视环境容易使人产生疲劳、焦虑等负面情绪，从不同程度上影响操作的准确性和安全性，成为安全施工的隐患。此外，现场废水、尘毒、噪声、振动、坠落物不仅会给人带来安全方面的影响，还会加速机械设备的损耗，导致机械设备不能正常运行，致使事故发生。因此，对现场环境进行有效的控制，为操作者创建良好的施工环境，也是提高安全管理工作质量的一个重点。

四、安全事故的应急管理

（一）安全事故的等级划分

安全事故是指生产经营单位在生产经营活动（包括与生产经营有关的活动）中突然发生的，伤害人身安全和健康或者损坏设备设施、造成经济损失的，导致原生产经营活动（包括与生产经营活动有关的活动）暂时中止或永远终止的意外事件。

安全事故灾难按照其性质、严重程度、可控性和影响范围等因素，一般分为四级：I级（特别重大）、II级（重大）、III级（较大）和IV级（一般）。

（二）安全事故的处理流程

一般安全事故发生后，处理流程如下。

（1）安全事故发生后，施工单位应立即采取紧急措施，暂停相应部位的施工活动，在保护好事故现场的同时立即采用电话告知建设单位和监理单位，并编制安全事故报告单上报监理单位和建设单位。

（2）建设单位接到安全事故告知后，核查消息的真实性，立即组织监理单位到现场查看，根据事故现场情况下达采取紧急措施指令，口头下达暂停施工指令。

（3）监理单位应在核实事故原因、进行事故损失及责任分析的基础上参考三方意见，提出事故处理意见，由施工单位予以执行。

（4）监理单位应在事故发生后完成安全事故审批单和详细书面报告的编制工作，将施工单位的事故报告附后，上报建设单位，经建设单位审批后执行。

（5）若事故原因迟迟不能查明，监理单位认为安全事故存在的隐患未消除，则不下发工程复工命令，直到事故原因查明后方可发出复工令。

（6）复工时施工单位提出工程复工申请，经监理单位审批后下达工程复工令。

（三）桥梁安全事故的救援措施

安全事故发生后，应立即启动应急救援方案。不同的安全事故，有不同的应急救援方案。以下介绍几种常见的施工安全事故应急救援方案。

1. 坍塌事故

事故发生后，由项目经理负责现场总指挥。发现事故，首先高声呼喊，通知现场安全员，并拨打抢救电话120，同时通知项目经理组织紧急应变小组进行现场抢救。土建工长组织有关人员清理土方或杂物，如有人员被埋，应首先按部位进行抢救人员，其他组员采取有效措施，防止事故发展扩大。安排施工队负责人员随时监护边坡状况，及时清理边坡上堆放的材料，防止造成二次事故的发生。预先成立的应急小组人员各负其责，有程序地处理事故、事件，最大限度地减少人员和财产损失。

如果发生脚手架坍塌事故，按预先分工进行抢救，架子工长组织所有架子工进行倒塌架子的拆除和拉牢工作，防止其他架子再次倒塌，现场清理由外包队管理者组织有关职工协助清理材料。如有人员被砸，应首先清理被砸人员身上的材料，集中人力先抢救受伤人员，最大限度地减小事故损失。

2. 火灾

发生火情后，第一发现人应高声呼喊，使附近人员能够听到或协助扑救，同时通知施工管理部或其他相关部门，并拨打火警电话119，值班电工负责断电，现场施工负责人组织各部门人员用灭火器材等进行灭火。如果是电路失火，必须先切断电源，用干粉灭火器或防火砂灭火，严禁使用水或液体灭火器灭火，以防触电事故发生。

火灾发生后，抢救被困人员时，应准备部分毛巾，润湿后蒙在口、鼻上，防止将有毒有害气体吸入肺中，造成窒息伤害。救出受伤人员后，应采取简单的救护方法急救，如用净水冲洗一下被烧部位，将污物冲净再用干净纱布简单包扎，同时联系急救车抢救。

火灾事故后，应保护现场，组织抢救人员和财产，防止事故扩大，必须以最快的方式逐级上报，如实汇报，不得隐瞒。

3. 其他事故

其他一些常见事故包括高处坠落、物体打击、机械伤害等。事故发生后，由安全员组织抢救伤员，并拨打急救中心电话120，由土建工长保护好现场，防止事态扩大。其他小组人员协助安全员做好现场救护工作。如有轻伤或休克人员，现场安全员应组织临时抢救、包扎止血或做人工呼吸或胸外心脏按压，尽最大努力抢救伤员，将伤亡事故控制到最小，将损失降到最低。

第二节　勘查、设计方在施工过程中的安全管理

勘察单位通过对建设项目的实地勘察，得出真实、准确的勘察文件，以满足建设工程安全生产的需要。设计单位提供的设计方案将直接影响建筑安全。设计单位应当考虑施工安全操作和防护的需要，在设计文件中注明涉及施工安全的重点部位和环节，并对预防安全事故提出指导意见。对于采用新结构、新材料、新

工艺的建设工程和特殊结构的建设工程，设计单位应当在设计中提出保障施工作业人员安全和预防安全事故的措施建议。

为使施工单位熟悉设计图纸，了解工程项目特点、设计意图、关键工程部分的质量要求、施工中应注意的问题，同时也为发现和及时纠正图纸中存在的问题，在工程项目施工之前，设计单位和施工单位应该进行设计交底和图纸会审。通常先由设计单位介绍工程项目的设计意图、结构特点、技术措施、施工要求和施工中应注意的相关问题，以及设计图纸的情况，然后由施工单位提出图纸中存在的问题、需要解决的难题和对设计单位的要求，最后通过三方讨论和协商解决存在的问题，并将有关问题及意见写成会议纪要交给设计单位，由设计单位对纪要中提出的问题用书面形式进行解释、澄清或修改设计，并履行设计变更签证手续。对于较大的问题，则由监理单位牵头，组织建设单位、设计单位和施工单位共同研究协商解决。

第三节　政府主管部门的安全监督管理

建设工程安全生产的行政监督管理，是指各级人民政府建设行政主管部门及其授权的建设工程安全生产监督机构，对建设工程安全生产所实施的行政监督管理。通过依法对建筑活动的各责任单位的安全监督，从建筑生产活动的各个环节保证生产安全。

一、建设工程安全生产的行政监督管理的分级管理

我国现行对建设工程安全生产的行政监督管理是分级进行的，建设行政主管部门因级别不同具有的管理职责也不完全相同。

国务院建设行政主管部门负责建设工程安全生产的统一监督管理，并依法接受国家安全生产综合管理部门的指导和监督。国务院铁道、交通、水利等有关部门按照国务院规定职责分工，负责有关专业建设工程安全生产的监督管理。

县级以上地方人民政府建设行政主管部门负责本行政区域内的建设工程安全生产管理。县级以上地方人民政府交通、水利等有关部门在各自的职责范围内，负责本行政区域内的专业建设工程安全生产的监督管理。县级以上地方人民政府

建设行政主管部门和地方人民政府交通、水利等有关部门应当设立建设工程安全监督机构负责建设工程安全生产的日常监督管理工作。

二、建设工程安全生产监督的方式

《中华人民共和国安全生产法》中明确了四种监督方式。

1. 工会民主监督

工会民主监督即工会有权对建设项目的安全设施与主体工程同时设计、同时施工、同时投入生产和使用的情况进行监督，提出意见。

2. 社会舆论监督

社会舆论监督即新闻、出版、广播、电影、电视等单位有对违反安全生产法律、法规的行为进行舆论监督的权利。

3. 公众举报监督

公众举报监督即任何单位或者个人对事故隐患或者安全生产违法行为，均有权向负有安全生产监督管理职责的部门报告或者举报。

4. 社区报告监督

社区报告监督即居民委员会、村民委员会发现其所在区域内的生产经营单位存在事故隐患或者安全生产违法行为时，有权向当地人民政府或者有关部门报告。

三、安全监督检查职权

1. 现场调查取证权

现场调查取证权即安全生产监督检查人员可以进入生产经营单位进行现场调查，单位不得拒绝；有权向被检查单位调阅资料，向有关人员（负责人、管理人员、技术人员）了解情况。

2. 现场处理权

现场处理权即对安全生产违法作业当场纠正权；对现场检查出的隐患，责令限期改正、停产停业或停止使用的职权；责令紧急避险权和依法行政处罚权。

3. 查封、扣押行政强制措施权

查封、扣押行政强制措施权对象是安全设施、设备、器材、仪表等；依据是不符合国家或行业安全标准；条件是必须按程序办事、有足够证据、经部门负责人批准、通知被查单位负责人到场、登记记录等，并必须在15日内做出决定。

四、政府主管部门对参与方安全监管的内容

（一）对施工单位的安全生产监督管理

政府主管部门对施工单位的安全生产监督管理的主要内容包括以下内容。

（1）要求施工单位落实安全生产责任制和各项安全生产规章制度、操作规程，建立健全工程项目的安全保证体系。

（2）要求施工单位建立与承建工程相适应的现场安全管理机构，配备足够的专职安全管理人员，项目经理、安全员应经建设行政主管部门安全管理能力考核合格，持证上岗。

（3）监督施工单位按照经审核批准的安全施工组织设计或专项安全施工方案组织施工，组织施工现场开展安全生产活动，按规定对在建工程进行定期和专项的安全检查，并对工人进行三级安全教育和安全技术交底。

（4）检查施工现场作业人员是否经培训合格上岗，且每年至少接受一次安全生产培训考核；要求施工单位的特种作业人员持特种作业操作证上岗。

（5）要求施工现场制定工程项目施工安全事故应急救援预案，发生事故后，按规定向监督站及其他有关部门报告。

（6）要求施工单位应在工程开工前，根据施工过程中危险性较大的施工作业点、面确定施工安全的重大危险点源，并制定监控办法。监督监控办法必须经企业技术负责人审核批准后报监理单位、建设单位审核批准实施。

（7）检查施工现场安全防护实体和文明施工设施是否符合规范和标准要求。

（二）对监理单位的安全生产监督管理

政府主管部门对监理单位的安全生产监督管理的主要内容包括以下方面。

（1）要求监理单位将安全生产管理内容纳入监理规划，并在监理规划和中型以上工程的监理细则中制定对施工单位安全技术措施的检查方法。

（2）检查监理单位是否审查施工组织设计中的安全技术措施或专项施工方案符合工程建设强制性标准。

（3）检查监理单位是否定期巡视检查危险性较大工程作业。

（4）检查监理单位是否下达隐患整改通知单，要求施工单位整改事故隐患或暂时停工，对隐患整改结果是否复查。

（5）要求监理单位向工程所在地监督站报告施工单位拒不整改或不停止施工的情况。

第八章　特殊环境下的施工安全防护

第一节　拱桥施工安全技术与风险控制

一、拱桥施工风险控制总体策略

拱桥施工大致分为有支架施工和无支架施工，有支架施工主要用于中小跨径、石拱桥和钢筋混凝土拱桥，施工方法包括三种形式，即落地支架、拱形支架和移动支架；无支架施工主要应用于大跨径拱桥，施工方法包括转体施工法、缆索吊装施工法和悬臂浇筑施工法。若选址不当、设计不周、施工质量不良、运营维护不到位，极易发生桥毁人亡的重大事故。

拱桥施工风险控制总体策略如下。

（1）严防桥位选址不当的严重性错误，以免造成重大经济损失（甚至重建）和人员损失。

（2）严防因缆索吊未按规定进行验收造成的安全事故；杜绝使用缆索吊运送施工人员导致高处坠落事故；严禁因缆索吊操作人员无证上岗错误操作造成的机械伤害事故。

（3）避免支架、拱架的强度、刚度、稳定性和基础承载力不足，以免造成支架塌落。

（4）严防吊装拱肋前不按规定进行试吊导致拱肋坠落，以免造成经济损失甚至砸伤作业人员；避免拱肋吊装时无统一指挥而造成物体打击伤害；防止拱肋及横撑安装时作业料具随手抛掷导致人员受伤。

（5）在拱段起吊时，防止拱段未捆扎牢固或不平衡起吊、超载起吊，以免拱段坠落；严禁两层或多层上下交叉作业，以免上层物体坠落打击下层施工人员；防止吊杆张拉时锚头未连接牢固即松除吊钩或张拉顺序不当造成垮塌事故。

（6）杜绝因高处作业人员不按规定佩戴劳动防护用品、酒后或疲劳作业引发的安全事故。

（7）严禁支架、拱架、墩顶、作业平台等未按规定设置安全防护设施，避免物体和人员坠落。

（8）防止跨越公路、铁路施工时无防护措施对施工人员造成车辆伤害；避免水上施工无防护和救生措施造成人员伤亡。

二、钢筋混凝土拱桥施工

（一）风险控制重点

钢筋混凝土拱桥施工必须重点防范起重伤害、机械伤害、物体打击伤害、高处坠落、触电等。

1. 现浇钢筋混凝土拱桥风险控制重点

（1）在拱圈混凝土浇筑时，严防不按设计要求顺序进行加载；对称加载时应及时观测拱架的变形，以免拱圈受力不合理发生不可逆转变形，发生垮塌事故。

（2）拱部混凝土未达到设计要求的卸架强度，严禁拆除拱架，以避免发生垮塌；防止拱架不按规定要求卸落，以免拱架发生塌落引发安全事故。

（3）采用砂筒卸落拱架时，防止因砂子潮湿或不匀净，泄砂孔及砂筒（箱）与活塞之间的外露面未封闭严密，导致卸落时拱架塌落。

2. 装配式混凝土拱桥风险控制重点

（1）采用卧式浇筑拱节时，严防翻转起吊前不检算拱节强度，以免强度不足导致拱节碎裂。

（2）拱节堆放应防止地面上及两层间的支点不在同一垂直线上、临时支垫不牢固等不安全状态，以免拱节坠落发生物体打击伤害。

（3）节点支架拼装拱节时，防止拱肋吊装不按设计要求顺序进行；拱节拼装时，防止在装拱节连接不牢固；防止在未设置支撑等安全措施前就摘除起重吊钩，以免造成起重伤害等事故。

（4）无支架拼装拱节时，防止索塔锚固不牢固、塔顶未设风缆固定等不安全状态，以免索塔发生垮塌。

（二）风险控制技术

（1）为了保证吊装安全，吊装前必须认真检查吊装设备，不可带病作业。

（2）作业人员必须戴好安全帽、穿好防滑鞋；在吊装区域内严禁非作业人员入内。

（3）严禁酒后作业；严禁人员在工作区嬉戏、打闹、奔跑。

（4）吊装时，应增强安全意识，严禁疲劳作业。

三、钢筋混凝土系杆拱桥施工

（一）风险控制重点

钢筋混凝土系杆拱桥施工必须重点防范起重伤害、机械伤害、物体打击伤害、高处坠落、触电等。

（1）防止系梁不按设计要求张拉预应力就搭设梁上拱肋支架，以免支架垮塌发生物体打击伤害。

（2）现浇混凝土拱肋及横撑、斜撑混凝土施工时，防止拱肋模板未与支架连接固定、支撑不牢导致模板坠落发生物体打击伤害。

（3）防止拱肋两侧不设置操作平台以及上下步梯，以免发生人员高处坠落。

（4）采用混凝土输送泵浇筑时，严防泵送管道未固定在单独的支架或直接与模板相连，以免泵送管道绊倒作业人员或模板。

（5）吊杆张拉时，严防拱肋顶面不设置步梯和栏杆，以免发生高处坠落事故。

（二）风险控制技术

（1）拱肋支架采用节点支架时，支架间应增加纵、横向连接。

（2）拱肋顶面应设置步梯和栏杆；雨、雪天施工应有防滑措施。

（3）吊杆初张拉、终张拉必须按设计程序进行。

（4）系梁支架必须在吊杆张拉后方可拆除，拆除应按设计顺序进行；设计没有规定的，应从跨中向两侧进行。

四、钢管混凝土系杆拱桥施工

（一）风险控制重点

钢管混凝土系杆拱桥施工必须重点防范起重伤害、机械伤害、物体打击伤害、高处坠落、触电等。

（1）拱肋及风撑安装，防止拱肋节段运输时未用弧形垫木垫实，侧面和前后未用钢丝绳、撑木等固定在运输车上，以免拱肋倾倒和滑落。

（2）工地组拼拱肋节段时，应设必要的临时支撑，节段重量应在起重机的额定起吊能力内，防止超载，以免发生起重伤害。

（3）在拱肋采用满堂式脚手架拼装方式时，严防脚手架上未铺设人行走道和操作平台、未挂设安全网等不安全状态，以免作业人员发生高处坠落。

（4）汽车式起重机桥面吊装拱节时，杜绝作业人员站位在系梁的横隔板或纵向腹板处，以免提升钢管拱肋时碰撞支架，撞伤施工人员造成物体打击伤害。

（5）钢管内混凝土压注时，防止混凝土压注达不到要求以及混凝土压注顺序不按设计要求执行，以免钢管胀裂。

（6）压注完毕后，严防没有及时关闭倒流截止阀，以免混凝土冲出伤人。

（二）风险控制技术

（1）拱肋采用节点立柱拼装方式时，柱底应与梁顶固结，柱顶设操作平台，柱间设纵、横向连接系，确保支架的稳定和抗风能力。

（2）连接焊缝探伤检测合格后方可拆除拱肋支架。

（3）压注时应严格控制泵压和泵速，压注完毕后应及时关闭倒流截止阀。

五、钢箱系杆拱桥施工

（一）风险控制重点

钢箱系杆拱桥施工必须重点防范起重伤害、机械伤害、物体打击伤害、高处坠落、触电等。

（1）在搭设梁上钢箱拱肋支架时，防止拆除钢箱系梁支架，以免拱肋支架塌落造成物体打击伤害。

（2）钢箱拱肋节段拼接、风撑安装时，严防桥上不设置消防以及通信设施，以免发生火灾。

（3）杜绝作业人员不戴绝缘手套、不穿绝缘靴（鞋）的不安全行为，以免造成触电伤害。

（二）风险控制技术

（1）搭设梁上钢箱拱肋支架时，钢箱系梁支架不得拆除。

（2）桥上必须设置消防、通信设施，并保证其处于良好状态。

（3）桥上作业人员必须穿戴绝缘鞋和手套。

六、钢桁架拱桥施工

（一）风险控制重点

钢桁架拱桥施工必须重点防范起重伤害、机械伤害、物体打击伤害、高处坠落、触电等。

（1）对于钢桁架拱跨中的高支架，严防不进行抗横向脉动风速的稳定检算，以免整体抗风稳定性达不到要求，导致支架垮塌，造成物体打击伤害。

（2）在非工作状态时，防止不收拢吊钩、臂杆与钢梁不固定，以免撞伤作业人员发生物体打击事故。

（3）防止上下弦杆平面两侧不设置防护栏杆，以免作业人员高空坠落。

（4）拼装钢梁上平联时，防止不在两桁上弦节点处加设临时连接杆件、钢丝绳和拴结安全带；严防各墩顶不设防护栏杆、网栅等防护设施，以免发生高空坠落事故。

（二）风险控制技术

（1）上下弦杆平面两侧应设置防护栏杆，栏杆应与弦杆卡固。

（2）爬坡式起重机移动前，牵引起重机爬坡的滑车组和钢丝绳状况应良好，传力节点板固定可靠。

（3）各墩顶应设有防护栏杆、网栅等防护设施，布置好走道及梯子。

第二节　斜腿刚构桥施工安全技术与风险控制

一、斜腿刚构桥施工风险控制总体策略

（1）斜腿杆件吊装应按计算位置拴吊具，防止杆件与吊具间不设防护垫，以免杆件坠落砸伤作业人员发生物体打击事故。

（2）在斜腿拼装前，严禁不搭设脚手架、不安装栏杆和安全网等不安全行为，以免防护措施不到位造成人员伤亡。

（3）水平拼装时，应防止支架不设在坚固的基础上，以免地基沉陷支架倾覆，造成高空作业人员坠落或砸伤地面作业人员。

（4）斜腿竖直拼装时，防止定位面不设定位销钉、已拼好的杆件未与塔架临时连接等不安全状态，以免杆件坠落伤人。

二、预应力混凝土斜腿刚构桥施工

（一）风险控制重点

预应力混凝土斜腿刚构桥施工必须重点防范起重伤害、机械伤害、物体打击伤害、高处坠落、触电等。

（1）杜绝不按规定佩戴安全带、不穿防滑鞋等不安全行为，以免发生高处坠落事故。

（2）高处作业时，严防不挂设安全网、不设栏杆等不安全行为，以免发生高处坠落事故。

（3）作业时，防止上下抛投工具、机件、材料等，以免坠物伤人。

（4）起重作业时，杜绝在起重作业回转半径范围的吊臂下站人，以免造成起重伤害。

（二）风险控制技术

（1）全体作业人员必须佩戴好安全帽。
（2）应经常检验支架的稳定性，检查安全防护网是否牢固。
（3）应检查电线路及插座，防止发生漏电事故。
（4）高空作业人员必须系安全带，防止发生意外。

第三节　斜拉桥施工安全技术与风险控制

一、斜拉桥施工风险控制总体策略

（1）施工现场要有防火措施并备有消防器材，以防电焊火花溅落在易燃物料上发生火灾。

（2）索塔分节立模浇筑前，应搭好脚手架、扶梯、人行道及护栏，每层脚手架的缝隙处应设置安全网，以免发生高处坠落伤害。

（3）浇筑塔身混凝土应按规定挂好减速漏斗及保险绳，漏斗上口应堵严，以防碎石掉落伤人。

（4）塔底与桥墩为铰接时，在施工中必须将塔底临时固定。塔身建筑到一定高度后，必须设置缆风。斜缆索全部安装并张拉完成后，方可撤除缆风并恢复铰接。

（5）斜拉桥的塔底与墩固结时，脚手架必须在墩上搭设。当索塔与悬臂段同时交错施工并分层浇筑索塔时，脚手架不得妨碍索塔的摆动。

（6）施工期间，应与当地气象站建立联系，密切注意天气变化，遇大风、雷雨时，应立即停止作业。高处作业时，其风力应根据作业高处的实际风力确定。如未设风力测定仪，可按当地天气预报数值推测作业高处的风力。

（7）随着索塔升高（索塔高度达到 20 m 以上，或索塔高度虽不足 20 m，但在郊区或平原区施工或附近无高大建筑物提供防雷保护时），防雷电设施必须相应跟上；避雷系统未完善前，不得开工。

（8）缆索的制作与安装作业风险控制内容如下。

①缆索施工时，不得撞伤锚头。锚头发生移位时，不得用铁锤强击复位。

②缆索的防护层不得有折损或磨伤，否则应在修补后安装；或做标记，安装后修补。

③悬索桥的主索及斜拉桥的斜缆索应进行破断力试验，其破断力应满足设计要求。

④锚具、套筒应用超声波或射线探伤仪检查，内部有损伤者不得使用。

⑤主索及斜缆索顶张拉时，应选择适当场地，埋设足够强度的地锚，并在张拉台前设置防护墙。对张拉设备应严格检查，以确保安全。

⑥锚具和孔道在未封口前，应临时予以防护，以防雨水侵入和锚头被撞击。

⑦斜拉桥的斜拉索如为工地自行制作时，还要做到以下几点：编束时，应用梳形板梳编，每1.5～2.0 m段用钢丝绑扎，防止扭曲；制成的斜拉索应架空放置，严防在地面上拖拉或硬性弯折，同时，应进行预拉以检查冷铸锚，测定每索钢丝拉力、延伸和回缩；测定的钢索测力仪的读数，应在张拉时进行校核。

⑧采用成品斜拉索时，应做到以下几点：放索时，应有制动设施，并防止卷盘的缆索自由散开时造成伤害；放开展平的缆索应防止在地面上拖磨；锚头应加设防护，防止碰撞；缆索应保持顺直，不得扭曲。

（9）缆索套管内采用压注水泥浆防护时，水泥浆应从下往上压入。索塔超过50 m时，应分段向上压注，以防灌注压力过大，套管破裂伤人。

（10）钢叠合梁与钢筋混凝土叠合梁施工时，主要风险控制内容如下。

①成品钢构件应编号成套，对号存放，防止损坏变形。

②起吊前，应了解所吊构件的质量、重心位置，以采取相应的起吊方法。

③构件组拼前应进行全面检查，如有缺陷、变形，应在组拼前加以校正。

④钢构件组拼时，必须用足够的定位冲钉来定位。钢构件全部插入高强螺栓后，方可松除吊钩。

二、斜拉索施工

（一）基本风险控制

1. 风险控制重点

斜拉索施工在斜拉桥修建过程中的风险级别较高，常因为斜拉索施工作业人员酒后操作、不按规定佩戴安全器具、违规使用机械等不安全行为，发生高处坠落、物体打击、机械伤害、淹溺等事故。

（1）杜绝不按规定佩戴安全防护用具的不安全行为，以免发生物体打击、淹溺事故。

（2）斜拉索桥面展开时，严禁操作人员距离索体太近，以防斜拉索在扭力作用下翻转伤人。

（3）遇恶劣天气时，应杜绝拉索高处作业，以防发生高处坠落事故。

2.风险控制技术

（1）斜拉索桥面展开时，操作人员要与索体保持1 m以上的距离。

（2）在不良气候条件下，如暴雨或风力达6级及以上时，应停止斜拉索高处作业。

（3）不得采用钢丝绳等硬性绳索捆绑、提吊斜拉索。严禁放索展开时使用钢丝绳等硬质吊具扣吊拉索。

（4）当桥塔较高时，应采用斜拉索牵引装置牵引，严禁直接牵引索体。

（二）斜拉索运输与吊装

1.风险控制重点

（1）运输斜拉索时，放索船上所垫模板必须正确放置，以防索船因放索变化重心不稳，造成颠簸倾斜。

（2）挂索过程中必须及时检查钢丝绳、滑车、卷扬机等起吊设备，以免起吊时发生事故。

2.风险控制技术

（1）运输斜拉索时，索盘架在船上放置应垫模板，保持放索船的平衡，防止索船随放索变化而偏心倾覆。

（2）挂索过程中应有专门人员经常检查钢丝绳、滑车、卷扬机等起吊设备的完好程度，保证吊装安全。

（三）斜拉索牵引

1.风险控制重点

斜拉索牵引过程中，必须重点防范机械伤害、物体打击伤害等。

（1）放索时注意控制斜拉索的摆动，防止放索小车翻倒，以免损伤斜拉索及伤及作业人员。

（2）在张拉开始前，应在千斤顶工具夹片外表涂润滑油脂，以防钢绞线束发生扭绞现象。

（3）张拉时，千斤顶应安装悬吊或支垫保险措施，以免千斤顶掉落伤人；张拉油管接头采用防护套，以免喷油伤及人员。

2. 风险控制技术

（1）放索限位架由螺栓连接于放索机尾部，放索时注意控制斜拉索的摆动，防止放索小车翻倒，损伤斜拉索及伤及作业人员。

（2）千斤顶工作过程中应安排专人严密注意夹片是否松开，以便及时停机。

（3）电工、机械修理工必须在现场待命，随叫随到，确保及时排除电器及机械故障。

（4）起重用钢丝绳应符合规定，吊具建议采用大直径纤维绳。

（四）斜拉索挂设

1. 风险控制重点

斜拉索挂设过程中，必须重点防范机械伤害、物体打击伤害等。

（1）压索时，严禁工作人员距离斜拉索过近，以免夹片滑松导致斜拉索回弹伤人。

（2）杜绝塔肢内未按要求配备灭火器、违章动火或吸烟，以防发生火灾。

（3）严禁桥面卷扬机性能不良仍继续使用，以免发生机械伤害。

2. 风险控制技术

（1）在挂边跨合龙桥面压索时，人员应远离斜拉索，防止因夹片滑松导致斜拉索回弹伤人。

（2）塔框内禁止吸烟，不准在塔框内放置易燃易爆物品；塔肢内照明和油泵张拉用电必须安好漏电保护装置。

（3）桥面挂篮压索前应检查桥面卷扬机的性能、其锚固绳卡是否松动、钢丝绳是否断丝、钢丝绳走向是否与其他物体相摩擦。

（4）压索前，检查张拉机构是否正常，连接丝杆与斜拉索应顺直，严禁使用变形和受损的连接杆作业。

三、斜拉桥桥塔施工

（一）风险控制重点

斜拉桥桥塔施工属高处作业，极易发生高处坠落、物体打击等重大事故。对于高处作业的人员须重点防止其不按规定佩戴安全防护用具的不安全行为。

（1）严禁高塔施工人员未体检（血压、血糖、恐高）就进行高处作业，以防发生事故。

（2）防止高处作业随意放置、抛掷工具和物料，以免物体坠落砸伤作业人员。

（3）孔道灌浆作业时，操作人员应戴好防护眼镜，以防水泥浆喷出伤及操作人员的脸部和眼睛。

（4）严禁在一个物件上拴挂多根安全带或一根安全带上拴多个人，以免发生集体坠落事故。

（5）立体交叉作业时，防止在同一竖直方向上下同时操作，以免上层物体坠落影响或砸伤下层作业人员。

（二）风险控制技术

（1）高塔施工人员必须都进行健康检查，凡患有高血压、心脏病、低血糖、恐高症等高处作业禁忌证的，不得进行高处作业。

（2）高处作业所需的工具应放在工具包内，材料及小型设备应临时加固，严禁上下抛掷工具及物件。

（3）桥塔施工人员必须系安全带，安全带应挂在牢固的物件上。严禁在一个物件上拴挂多根安全带或一根安全带上拴多个人。

（4）立体交叉作业时，不得在同一竖直方向上下同时操作，下层作业的位置必须处于依上层高度确定的可能坠落半径范围之外。

四、斜拉桥加劲梁施工

（一）风险控制重点

斜拉桥加劲梁施工必须重点防范发生倾覆、物体打击、机械伤害等事故。

（1）严防挂篮后端未设置保险装置，以免发生倾覆。

（2）桥塔施工人员严禁向下抛物，以免伤及桥下人员。

（3）张拉时，应搭设必要的作业平台，临空作业挂设安全带，施工人员不得站在千斤顶的正后方，对顶时要注意防止挤伤手指。

（二）风险控制技术

（1）挂篮走行必须保持同步；后端设置保险装置，防止倾覆。

（2）挂篮平台、桁架上严禁堆放重物，特别是缘板悬臂端部位。

（3）桥塔施工人员严禁向下抛物。

（4）张拉时，施工人员不得站在千斤顶的正后方，应站在侧面。

五、斜拉桥转体施工

（一）风险控制重点

斜拉桥转体施工必须重点防范转体前未检查各关键部位，如塔梁固结点、上转盘、塔柱锚固区、球铰等部位；防止转动体系、锚固体系和动力体系在施工期间未按规定进行检查维护；还原预防转动场地、设施及设备未进行试运转等相关内容。

（二）风险控制技术

（1）严禁人员酒后或带病高处作业。

（2）转体前设施及设备必须进行试运转。

（3）风力达到5级及以上应停止施工，并做好高处设备的紧固，防止发生坠落事故。

第四节　悬索桥施工安全技术与风险控制

一、悬索桥施工风险控制总体策略

悬索桥施工过程中需要进行的风险控制除参考斜拉桥施工外，还需进行如下风险控制。

（1）悬索桥施工中，临时架设的工作索、牵引索安装完毕后，应对索具、吊具等进行全面、仔细的检查。索夹如采用高强螺栓旋紧时，螺栓的拧合扭矩应先经试验确定。索夹下的吊杆承受全部荷载时，索夹应与主索连接紧密，不得在主索上向下滑移。为防止主索磨损，可在索夹与主索之间垫物隔离。施工中使用的吊篮、平台等应具有足够的强度，设置的防护围栏高度不得小于 1.2 m。索塔应设置上下扶梯和塔顶作业平台。索鞍的安装应保证位置准确。

（2）悬索桥采取重力式锚碇时，对锚碇体的施工应按照有关安全规定浇筑混凝土或砌体工程，锚碇体必须达到坚实牢固；采用隧道式锚碇时，对有关的开凿及爆破工程，应按有关凿岩及《爆破安全规程》要求施工。

（3）悬索桥安装加劲桁构（梁）时，风险控制的重点如下。

①利用主索吊装加劲桁构（梁）构件时，应在平台上进行组拼。组拼后，利用主索吊运到位，与索夹、吊杆同时安装。施工前，应检查机具设备是否完好。吊装时，应按照有关吊装的安全规定作业。

②加劲桁构（梁）的吊装，宜从跨中向两岸进行。索夹与吊杆应配合加劲桁构（梁），同时安装，不得先安装索夹或吊杆。

③索塔下端为固结时，索鞍将逐步向河心偏移，施工中，应对索鞍偏移量进行观测和控制，防止超过设计允许偏斜量而影响塔架的安全。

④索塔下端为铰接时，应按设计监测，并控制索塔的偏斜量。

（4）斜拉桥、悬索桥在施工中应配备水上救护船。

二、悬索桥锚碇施工

（一）悬索桥锚碇基坑开挖与混凝土灌注作业

1. 风险控制重点

悬索桥锚碇基坑开挖与混凝土灌注时，必须重点防范掩埋事故、机械伤害、物体打击伤害等。

（1）基坑开挖过程中必须采取周密的防范措施，防止基坑外沿周边不设护栏和防护网，以免误伤行人。

（2）吊送材料和模板时，杜绝吊物下方站人或有人通行，以免发生物体打击伤害。

（3）锚碇开挖边缘严禁堆放物料，以免导致边坡滑塌。

（4）混凝土运输车下料口应用土工布设置一道布帘，以防砂石冲出料斗伤人，发生物体打击伤害。

（5）锚碇开挖时，应在每个土方吊运点设置一层防护棚，以防土方坍塌伤人。

2. 风险控制技术

（1）吊送材料和模板时，吊物下方不得站人及通行。

（2）锚碇开挖边缘严禁堆放物料。

（3）锚碇施工人员应穿反光背心，施工过程中尽量避开土方吊运点。

（4）吊运土方的起重机钢丝绳、吊钩等应每班检查，以防发生机械故障事故。

（二）悬索桥锚碇锚固系统安装

1. 风险控制重点

悬索桥锚碇锚固系统安装必须重点防范触电、物体打击伤害、高处坠落等。

（1）锚管支架搭设时，应杜绝施工人员不佩戴安全带、安全帽及不穿防滑鞋等不安全行为，以免导致意外伤害。

（2）防止模板对拉螺杆未锁紧、螺母露杆长度不满足要求、对拉螺杆斜拉、模板之间及模板底部漏浆等不安全状态，以免模板倾翻、漏浆等事故对作业人员造成伤害。

（3）高处作业时，防止将组件、工具乱堆乱放，支架或工作平台上堆放的物品应放置牢固，防止超重或滑落，以免造成物体打击伤害。

（4）搬运组件、部件时要注意附近有无障碍物、架空电线和其他临时电气设备，防止部件、钢束在移动过程中碰撞电线或发生触电事故。

2. 风险控制技术

（1）安装作业前对锚管定位架、模板系统、型钢支架进行安全检查。

（2）施工临时照明及机电设备的电源线应绝缘良好，不得直接架设在支架或模板上，应用绝缘支撑物使电线与组合钢模板隔离，防止线路漏电。

（3）多人共同操作或打抬预埋钢束、锚头时，要密切配合，协调一致。

（4）起吊组件、部件、钢束时下方禁止站人，必须待骨架降到距安装面 1 m 以下才能靠近，就位支撑好方可摘钩。

（5）起吊部件、组件时，规格必须统一，禁止长短参差不齐，禁止一点起吊。

（6）高处作业时，不得将部件、组件、钢束集中堆在支架和脚手架上，也不得把工具、钢箍、短钢筋随意放在脚手架上。

三、悬索桥桥塔施工

（一）悬索桥桥塔施工电梯安装和调试

1. 风险控制重点

悬索桥桥塔施工电梯安装和调试过程中，应重点防范物体打击伤害、高处坠落、触电、违规操作等。

（1）杜绝利用施工电梯的井架、横竖支撑牵拉缆绳、标语和其他与电梯无关的物品，以免物体坠落造成物体打击伤害。

（2）放钢丝绳和吊升轨道时，严禁下方站人，以免高处物体掉落砸伤作业人员。

（3）打膨胀螺栓时，杜绝作业人员不佩戴安全防护用品、上下交叉作业等不安全行为，以免发生物体打击伤害。

（4）轨道调整时应走楼梯，严禁爬脚手架上下，以免发生高处坠落。

2. 风险控制技术

（1）严禁利用施工电梯的井架、横竖支撑牵拉缆绳、标语和其他与电梯无关的物品。

（2）打膨胀螺栓前人员应站立好(位置)、系好安全带、戴好防护眼镜,手持(不得戴手套)榔头，不得上下交叉作业。

（3）导轨安装过程中，立轨道应统一行动、密切配合，指挥信号应清晰明确，吊升轨道时其下方不得站人，并应设专人随层进行监护。

（4）轨道调整时，人员上下必须走梯道，严禁爬脚手架。

（5）井道安全防护门在梯门系统正式安装完毕前严禁拆除。

（6）安装井道内运行设备过程中，应使用溜绳将配重框架放入井道内，吊装时，井道内不得站人；吊装上梁、轿顶等重物时必须捆绑牢固，倒链操作人员严禁站立于重物下方；放钢丝绳时，严禁站在钢丝绳盘线圈内作业，手脚应远离导向物体。

（7）在井道内进行线槽及钢管安装时，物件应随用随取，不得大量堆于脚手板上；使用电钻时严禁戴手套。

（8）电梯调试过程中，各项工作须具备相关条件。

（9）施工电梯安装完毕后，必须经有关人员检查验收合格后方可投入使用，作业人员不得擅自提前使用。

（二）悬索桥桥塔施工电梯使用

1. 风险控制重点

悬索桥桥塔施工电梯使用过程中，必须重点防范违规操作、超载等。

（1）杜绝电梯司机无证上岗、酒后作业；电梯运行中，禁止司机擅离操作岗位及电梯带病工作等，以免因误操作造成电梯发生故障。

（2）施工电梯每班首次运行前，应试运行检查电梯工作性能，以免因故障影响施工。

（3）杜绝电梯超载作业，以免发生电梯故障。

（4）防止在遭遇恶劣天气、机械发生故障未排除、钢丝绳断丝磨损超过报废标准等情况时，仍继续使用电梯，以免电梯发生故障引发重大安全事故。

2. 风险控制技术

（1）电梯司机必须持证上岗，严禁酒后作业。

（2）严禁利用施工电梯的井架、横竖支撑牵拉缆绳、标语和其他与电梯无关的物品。

（3）施工电梯每班首次运行前，必须空载及满载试运行，以检查电梯的工作性能。

（4）严禁操作电梯超载作业。

（5）电梯运行至最上层和最下层时应操纵按钮，严禁以行程限位开关自动碰撞的方法停机。

（6）当双笼电梯一只梯笼在进行笼外保养或检修时，另一只梯笼不得运行。

（7）电梯运行中，司机不准有妨碍电梯运行的动作，不得离开操作岗位，应随时观察电梯各部声响、温度、气味和外来障碍物等，发现异常应及时停机检查处理，故障未排除严禁运行电梯。

（三）悬索桥桥塔施工电梯维修与拆除作业

1. 风险控制重点

在悬索桥桥塔施工电梯维修与拆除作业时，必须重点防范物体打击伤害、高处坠落伤害等。

（1）在梯笼下面作业时，必须用枕木支撑牢固，以免梯笼掉落造成物体打击伤害。

（2）拆卸和维修人员在井架上作业时，杜绝未穿好防滑鞋、未系好安全带等不安全行为，以免发生高处坠落事故。

（3）拆卸时，严禁抛投传递工具和器件，以免发生物体打击伤害。

（4）严禁双手操作扳手紧固或松开螺栓，以免发生高处坠落事故。

2. 风险控制技术

（1）在梯笼下面作业时，必须用枕木支撑牢固。

（2）拆卸作业时必须有专人统一指挥，将作业区上方及地面 10 m 范围内划为警戒区并设专人监护。

（3）恶劣天气如大雨、大雾或风力 6 级及以上，不得进行拆卸作业。

（4）拆卸和维修人员在井架上作业时，必须穿防滑鞋、系安全带，不得以投掷方式传递工具和器件；紧固或松开螺栓时，严禁双手操作。

（四）悬索桥桥塔滑模施工

1. 风险控制重点

悬索桥桥塔滑模施工必须重点防范机械伤害、物体打击伤害等。

（1）严防操作平台四周防护栏杆和安全网缺失，平台板间有空隙等不安全状态，以免作业人员发生高处坠落事故。

（2）严禁操作平台上多人聚集一处，以免平台倾覆造成高处坠落。

（3）杜绝抛扔拆下的模板、设备与机具及配件等不安全行为，以免砸伤作业人员造成物体打击伤害。

2. 风险控制技术

（1）操作平台四周要有防护栏杆和安全网，平台板铺设不得留间隙。

（2）操作平台上不得多人聚集一处，下班时应清扫和整理好料具。

（3）模板拆除应均衡对称，拆下的模板、设备与机具及配件应用绳索吊放，不得投扔。

（五）悬索桥桥塔翻模安装施工

1. 风险控制重点

悬索桥桥塔翻模安装施工必须重点防范高处坠落、物体打击伤害等。

（1）严禁高处作业人员攀登翻模或绳索上下，以免高处坠落。

（2）高处支模时，防止乱堆乱放钢模板，操作工具不得随意放置，以免造成物体打击伤害。

（3）当吊装大块钢模板时或防止大块钢模板脱钩前未固定可靠，以免发生起重伤害。

2. 风险控制技术

（1）必须在接受技术人员关于翻模安装的安全技术交底后，方可进行翻模的安装作业，安装作业应严格按照技术交底执行。

（2）高处作业人员应通过斜道或施工电梯上下通行，严禁攀登翻模或绳索上下。

（3）高处支模时，不得乱堆乱放钢模板。

（4）支模过程中如遇中途停歇，应将已就位的钢模板或支承件连接牢固，不得架空浮搁。

（5）操作工具要放入工具袋，不便放入工具袋的应放在稳妥的地方。

（6）严禁用塔式起重机提升爬架。

（7）严禁两块大模板同时提升。

（8）吊装大块钢模板时，大块钢模板必须固定可靠后方可脱钩。

（六）悬索桥桥塔翻模拆除

1. 风险控制重点

悬索桥桥塔翻模拆除作业时，必须重点防范起重伤害、物体打击伤害、高处坠落伤害等。

（1）严禁高处作业人员攀登翻模或绳索上下，以免发生高处坠落事故。

（2）防止翻模拆除顺序错误，以免模具掉落造成物体打击伤害。

（3）防止用钩扣住模板吊环或急速吊运模板，以免发生起重伤害。

2. 风险控制技术

（1）必须在接受技术人员关于翻模拆除的安全技术交底后，方可进行翻模的拆除作业，拆除作业应严格按照技术交底执行。

（2）一般应先拆除侧模，后拆底模；先拆非承重部分，后拆承重部分。

（3）拆除现场散拼的模板，一般应逐块拆卸，不得成片松扣撬落或拉倒。拆下的钢模板，严禁向下抛掷，应用溜槽或绳索系下；上下传递时，要互相接应，防止伤及人员。

（4）检查索具，用卸甲（严禁用钩）扣住模板吊环，用塔式起重机轻轻吊紧，并在两端用绳拉紧，防止转动，然后抽去顶杆；吊运时稳运、稳落，防止大模板大幅度晃动、碰撞造成倒塌事故。

（5）起吊时，应采用吊环和安全吊钩，卸甲不得斜牵起吊，严禁操作人员随模板起落。

（6）拆除模架过程中，必须有专人把守警戒。

（7）操作人员的操作工具要随手放入工具袋，不便放入工具袋的应放在稳妥的地方。

（七）悬索桥主索鞍与散索鞍门架安装与检查

1. 风险控制重点

悬索桥主索鞍与散索鞍门架安装与检查过程中，必须重点防范物体打击伤害、起重伤害、机械伤害等。

（1）安装主横梁、天车时，应使用麻绳做导向定位，待吊至要求高度并确认稳定后，作业人员方可上去操作，防止吊运时碰撞架体引发起重伤害。

（2）防止高处作业人员不按规定系好安全带，垂直交叉作业，正下方有人停留或通过；使用的工具、构件、零星物料必须放稳固，防止高处坠物伤人，发生物体打击伤害。

2. 风险控制技术

（1）安装作业前，作业人员必须接受施工队、作业班组的安全技术交底，并弄明白施工的工作内容及相关的安全技术要求。

（2）门架架体安装时，要设置缆风绳或斜支撑固定，然后焊接牢固，检查安全可靠后才可松放钢丝绳。

（3）安装完毕进行空载试验前，风力不得大于6级。

（4）主索鞍、散索鞍门架未经验收或验收不合格，禁止投入使用。

（八）悬索桥主索鞍与散索鞍门架操作

1. 风险控制重点

悬索桥主索鞍与散索鞍门架操作过程中，必须重点防范起重伤害、高处坠落、违规作业等。

（1）杜绝酒后作业、无证上岗等不安全行为，以免误操作造成起重伤害。

（2）起重区域一定范围内严防非作业人员通行，以免发生物体打击伤害。

（3）杜绝起重物下方站人、重物起吊时人员上下吊架的不安全行为，以免发生物体高处坠落或作业人员高处坠落事故。

2. 风险控制技术

（1）操作人员身体不适时不能进行开机操作。

（2）作业时，人员应严格遵守施工劳动纪律，禁止酒后作业。作业时要集中精神，操作过程中严禁做与工作无关的事情（如看书报、接听手机、听音乐等）。

（3）起重区域内严禁非作业人员通行。

（4）起重物下方严禁站人，重物起吊时严禁人员上下吊架，重物起吊时不准进行检修和调整机件。

（5）遇有6级及以上大风、台风、暴雨、打雷、暴雪等天气，不得进行起吊作业。

（6）吊架及机电系统在试吊前及每次吊重前，均需进行相关检查。

（7）维修保养时，应将所有的控制开关拨至零位，切断主电源，并在闸箱处挂"禁止合闸"标志，必要时设专人监护。

（九）悬索桥主索鞍与散索鞍门架拆除作业

1. 风险控制重点

悬索桥主索鞍与散索鞍门架拆除作业时，必须重点防范起重伤害、物体打击伤害等。

（1）严防拆除作业不按规定流程拆除、无人指挥作业，以免门架塌落造成物体打击伤害。

（2）杜绝作业人员不按安全规定穿戴好个人劳动保护用品，以免发生物体打击伤害或者高处坠落。

2. 风险控制技术

（1）拆除主索鞍、散索鞍前，参加作业的人员必须接受安全技术交底培训。

（2）拆除主索鞍、散索鞍时，有专人指挥作业，并划分警戒区和做好监护工作。

（3）门架拆除作业应在白天进行，夜间作业应有良好的照明。因故中断拆除作业时，应采取临时稳固措施。

四、主缆架设

（一）悬索桥先导索过江（海）施工

1. 风险控制重点

悬索桥先导索过江（海）施工必须重点防范淹溺、高处坠落、车辆伤害、物体打击等事故。

（1）杜绝驾驶员疲劳驾驶、酒后作业、违章作业等不安全行为，以免导致车辆伤害。

（2）严防作业人员未佩戴好安全防护用品，以免人员从高处坠落发生淹溺事故。

（3）严防上方的施工用具掉落，以免造成施工人员物体打击。

2. 风险控制技术

（1）作业人员精神状况应良好，穿好救生衣，系好安全带，扎好安全绳，扣好安全帽，穿防滑鞋，佩戴必要的通信工具、作业工具。

（2）在主塔瞭望与观察的人员及卷扬机操作人员，必须注意高处上下的安全及站立位置的安全。

（3）现场指挥员的身体条件必须符合相关要求，作业前严禁喝酒。

（二）悬索桥猫道系统施工作业

1. 风险控制重点

悬索桥猫道系统施工作业过程中，必须重点防范淹溺、高处坠落、物体打击等事故。

（1）严防作业人员未佩戴好安全防护用品，以免人员从高处坠落发生淹溺事故。

（2）防止猫道网块之间没有扎紧扎好，以免作业人员高处坠落。

（3）安装吊索前，防止底网缺口未临时封闭，以免发生高处坠落事故。

2. 风险控制技术

（1）每天作业前，负责人必须对定点的机械设备进行例行检查和专项点检（如卷扬机的制动系统、临时用电等），发现问题应及时检修或停机处理，不得强行作业。

（2）在船上作业的施工人员应穿好救生衣，在塔上工作的人员应系好安全带、安全绳，临边作业的人员要密切留意下方有无作业人员，时刻防范高处坠物的发生；船上作业、塔顶作业的人员要密切关注天气条件的变化，发现有风力加速、大雨、台风来临征兆时，作业班班长必须随时做好撤离安排。

（3）猫道需要安装吊索时，在未安装吊索前应将剪裁的底网缺口用临时网块做临时封闭；在安装好吊索后，应用尼龙网或其他网块将吊索安装处不严密的底网缺口封堵。

（三）悬索桥大吨位无级调速卷扬机（主缆架设用）汽车式起重机安装施工

1. 风险控制重点

悬索桥大吨位无级调速卷扬机（主缆架设用）汽车式起重机安装施工过程中，必须重点防范起重伤害、高处坠落伤害、物体打击伤害、触电等事故。

（1）吊装施工时，严防吊装作业下方站立作业人员，以免高处吊件坠落伤人。

（2）高处作业人员应时刻注意脚下和四周，以免作业时被磕、绊、钩、挂等发生高处坠落事故。

（3）防止高处作业人员抛接工具，以免导致物体打击伤害。

（4）杜绝雷雨天气施工作业，以免发生雷击或触电伤害。

2. 风险控制技术

（1）安装卷扬机的底座时，应使用导向索进行导向定位，待吊至要求高度并确认稳定后，作业人员才可上去操作。

（2）高处作业人员应按规定系好安全带，不得垂直交叉作业，正下方不得有人停留或通过；使用的工具、构件、零星物料必须放稳固，防止高处坠物伤人。

（3）在斜坡或较滑的坡面作业时，必须清理坡面的泥沙、杂物，指挥员、操作人员地站立必须稳妥，防止作业过程中出现人员滑倒、碰伤事故。

（4）卷扬机安装好后应做空载、额定荷载、超载试验。试验前应特别注意风力不得大于6级。

（5）卷扬机未经验收合格或未经验收，禁止投入使用。

（四）悬索桥主缆架设

1. 风险控制重点

悬索桥主缆架设过程中，必须重点防范高处坠落事故、物体打击伤害、起重伤害、淹溺等事故。

（1）杜绝作业人员未戴好安全帽、未系好安全带、未穿防滑鞋等不安全行为，以免发生高处坠落。

（2）严防人员在猫道上作业前站立不稳固，被猫道上遗留杂物、材料及工具绊倒，以免发生人员高处坠落。

（3）交叉作业时防止未采取隔离措施，以免发生物体打击伤害。

（4）吊装施工时，严防吊装作业下方站立作业人员，以免吊件坠落伤人。

2. 风险控制技术

（1）作业人员必须佩戴好安全帽、安全带、工具包等安全防护用品。

（2）每天在作业前，机械设备负责人须对所管机械设备进行例行检查和专项点检，发现问题及时检修或停机处理，不得强行作业。

（3）施工人员必须要稳固站立在猫道后方能进行作业。

（4）在主缆索股架设过程中，应随时关注天气状况的变化，如出现雷雨、大风等天气应立即停工，人员撤离猫道。

（5）每次高处作业必须做到"工完场清"，不得遗留杂物、材料及工具。

（6）作业人员必须严格按照指挥员的指令进行作业，严禁违章作业和擅自施工。

（7）高处固定点的作业人员必须按照高处作业的安全要求挂好安全带，严禁在猫道上奔跑和跳跃。

（8）严禁在猫道上进行电焊作业。

（五）悬索桥主缆紧缆施工

1. 风险控制重点

悬索桥主缆紧缆施工过程中，必须重点防范物体打击伤害、起重伤害、高处坠落、淹溺等事故。

（1）防止紧缆机液压绞车钢丝绳受力较大，使用时间较长，以免因磨损过大而导致事故。

（2）主缆紧缆过程中，防止人员在猫道上奔跑和跳跃，以免因站立不稳导致高处坠落。

2. 风险控制技术

（1）主缆紧缆机每使用 4 h 后，必须停机保养 0.5 h。

（2）施工人员必须要稳固站立在猫道后方能进行作业。

（3）在主缆紧缆过程中，出现雷雨大风等灾害性天气征兆时，应立即停止作业，妥善处理好紧缆机以及主缆与猫道的临时固定后，人员随即撤离猫道。

（4）每次高处作业必须做到"工完场清"，不得遗留杂物、材料及工具。

（5）严禁在猫道上奔跑和跳跃。

（6）在猫道上严禁进行电焊作业，防止猫道绳索受伤而影响猫道的使用安全。

（六）悬索桥主缆索夹与吊索施工

1. 风险控制重点

悬索桥主缆索夹与吊索施工时，必须重点防范物体打击伤害、起重伤害、触电、淹溺等事故。

（1）杜绝不按规定佩戴安全防护用品的不安全行为，以免发生高处坠落导致淹溺事故。

（2）吊装施工时，严防吊装作业下方站立作业人员，以免高处吊件坠落伤人。

（3）施工人员必须佩戴工具包，在施工时必须注意其匹配件的使用，以防止配件、工具掉落造成下方作业人员的意外伤害或砸伤船只、损坏设备机具。

2. 风险控制技术

（1）作业人员在施工前必须佩戴安全防护用品，如安全帽、安全带、防滑鞋，需要使用工具的作业人员还必须佩戴工具包。

（2）在整个施工过程中要求保护好吊索，不得损伤吊索。在吊索的展开、下放过程中，必须按照施工要求保证吊索的安全及周围作业人员的安全。

（3）在猫道上严禁进行电焊作业。

（4）索夹及吊索安装过程中，要求施工人员必须配备工具包。

（5）所有施工人员均需在岗位上进行交接班，禁止离岗交接。

（6）严禁在恶劣的气候条件下进行索夹、吊索安装施工作业。

（七）悬索桥主缆缠丝施工

1. 风险控制重点

悬索桥主缆缠丝施工时，必须重点防范高处坠落、机械伤害、物体打击伤害等。

（1）缠丝机跨越索夹时，施工人员应确认索夹下方猫道是否有洞，以免人员踩空跌落或物件坠落事故的发生。

（2）严防在猫道上乱堆乱放杂物或材料，以免绊倒作业人员导致高处坠落。

（3）施工机械在维修保养过程中产生的废水、废渣、废油等严禁随意排放，以免造成环境污染或导致施工人员的意外伤害。

2. 风险控制技术

（1）缠丝机跨越索夹时，施工人员应要注意索夹下方猫道是否有洞。

（2）缠丝机在索夹倾角大于8°的主缆上时，要求施工人员必须遵守主机与夹持架均不能同时松开手拉葫芦保险的规定。

（3）缠丝机主机与夹持架安装就位后，施工人员不得同时松开夹持瓦。

（4）在雨（雪）天、大雾天气、潮湿天气不得进行缠丝作业。

（5）应及时清理猫道上的材料及杂物，且不得随手乱丢乱放。

（6）严禁随意拆除猫道反挂钢丝绳，缠丝经过猫道反挂钢丝绳后应立即恢复。

（八）悬索桥天顶索安装与使用施工

1. 风险控制重点

悬索桥天顶索安装与使用施工过程中，必须重点防范物体打击伤害、高处坠落、淹溺事故等。

（1）作业前，应对施工设备进行检查，防止设备带病使用，以免设备故障影响施工安全。

（2）天顶索安装时，应严格控制焊机的使用，防止焊弧损坏钢丝或电流导通，以免对猫道造成不良影响。

（3）严防在天顶索上随意挂设物品和重物，以免高处物体坠落伤人。

2. 风险控制技术

（1）作业前，应对使用的施工设备、机具进行安全检查，对主要的零部件进行详细检查，发现异常立即进行妥善处理。

（2）作业过程中，应随时注意天气变化，遇到突然袭来的暴风雨、台风或雾霾，作业人员应立即向现场施工主管请示，在做好安全保障措施的前提下，停止安装作业。

（3）放索时索体应贴在特制的滚轮上拖拉，并应控制索盘的转速。

（4）天顶索牵引到对岸时，必须将绳索固定好（或临时固定），防止滑移。

（5）在天顶索安装过程中，猫道上站立的作业人员应密切注意周围是否存放有不必要的物品。

（6）发现天顶索有碰伤、压伤、绞伤，必须立即停用。

（7）严禁在天顶索上挂设物品和重物。

五、梁体与桥面板施工

（一）悬索桥缆载起重机安装

1. 风险控制重点

悬索桥缆载起重机安装过程中，必须重点防范物体打击伤害、高处坠落等事故。

（1）高处作业时，严防工具随意放置、任意乱置或向下丢弃拆卸下的物件及余料、废料，抛掷传递物件等不安全行为，以免物体高处坠落伤人。

（2）雨天和雪天进行高处作业时，严防无防滑、防寒和防冻措施，以免导致高处坠落事故。

（3）遇到恶劣天气如雷雨、大风、暴雨时，杜绝在猫道上进行作业的行为，以免发生高处坠落。

2. 风险控制技术

（1）特种作业人员必须持证上岗，严禁无证操作和违章作业。

（2）施工人员必须佩戴好安全带、安全帽，穿轻便防滑鞋。施工作业场所所有有坠落可能的物件，应一律先行撤除或加以固定。

（3）高处作业时，工具应随手放入工具袋，作业中的走道、通道板和登高用具，应随时清扫干净；拆卸下的物件及余料、废料均应及时清理运走，不得任意乱置或向下丢弃。传递物件禁止抛掷。

（4）雨天和雪天进行高处作业时，必须采取可靠的防滑、防寒和防冻措施。凡是有水、冰、霜、雪的，均应及时清除。

（5）遇有6级及以上强风、浓雾等恶劣天气，不得进行攀登与悬空（高处）安装作业。

（6）严禁在猫道上进行电焊作业。

（7）作业班间交接班必须在岗位上进行，禁止离岗交接。

（8）施工过程遇到恶劣天气（如雷雨、大风、暴雨）时，必须停止猫道上的一切工作，并做好主缆与猫道的临时固定工作。

（二）悬索桥缆载起重机试吊施工

1. 风险控制重点

悬索桥缆载起重机试吊施工过程中，必须重点防范高处坠落、淹溺、起重伤害等事故。

（1）防止试吊起吊时吊点不合理，以免吊物发生倾斜坠落伤人。

（2）杜绝水上吊装作业的人员不穿救生衣的不安全行为，以免人员落水发生淹溺事故。

（3）严防在猫道上进行电焊作业，以免猫道绳索受伤，影响猫道的使用安全。

（4）防止在恶劣天气时仍继续作业，以免发生高处坠落。

2. 风险控制技术

（1）缆载起重机试吊起吊时，要做到吊点合理，防止单方向倾侧；吊点提升高度足够后必须立即停止起升。

（2）水上吊装作业的人员必须穿救生衣。

（3）在施工过程中突然出现大风、暴雨、雷电天气时，应立即停止作业，施工人员在撤离前必须妥善处理好手头上的工作，确认安全无误或临时措施得当后方可离开。

（4）严禁在猫道上电焊作业。

（三）悬索桥缆载起重机使用

1. 风险控制重点

悬索桥缆载起重机使用过程中，必须重点防范起重伤害、物体打击伤害、高处坠落伤害、触电等事故。

（1）严禁缆索式起重机运送人员上下班或进行其他作业，以免发生起重伤害或高处坠落事故。

（2）杜绝缆索式起重机司机酒后作业、疲劳作业；杜绝高处作业人员酒后作业，以免操作失误发生事故。

（3）杜绝拆卸千斤绳时下方站人，以免高处坠物伤人。

（4）严禁使用破损的电线和电缆，以免设备漏电导致触电事故。

2. 风险控制技术

（1）缆索跨越公路、铁路等既有障碍物时，应搭设架空支架，并拉好支架风缆。

（2）除正常检修和维护保养外，严禁使用缆索式起重机运送人员上下班或进行其他作业。

（3）严禁缆索式起重机司机酒后作业、疲劳作业。

（4）起吊时先要检查钢丝绳、卸扣等起重设施，确保安全牢固。

（四）悬索桥钢箱梁吊装施工

1. 风险控制重点

悬索桥钢箱梁吊装施工过程中，必须重点防范高处坠落、物体打击伤害、起重伤害、淹溺等事故。

（1）杜绝作业人员未佩戴安全带、穿好防滑绝缘鞋等不安全行为，以免作业时用力过猛、身体失衡导致人员高处坠落。

（2）交叉作业时，中间应采取隔离措施，以免落物造成物体打击伤害。

（3）吊装作业时，杜绝吊装作业区下方站立施工人员，以免发生物体坠落伤人。

2. 风险控制技术

（1）施工作业场所所有有坠落可能的物件，应一律先行撤除或加以固定；在同一立体范围内，严禁上下交叉作业。

（2）高处焊接作业人员，除了佩戴安全带、安全帽之外，还必须穿防滑绝缘鞋、戴绝缘防护手套；临边作业的人员必须检查作业场所的安全防护栏、安全网等安全设施的可靠性；水上吊装作业的人员必须穿戴救生衣等。

（3）严禁在猫道上进行电焊作业。

（4）作业班组交接班必须在岗位上进行，禁止离岗交接。

（5）施工过程中遇到突然袭来的雷雨、大风、暴雨等恶劣天气时，必须立即停止猫道上的一切工作，并做好紧缆机以及主缆与猫道的临时固定工作，作业班长应在撤离前做好安全检查，确认无误后方可离开。

（6）钢箱梁吊装过程中，在猫道上或端梁段应划定作业区域并设置专人把守，与吊装作业无关的人员一律不准进入作业区域。

（五）悬索桥钢桁加劲梁（桥面板）拼装与安装

1. 风险控制重点

悬索桥钢桁加劲梁（桥面板）拼装与安装过程中，必须重点防范高处坠落、物体打击事故、淹溺等事故。

（1）防止在恶劣天气条件下进行桥梁拼装作业，防止重叠作业，以免桥面板坠落伤人。

（2）杜绝在猫道上施工作业时随意放置工具、高空抛物等不安全行为，以免发生物体打击伤害。

（3）严防违规使用机械设备、无证上岗等不安全行为，以免发生机械伤害。

2. 风险控制技术

（1）恶劣天气及夜间无照明时应停止拼装作业；不得在同一垂直方向上下同时作业；在距离高压线 10 m 区域内无特殊安全防护措施时禁止作业。

（2）在猫道上施工作业必须使用工具箱，所有工具在使用完毕后必须放入工具箱内，严禁高空抛物。

（3）拼装所用机械设备要严格按照操作规程进行作业，严禁违规操作，所有操作人员必须持证上岗。

（4）桥面起重机在拼装好后必须进行试吊。桥面起重机在吊装作业前要对其动力系统、制动装置、吊具、锚固系统等进行全面的检查，经检查符合作业要求后才能进行安装作业。

（5）钢桁加劲梁在合龙前属于悬浮体，因此，安装施工必须在无风或风速小于 10 m/s（低于 6 级风）的情况下进行。

第五节　斜拉桥施工风险控制范例

一、工程概况

（一）工程简介

六合新城龙池路跨滁河大桥及其连接线工程西起金穗大道，东至规划西陈路，道路全长为 1 100 m（其中有两座桥梁，龙池路跨滁河大桥桥梁长度为 661 m，毛营河桥长度为 20 m），道路宽度为 40 m。

六合新城龙池路跨滁河大桥共分为 6 联，跨径组合为：（3×30 m）（A1 联）+（3×30 m）（A2 联）+（31 m+54 m+31 m）（A3 联）+（100 m+85 m）（A4 联）+（3×30 m）（A5 联）+（3×30 m）（A6 联）=661 m。其中 A4 联为主桥（采用独拱塔双索面斜拉桥），A1 联、A2 联、A5 联、A6 联为引桥（采用等截面连续箱梁桥），A3 联为引桥（采用变截面连续箱梁桥）。

本桥主桥采用椭圆形钢箱混凝土塔柱空间双索面斜拉桥，墩塔梁固结体系。100 m 跨索距采用 5 m，85 m 跨索距采用 4 m。

（二）桥型概况

1. 主塔

斜拉桥塔柱采用钢箱混凝土结构，单个截面横桥向宽度为 3 m，纵桥向截面宽度塔顶为 4.5 m、桥面处为 6.5 m、承台顶为 7 m，外包钢板厚 20 mm，内填充 C50 微膨胀混凝土，斜拉索采用 Φ7 mm 的平行钢丝，冷铸锚体系，塔上设张拉端，为便于施工控制，梁上也设置张拉端。张拉施工完毕封锚后需对外表面进行美化处理。

本次设计综合考虑受力、景观等因素，采用椭圆形钢箱混凝土塔。本桥主塔塔高自桥面以上为 66 m。主塔的椭圆形造型比例协调、结构简洁流畅。

2. 斜拉索

斜拉索采用塑包平行钢丝束，钢丝采用 Φ7 mm 高强钢丝，护套采用双层，斜拉索表面采用抗风雨振措施，100 m 跨索距采用 5 m，85 m 跨索距采用 4 m。

斜拉索两端锚具均采用张拉端冷铸锚锚具。

3. 主梁

主桥上部梁体采用双边箱结构，边箱采用预应力混凝土单箱双室斜腹板连续箱梁。从景观方面考虑，箱梁中腹板采用铅垂形式，外侧腹板采用斜腹式 + 倒圆弧形式。

边腹板斜度为 4∶1，在悬臂下缘线和腹板之间倒半径为 1 m 的圆角，在底板下缘线和腹板之间倒半径为 0.2 m 的圆角。箱梁顶板设 1.5% 横坡，底板保持水平，采用纵、横双向预应力体系。

4. 引桥上部结构

引桥共有 A1、A2、A3、A5、A6 五种，均为预应力混凝土单箱双室斜腹板连续箱梁。

A1、A2、A5、A6 联跨径布置为 3×30 m，箱梁高度为等厚 1.8 m（中心梁高），采用单箱双室断面形式，顶板宽 18.5 m，箱梁悬臂长 4 m，悬臂端部厚 0.25 m，悬臂根部（虚交点）厚 0.6 m，顶板厚度 0.25 m；跨中底板厚度 0.22 m，支点横梁附近通过 5 m 过渡段线性过渡至 0.5 m 厚度；跨中腹板厚度 0.45 m，支点横梁附近 5 m 范围内等厚 0.75 m，端横梁及中横梁附近均采用平行过渡形式，过渡段长度为 3.6 m。每联箱梁在桥墩处设置厚度为 2 m 的中横梁，端部设厚度为 1.5 m 的端横梁，其余部位不设置横梁。

A3 联箱梁采用单箱双室断面形式，顶板宽 18.5 m，底板宽度根据边腹板高度变化而变化；箱梁悬臂长 4 m，悬臂端部厚 0.25 m，悬臂根部（虚交点）厚 0.6 m；顶板厚度 0.28 m，在横梁附近局部加厚为 0.5 m；跨中腹板厚度为 0.5 m，主墩墩顶横梁两侧各 13.5 m 范围内腹板厚度 0.8 m（靠近墩顶处腹板加厚为 1.4 m），过渡段长度 3.6 m，线性过渡。端横梁附近 5 m 范围内腹板等厚 0.8 m，过渡段长度为 3.6 m。跨中底板厚度 0.28 m，主墩墩顶附近底板厚度 0.55 m，变化规律按两次抛物线变化。主墩处设置厚度为 2.5 m 的中横梁，过渡墩墩顶设置厚度为 1.5 m 的端横梁，主跨跨中设置厚度为 0.35 m 的横隔板；中横梁及跨中横隔板上均设置人孔；在边墩附近底板设置 Φ0.8 m 检修孔。

5. 桥梁下部结构

主引桥交接桥墩采用双柱式花瓶墩,与引桥整体风格一致。墩身设圆倒角。墩身下接矩形承台,主塔下承台尺寸为 19.6 m×14.4 m,交接墩承台尺寸均为 7.1 m×6.5 m。主墩承台厚度为 5 m,交接墩承台厚度为 2.5 m。主墩承台下设直径 2 m 的钻孔灌注桩,交接墩承台下设直径 1.5 m 的钻孔灌注桩。桩基均按照摩擦桩设计。

6. 引桥下部结构

引桥桥墩采用双柱式花瓶墩,除 A3 联中墩墩底断面尺寸 1.8 m(横桥向)×1.8 m(纵桥向)外,其余桥墩墩底断面尺寸均为 1.8 m×1.6 m,墩身设圆倒角,伸缩缝处桥墩墩顶纵桥向因放置支座需要加宽至 2.4 m,加宽段长度为 3 m。墩顶横桥向采用圆弧加宽至 2.3 m 形成曲线造型,加宽段高度为 3 m。墩柱顶部设置纵桥向宽度 1.3 m 弧形横系梁,系梁中部高度 1.2 m,与墩柱连接处高度 1.5 m。

墩身下接矩形承台,A3 联中墩承台尺寸为 10.5 m×6.5 m,其余承台尺寸均为 7.1 m×6.5 m,引桥桥墩承台厚度为 2.5 m。A3 联中墩承台下设 6 根 Φ=1.5 m 的钻孔灌注桩,其余承台下设 4 根 Φ=1.5 m 的钻孔灌注桩。桥台为组合重力式桥台,承台厚度为 1.5 m,桥台基础采用 8 根直径为 1.2 m 的钻孔灌注桩基础。桩基均按照摩擦桩设计。

二、总体施工方案概述与风险控制总体策略

(一)总体施工方案概述

(1)施工准备完成后,首先进行主塔的施工,完成梁体浇筑及拉索安装。

(2)本工程主桥与引桥采用现浇法施工。引桥上部梁体结构均采用支架现浇,主桥 100 m 跨上部梁体结构采用悬臂浇筑,主桥 85 m 跨上部梁体结构采用支架现浇。

(3)引桥各联施工顺序相互不影响;主桥与相邻引桥(A3 联、A5 联)施工有一定影响,需先施工主桥上部梁体结构,再施工相邻联引桥上部梁体结构。

(4)调整索力,完成主梁及边跨的合龙张拉,完成体系转换。

(5)毛营河桥上部结构的空心板梁采用汽车式起重机方式架设。

（二）风险控制总体策略

通过对桥型概况、地质、水文、气候条件等的详细了解，根据工程施工方案分析施工过程中可能发生的危害，提出风险控制总体策略。本工程必须重点防范起重伤害、机械伤害、高处坠落、物体打击伤害、溺水、触电等事故。

（1）严防起吊构件、材料时违章作业等不安全行为，以免造成起重伤害。

（2）严禁高处作业人员未进行体检以及体检不合格人员仍进行高空作业等不安全行为，以防发生高处坠落、淹溺事故。

（3）遭遇大风暴雨等恶劣天气应停止施工，并做好高空设备的紧固，防止发生坠落事故。

（4）杜绝不按规定佩戴安全防护用具的不安全行为，以免发生物体打击、淹溺事故。

（5）杜绝施工机械作业人员无证上岗或酒后作业、疲劳作业等，以免误操作造成机械伤害。

（6）防止高处作业随意放置、抛掷工具和物料，以免物体坠落砸伤作业人员。

三、主要工程施工工序过程风险控制

（一）路基施工

1. 工序内容

（1）做好场地临时排水工作，特别要注意基底换填期间的排水，开挖临时排水沟，降低地下水位。

（2）新路基在填筑前应对场地、耕植土进行清除；鱼塘、河沟地段，应清淤干净彻底；还应特别注意对暗塘的处理。

（3）路基填筑时，必须根据设计断面进行分层填筑和压实，分层松铺的最大厚度应通过试验确定。路堤分层的最大松铺厚度不应超过 0.1 m，路床的分层压实厚度不应超过 0.2 m，屋顶最后一层的压实厚度不应小于 0.1 m。每填一层，经过压实试验检验符合规定要求之后，再填上一层。

（4）为保证均匀压实，应注意压实顺序，并经常检查土的含水量、掺灰剂量和均匀性。

（5）若路基分成几个作业段施工，当两段交接处不在同一时间填筑时，则先填地段应按 1∶1 坡面分层留平台。若两个地段同时填筑,则应分层相互交叠衔接,其搭接长度不应小于 2 m。

(6)为减少桥头路基产生不均匀沉降导致桥头跳车,对桥头各 30 m 长度路基范围内的特别压实区,分层压实厚度不应超过 0.2 m。预留缺口时应留 2 m 宽台阶,缺口回填应分层交叠填筑。构造物回填及特别压实区的压实度宜比同层位路基的压实度提高 1%。

(7)路堤与桥台、横向构筑物连接处应设置过渡段,路基压实度不应小于 96%。过渡段长度按 2 ~ 3 倍填土高度确定。

2. 风险控制策略

(1)路基压实时杜绝人员在施工范围内跑动等不安全行为,以免造成车辆伤害。

(2)防止路基压实不均匀、压实顺序错误等,以免路基发生沉陷。

(3)防止桥头路基压实度达不到要求,以免发生不均匀沉陷或桥头跳车。

(二)桩基施工

1. 工序内容

(1)严格依照设计提供的图纸和文件、变更设计图纸及技术规范、标准、法规施工。

(2)合理地组织和调配材料、机械设备、运输、劳动力,做到均衡生产,使工程优质、高效、低耗。

(3)做好自身的施工监督检查工作,设专职质检员,建立严格的班组自检制度。

(4)自觉接受监理及当地质监部门的检查和监督。

(5)凡构成永久性工程组成部分的材料,都必须符合图纸和规范的要求,必须经质量检查合格并经批准后才能进场,分规格分批存放,设立醒目的标志,以利于检查和使用。水泥、钢材在取得出厂合格证的同时需分批分规格进行检验合格后才能使用。焊接试件等应按规范规定的数量送到有资质证书的检测机构进行复测。砂、石、混凝土外加剂等材料需按设计要求及技术规范试验合格后才能使用。

(6)加强工程试验工作,建立标养室,并对相关人员进行技术交底和培训,共同把好质量关。

(7)加强测量复核工作,在施工中按规范进行中线和水平测量复核,确保工程位置及尺寸准确。

（8）混凝土工程施工采用商品混凝土，试验人员跟班作业，宜使用普通硅酸盐或硅酸盐水泥，水泥强度等级不低于42.5级；粗集料选用卵石，最大粒径不大于导管内径的1/8～1/6和钢筋最小间距的1/4，同时不大于40 mm；每立方米水下混凝土的水泥用量不小于350 kg。

（9）随时检查混凝土的坍落度，保证混凝土拌和物具有良好的和易性，保证其坍落度值为180～220 mm，并按规定制作试件。

2. 风险控制策略

（1）钻机进场前，严防场地不平整、不坚实的不安全状态，以免造成钻机倾覆事故。

（2）开始钻进施工时，严防钻机进尺速度过快，以免钻机倾覆或发生设备损坏事故。

（3）钻孔作业必须保持连续性，防止中途停顿，以免钻孔孔径和孔型发生变化。

（4）在旋挖钻进施工过程中，现场盯控严防"操作人员在钻机下监视"的不安全行为，以免造成机械伤害。

（5）严防违章用电的不安全行为，以免造成触电伤害。

（6）钢筋笼安放过程中，严防钢筋骨架碰撞孔壁，以免损坏钢筋笼或在灌注混凝土过程中发生浮笼现象。

（7）混凝土灌注时，严防混凝土灌注速度过快，以减小混凝土的冲击力，防止钢筋骨架上浮。

（8）灌注时，防止混凝土喷出伤人，以免造成物体打击伤害。

（三）承台施工

1. 工序内容

（1）施工前必须与工务部门签订协议并取得工务部门配合，详细调查承台范围内的管线情况。

（2）工作坑开挖过程及完毕后，在工作坑坡顶设置安全警戒线，工作坑四周设立护栏，架设照明及夜间警示灯。在警戒线范围内不得堆置土方料具和工程材料，同时不允许工程机械驶入警戒线以内，以确保安全。靠近路侧需设置刚性护栏与围堰焊接固定，避免人员掉入坑内。

（3）路侧安排专人值班，指挥交通，限速为5 km/h，以确保交通安全和基坑安全。

（4）承台施工期间做好交通疏导工作，大型车辆禁止通过。

（5）围堰稳定性、位移变形观测技术人员在防护桩上做好标记点，在施工范围外设固定观测点，开挖基坑施工后，技术人员每天分三次观测。基坑开挖到位后，应随时观察基坑底是否有隆起现象，如若发现不正常位移变形，应立即报技术主管、项目总工、项目经理，共同制订补救方案并实施。

（6）提前3天了解天气变化情况，如有5级及以上大风或大雾、阴雨天气，不宜进行混凝土灌注。混凝土灌注过程中，应备好防雨布并制定有效的防雨、防渗措施，严防雨水或渗水流入混凝土中。

（7）事先与交管及供电部门取得联系，保证施工期间道路的安全畅通和正常供电，发电机要保持良好状态，随时备用。

（8）所有作业人员必须严格遵守有关安全规定，提高安全意识，消除不安全因素。

（9）基坑内外、上下均要有足够的照明设备，并安全可靠不漏电，防止触电事故发生。

（10）所有施工机具设备均要事先进行检修并保持良好状态。加强施工期间的维修和保养，以确保施工正常进行。

（11）上、下基坑爬梯均应焊接牢固，并设置好防护栏杆，灌注平台上要铺好脚手板。因基坑较深，作业人员上、下时，要做到"手不抓紧脚不松，脚不踩稳手不放"，以保证安全。

（12）建立高度统一的指挥系统，以便统一指挥、指导施工，要求通信联系畅通、信息传递快捷，资料真实可靠，信号指挥要规范、明确、统一。

（13）应有专人指挥运渣车辆，避免出现交通事故；对运土车辆实行覆盖，避免运输过程中出现撒落造成污染。

2. 风险控制策略

（1）开挖基坑时，杜绝人员站立在挖掘机上或在周围跑动，以免造成车辆伤害。

（2）基坑开挖接近雨季时，杜绝作业人员在大雨天气继续施工，以免边坡滑移、塌陷发生掩埋事故。

（3）防止工作坑四周不设立护栏，以免人员高处坠落。

（4）防止基坑爬梯焊接不牢固、不设防护栏杆等不安全状态，以免发生高处坠落事故。

（5）承台钢筋绑扎时，严防作业人员注意力不集中，以免发生钢筋钩、挂伤人。

（6）混凝土灌注时，防止混凝土喷出伤人，造成物体打击伤害。

（四）墩柱施工

1. 工序内容

（1）临时墩管柱施工时，采用钢管柱，预埋法兰盘于承台，吊装拼装。钢管柱内下部填充1.5 m高自密实混凝土，上部用砂子填满。

（2）结构预埋件由专业公司统一定做，吊装埋入临时墩承台。临时墩承台浇筑时避免预埋件的偏位，若发生偏位应及时纠正。承台浇筑完成后立即对预埋件进行复测。

（3）钢管柱在加工厂整体预制，现场吊装拼接。

（4）钢管柱中填充1.5 m高的自密实混凝土保证其刚度。混凝土浇筑前一个月进行试验选好配合比与外加剂掺量，保证自密实混凝土的性能。施工现场须对自密实混凝土进行坍落扩展试验（T50试验）、抗离析试验（V形漏斗试验）。自密实混凝土的填充能力和抗离析性能须达到规范要求。待自密实混凝土达到早期强度后填充砂子并捣实。

2. 风险控制策略

（1）在搭设和拆除支架时，严防随意抛接工具，以免造成物体打击伤害。

（2）在支架上作业时，杜绝人员不系好安全带的不安全行为及不挂设安全网的不安全状态，以免发生高处坠落。

（3）起重机吊桩前，杜绝起重钢丝绳不达标、起重机基础不坚实等不安全状态，以免造成起重伤害。

（4）模板采用起重机械安装时，严防模板不平衡吊装或连接不牢固，以免模板坠落造成起重伤害。

（5）钢筋加工时，严防操作人员注意力不集中，以免发生钢筋钩、挂伤人。

（6）混凝土灌注时，防止混凝土喷出伤人，以免造成物体打击伤害。

（五）主梁施工

1. 工序内容

主梁施工主要包括平整场地及地基处理、支架搭设、支架预压、模板安装、钢筋绑扎、混凝土施工、预应力张拉等工序。

（1）地基处理后采用动力触探进行承载力检测，计算出相应的承载力，确保地基承载力不小于450 kPa。

(2）底模在每一节最低处设置 5 个排污口，尺寸 0.2 m×0.2 m，在浇筑混凝土前，将底模上的木楔、焊渣清理干净，然后用木胶板将排污口补齐。

（3）加强对模板的检查，保证节段间错牙符合要求，无漏浆。

（4）严格按箱梁混凝土浇筑作业指导书中确定的混凝土浇筑顺序、下料及振捣工艺进行施工，保证混凝土层与层间时间间隔及振捣到位，防止混凝土对波纹管的冲击。混凝土浇筑从两侧到中间合拢，避免接头处因初凝而受振开裂。一个节段的桥面板混凝土，力求在箱梁混凝土初凝前浇完。

（5）加强对波纹管位置及数量的检查，定位筋位置要准确，钢筋焊接时要在波纹管上覆盖物件防止电焊火花伤及波纹管。

（6）注意腹板及各倒角处的振捣，防止产生空洞。

（7）在梁体混凝土灌注时，在波纹管内放小一号的塑料管，间隔一定时间来回抽拔，防止堵管。

（8）管道压浆时，一定要注意相邻管道是否串浆，每次压浆后，用通孔器对相邻管道进行孔道检查，如有串浆应及时采用高压风冲洗干净。

（9）纵向管道压浆时，一定要有专人在设有三通管的作业面负责观测三通管是否已经出浆；如已出浆，要及时封闭，以防浆液通过三通管进入其他管道发生堵管。

（10）压浆完成后，要及时将机械设备、压浆管、拌和设备等清洗干净并妥善保管，以便下次压浆时使用。

（11）压浆时要密切注意压浆泵压力表，如出现异常要及时停止压浆，以防压浆管爆裂伤人。

2. 风险控制策略

（1）地基处理时，严防场地不平整、不坚实的不安全状态，以免影响施工质量。

（2）在搭设和拆除支架时，严防随意抛接工具，以免造成物体打击伤害。

（3）在支架上作业时，杜绝人员不系好安全带的不安全行为及不挂设安全网的不安全状态，以免发生高处坠落。

（4）吊装钢筋时，严防挂设不牢固，以免造成起重伤害。

（5）混凝土灌注时，防止混凝土喷出伤人，以免造成物体打击伤害。

（六）主塔塔柱施工

1. 工序内容

（1）主塔施工过程中，应经常测定并检查施工部位的位置和高程，发现偏差应立即纠正。

（2）主塔各部位和各构件的施工测量和施工放样，应选择在不受日照影响和气温变化较小的日出前清晨时间，报请监理工程师批准后进行。

（3）严格要求钢箱的焊接质量，所有焊接必须严密。

（4）所有支架与操作平台应有足够的强度和刚度，并设置必要的安全设施。支架顶端和塔式起重机应设防雷击装置。

（5）主塔在浇筑过程中需注意天气变化，若遇大风或雷雨天气，应立即停止作业，并采取必要的安全措施。

2. 风险控制策略

（1）主塔钢结构采用自升式塔式起重机直接在墩位处分节吊装组拼，防止不平衡起吊、连接不牢固等不安全状态，以免造成起重伤害。

（2）严防违章用电的不安全行为，以免造成触电伤害。

（3）严防施工人员不戴好安全帽、未系好下颌带、不遵守施工现场的规章制度等不安全行为，以免发生高处坠落事故。

（4）使用振捣器时，严防操作人员未戴绝缘手套、未穿绝缘鞋等不安全行为，以免发生触电事故。

（5）杜绝出料口对着人的不安全状态，以免发生物体打击伤害。

（6）杜绝酒后作业、现场打闹、嬉戏、吸烟等不安全行为，以免发生安全事故。

（7）使用塔式起重机时，严防不平衡起吊、超载起吊等不安全行为，以免发生起重伤害。

（七）斜拉索施工

1. 工序内容

斜拉索施工主要包括施工前准备工作、斜拉索运输、斜拉索吊装上桥、桥面展索、挂索、张拉、索力检测、索力调整及减振装置安装等工序。

斜拉索牵引施工阶段施工作业面长、危险性大，要做到安全及文明施工，应掌握以下施工要点及细节。

（1）各作业点均应用对讲机及时联系，统一、协调施工。卷扬机应由有经验的人员定岗、定人专职操作，遇到紧急情况能及时做出正确的反应。

（2）所有起重用钢丝绳、卸扣、转向轮等均应符合起重行业施工规范，具有足够的安全系数。

（3）安装吊点夹具及软牵引——该项工作很关键，必须认真细致地完成。夹具应有足够的长度，其夹紧用的螺栓应有足够的强度，拧紧后应使夹具与斜拉索之间（垫有橡胶）产生足够的摩擦力，以防止夹具受力后滑移。

（4）斜索张拉端被提升至所需高度后，主要由从套筒引出的钢丝绳（塔顶卷扬机）牵引进入套管。此时塔顶主滑轮组应及时调整锚头倾角，使软牵引基本沿套管轴线方向被牵引进入。

（5）张拉端被临时锚固后，即可用卷扬机滑轮组将固定端引入锚箱，此状况下，所需牵引力较大，滑轮组选用两个3门32t滑轮组，绕6路丝。滑轮组仍通过夹具与斜拉索连接。为防止夹具滑移，可在夹具前加一根撑杆，将力传至冷铸锚杯根部。

2. 风险控制策略

（1）杜绝不按规定佩戴安全防护用具的不安全行为，以免发生物体打击、淹溺事故。

（2）防止挂索过程中没有及时检查钢丝绳、滑车、卷扬机等起吊设备，以免起吊时发生事故。

（3）斜拉索桥面展开时，应严禁操作人员距离索体太近，以防斜拉索在扭力作用下翻转伤人。

（4）压索时，严禁工作人员距离斜拉索过近，以免夹片滑松，索松回弹伤人。

在张拉开始前，应在千斤顶工具夹片外表涂润滑油脂，防止钢绞线束发生扭绞现象。

参考文献

[1] 冯明硕，薛辉，赵杰.公路桥梁工程施工技术[M].延吉：延边大学出版社，2017.

[2] 韩作新，陈发明.公路桥梁涵洞工程施工作业指导书[M].成都：电子科技大学出版社，2017.

[3] 魏利强，陈安玉，安璐.公路桥梁工程与地质环境研究[M].北京/西安：世界图书出版公司，2017.

[4] 赵希强，孙金，刘同海.公路桥梁与土木工程[M].长春：吉林科学技术出版社，2017.

[5] 张凤枝，庞红伟，郝晓宇.公路桥梁与水利工程[M].北京：北京工业大学出版社，2017.

[6] 李青彦，李怀义，成英才.公路地基处理与桥梁工程[M].北京：现代出版社，2017.

[7] 范孬战.公路桥梁与土木工程施工[M].北京：煤炭工业出版社，2017.

[8] 彭辉.公路地基处理与桥梁工程[M].北京：现代出版社，2017.

[9] 杨永霞，赵战国，潘洁.公路环境工程与桥梁项目施工[M].长春：吉林科学技术出版社，2017.

[10] 肖建波.公路工程与桥梁施工技术应用[M].长春：吉林大学出版社，2017.

[11] 么晖.现代桥梁与高速公路工程设计研究[M].哈尔滨：东北林业大学出版社，2017.

[12] 江国帅.公路桥梁建设与工程项目管理[M].北京：现代出版社，2017.

[13] 王天彪，安国庆，王龙.公路桥梁工程施工与管理[M].哈尔滨：东北林业大学出版社，2018.

[14] 李德新，余明坤，郑靓.公路桥梁工程材料检测与施工[M].北京：中国建材工业出版社，2018.

[15] 修林岩，徐小娜，孙文杰. 公路工程与桥梁施工 [M]. 天津：天津科学技术出版社，2018.

[16] 杨金翠，陈春宇，王佳. 公路工程与桥梁隧道施工 [M]. 海口：南方出版社，2018.

[17] 刘黔会，张挣鑫. 公路工程与桥梁施工技术研究 [M]. 咸阳：西北农林科技大学出版社，2018.

[18] 王保群. 公路水运工程试验检测人员应试题解桥梁隧道工程 [M]. 北京：人民交通出版社，2018.

[19] 张耀辉，陈士通. 桥梁抢修工程结构与应用 [M]. 北京：中国铁道出版社，2018.

[20] 李宽. 公路工程项目管理 [M]. 武汉：华中科技大学出版社，2018.

[21] 高峰. 公路工程造价实务 [M]. 北京：北京理工大学出版社，2018.

[22] 史建峰，陆总兵，李诚. 公路工程与项目管理 [M]. 北京：九州出版社，2018.

[23] 高峰. 公路施工组织实务 [M]. 北京：北京理工大学出版社，2018.

[24] 张少华. 公路桥梁工程与项目管理 [M]. 北京：北京理工大学出版社，2019.

[25] 丁雪英，陈强，白炳发. 公路桥梁建设与工程项目管理 [M]. 长春：吉林科学技术出版社，2019.